KB074284

한국수자원공사 사장 취임 (2020.2.28.)

한국수자원공사 본사에서 열린 취임식에서 "국민으로부터 신뢰와 사랑을 받는" 물관리 전문 공기업으로 거듭나기 위한 노력이 필요함을 강조

코로나19 대응 긴급 점검회의 (2020.3.2.)

코로나19 대응 긴급 점검회의를 통해 어떠한 경우라도 안정적으로 물을 공급할 수 있는 대책 수립과 국민의 어려움을 덜어주기 위한 병물 및 방역 지원, 지역경제 활성화를 위한 물값 감면 등을 주문

문재인 대통령 군남댐 방문 (2020.8.6.)

문재인 대통령과 함께 임진강 하류에 있는 경기 연천군 군남댐을 방문

문재인 대통령에게 군남댐 운영 상황 및 북한 황강댐 무단방류 시 국민 안전을 위한 조치 사항 등을 설명

문재인 대통령, 합천댐 수상태양광 열린간담회 (2021.11.24.)

문재인 대통령과 함께 합천댐 수상태양광 발전 시설의 첫 가동 현장을 방문

합천댐 수상태양광 발전은 마을 주민들이 시설투자에 참여하여 발전 수익의 일부가 주민들에게 공유되는 민주적 재생에너지사업 모델의 성공 사례임을 소개

이재명 경기도지사 군남댐 방문 (2020.8.31.)

이재명 경기도지사와 함께 군남댐을 방문

군남댐 상황실에서 기상이변으로 인한 홍수대응 방안 등 K-water와 경기도의 업무 협력에 대해 논의

이재명 경기도지사 안산수소 시범도시 착공식 (2021.5.11.)

안산 수소 시범도시 착공식에 참석한 이재명 경기도지사와 인사

친환경 수소특별시 구축을 위해 열린 안산 수소 시범도시 착공식 퍼포먼스

김부겸 국무총리 부산EDC 국가시범도시 현장방문 (2021.6.25.)

부산EDC 스마트시티 조성 현장을 방문한 김부겸 국무총리에게 스마트 적용 기술을 설명

김부겸 국무총리 충남지역 수도공급사업 통합행사 (2021.12.1.)

천안정수장에서 개최된 충남지역 수도공급사업 통합 행사에 김부겸 국무총리, 한정애 환경부장관 등과 함께 참석하여 충남지역 물 공급 확대를 축하

환경부장관 조명래 성남정수장 방문 (2020.3.24.)

코로나19 상수도시설 비상대응 체계 점검을 위해 조명래 환경부장관과 함께 성남정수장을 방문

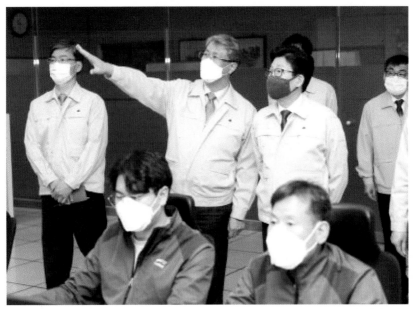

중앙제어실 원격제어 시연 등 코로나19 감염자 발생에 따른 사업장 폐쇄 가능성에 대비한 상황별 대응 시나리오를 점검

환경부장관 조명래, 용담댐·합천댐 현장방문 (2020.8.15.)

조명래 환경부장관과 함께 2020년 기록적 폭우로 인한 합천군, 금산군 등 수해지역을 방문

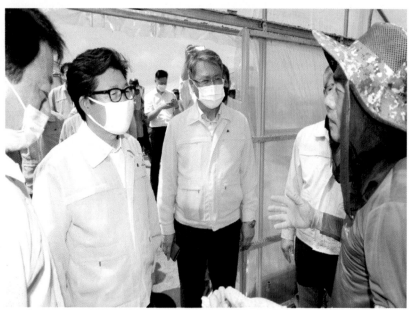

합천군수, 금산군수로부터 각 지자체의 수해 현황을 브리핑 받고, 수해 현장을 방문하여 지역 주민들로부터 피해 현황을 경청

환경부장관 한정애, 건물일체형 태양광보급 활성화 업무협약 (2021.4.19.)

한정애 환경부장관과 함께 시흥정수장에서 개최된 건축물 에너지자립률 제고를 위한 업무협약에 참석

건축물 온실가스 저감과 탄소중립 사회 조기 실현을 위한 건축물 에너지자립률 제고 방안 등을 논의

환경부장관 한정애, 고순도 공업용수 실증플랜트 착공식(2021.11.16.)

한정애 환경부장관 등과 함께 SK실트론 구미 2공장에서 개최된 고순도 공업용수 실증플랜트 착공행사에 참석

반도체 경쟁력 유지의 핵심인 초순수 국산화의 중요성을 강조하며, 관련 수처리 시설을 둘러보는 중

환경부장관 한정애 · 부산시장 박형준 , 낙동강하구 기수생태계 복원 비전 보고회 (2022.2.18.)

한정애 환경부장관, 박형준 부산시장 등과 함께 부산시 을숙도에서 개최된 낙동강 하구 기수생태계 복원 비전보고회에 참석

낙동강 하구 기수생태계 복원을 위한 그간의 노력과 성과 그리고 미래 비전을 공유하고, 기수생태계 복원을 위해서는 민관의 지속적인 관심이 필요함을 역설

환경부장관 한정애, 물관리종합상황실 방문 (2021.6.29.)

한국수자원공사 본사 물관리종합상황실을 방문한 한정애 환경부장관에게 전국의
댐 운영 현황 및 장마에 대비한 댐 하류 홍수피해 예방 방안 등을 설명

환경부장관 한정애, 탄소줄이기 캠페인 참여 (2021.9.23.)

서울 정동에서 열린 수자원 분야 미래발전 과제를 논의하는 간담회 후 한정애 장관과 함
께 일상에서의 탄소 저감 노력, 텀블러 사용 캠페인을 전개

국민권익위원회 위원장 권현희 청렴도 특강 (2022.7.6.)

한국수자원공사 본사에서 전 부서장을 대상으로 "청렴한 K-water를 이끄는 청렴 리더십"
을 주제로 열린 청렴특강에 전현희 국민권익위원회 위원장과 함께 참석

충남도지사 양승조 면담 (2020.3.18.)

충남도지사 집무실에서 양승조 충남도지사와 면담하며, 충청남도의 경제 활성화를 위해
차질 없는 용수공급과 스마트 관망관리사업 등에 대해 논의

강원도지사 최문순 업무협의 (2020.5.20.)

강원도지사 집무실에서 최문순 강원도지사와 면담하며, 수열에너지 공급 산업단지 내의
물에너지 혁신 클러스터 지정 등에 대해 논의

김경수 경남도지사 업무협의 (2020.5.21.)

경남도지사 집무실에서 김경수 경남도지사와 면담하며, 낙동강 지역의 맑은 물 공급 사
업, 재난 대응능력 강화를 위한 남강댐 치수사업 등에 대해 논의

전북도, 환경부와 만경강 살리기 협약 (2021.8.23.)

송하진 전북도지사, 한정애 환경부장관 등과 함께 전북도청에서 개최된 만경강 살리기 협약식에 참석

유량부족과 수질악화로 위태로운 만경강 유역을 살리기 위해 취수원을 용담댐으로 전환하여, 맑고 깨끗한 물을 안정적으로 공급하는 협약서에 서명 중

부산시장 박형준, 제2에코델타시티 조성사업 업무협약(2022.4.5.)

부산광역시청에서 열린 제2에코델타시티 조성 추진을 위한 업무협약식에 참석

제2에코델타시티의 조성을 통해 서부산권이 부울경 메가시티의 핵심공간으로 거듭나고, 나아가 부산이 친환경 스마트 도시로 도약할 수 있다는 비전을 제시

아시아 인도네시아 AIWW 선언문 채택 (2022.3.14.)

인도네시아 라부안 바조 섬에서 열린 아시아 최대 물 국제회의인 제2차 아시아 국제물주간(AIWW)에 참석

"모두를 위한 지속가능한 깨끗하고 충분한 물"을 주제로 선언문을 채택

아시아물위원회(AWC) 이사회 (2022.11.22.)

대구에서 열린 아시아 최대 물관리 협력 플랫폼인 아시아물위원회(AWC)에서 AWC회장으로서 회원기관 확대, 물문제 해결을 위한 워터 프로젝트 추진현황 등을 주제로 회의

아시아물위원회(AWC) 고위급 특별세션 (2021.11.2.)

영국 글래스고에서 열린 제26차 유엔기후변화협약 당사국총회(COP26)에서 아시아물위원회(AWC)의 회장으로서 "아시아 지역 기후위기 공동대응 및 협력방안"을 주제로 한정애 환경부장관, 바수키 하디물요노 인도네시아 공공사업주택부장관 등과 고위급 특별세션 개최

유네스코 사무총장보 면담 (2021.11.1.)

영국 글래스고에서 유네스코(UNESCO) 샤밀라 나이르 베돌레 사무총장보를 만나 도시에 공급하는 수돗물의 신뢰도 제고를 위한 "안전한 수돗물 국제인증제" 도입과 관련 논의

IWRA 국제수자원협회 회장 면담 (2021.11.2.)

영국 글래스고에서 국제수자원협회(IWRA) 가브리엘 엑스테인 회장을 만나 도시 內 스마트 물 관리에 대한 글로벌 표준 및 평가기준 등 국제 공동연구에 대한 지속적인 협력 방안에 대해 논의

COP27 물 분야 기후위기 대응 투자확대 특별세션 (2022.11.8.)

이집트 샴엘쉐이크에서 열린 제27차 유엔기후변화협약 당사국총회(COP27)에서 아시아물위원회(AWC)의 회장으로서 물 분야 기후대응 투자확대의 필요성과 물, 기후관련 프로젝트 활성화를 위한 민간참여 확대 방안 등을 논의

국제환경협력센터(IECC) 탄소중립 세미나 (2022.11.8.)

이집트 샴엘쉐이크에서 탄소중립을 위한 그린 ODA 확대를 담당하는 국제환경협력센터(IECC) 주관 세미나에서 글로벌 기후위기 극복을 위한 국제사회의 연대와 협력 방안에 대해 발표

인도네시아 공공주택사업부 장관 면담 (2022.6.1.)

프랑스 마르세유에서 개최된 세계 최대 댐 분야 컨퍼런스인 국제대댐회(ICOLD) 7차 총회에서 바수키 인도네시아 공공사업주택부장관과 면담

인도네시아 신수도 이전사업 협력강화, 인도네시아에서 개최되는 제10차 세계물포럼 등 국제회의 성공적 개최를 위한 협력방안 등을 논의

에티오피아 수자원에너지부 장관 MOU (2022.8.29.)

서울 대한상공회의소 국제회의장에서 합타무 이테파 겔레타 에티오피아 수자원 에너지부 장관과 에티오피아의 기후변화 대응 및 지속가능한 발전 목표 달성을 위한 양해각서를 체결

K-water 미주센터 개소식 (2022.9.15.)

미국 워싱턴에서 북미, 중남미 지역의 국제협력 확대, 사업 발굴 및 물산업 교류의 허브 역할을 수행할 K-water 미주센터 개소식에 참석

솔로몬 티나 수력발전사업 착공식, 총리 면담 (2022.11.2.)

마네세 소가바레 솔로몬 총리를 비롯하여 재무부장관, 에너지부 등 주요 정부인사와 함께
남태평양 솔로몬제도에서 개최된 티나 수력발전사업 착공식에 참석

마네세 소가바레 솔로몬 총리는 솔로몬 제도의 주요 전력공급원을 신재생에너지로 대체
할 티나 수력발전사업 추진에 대한 감사와 기대를 표현

반기문 사무총장, 한-메콩 국제물포럼 (2022.10.5.)

서울 롯데호텔에서 열린 한-메콩 국제물포럼에 반기문 8대 UN 사무총장, 메콩 국가 환경 · 물분야 장 · 차관, 주한미국대사, 주한호주대사 등과 함께 참석

한-메콩 국제물포럼은 한국 주도의 메콩지역 물 국제회의로서, 미국, 호주 등 주요 협력국의 주요 개발협력지역인 메콩 관련 핵심적 국제행사

메콩지역의 물 안보와 지속가능한 발전을 위해 메콩 지역 국가와 국제개발 협력 파트너 기관들이 메콩강의 아젠다를 합의하고, 신규 프로젝트를 발굴하기 위한 소통과 협력이 필요함을 강조

다자간 회담에서 메콩지역의 모든 이해당사자가 공감할 수 있는 과학적이고 객관적인 정보를 확보하기 위해 K-water, 미국 NASA 및 공병단이 함께하는 사업을 소개

조지아 총리 면담 (2022.11.14.)

조지아 트빌리시에 위치한 총리 공관에서 이라클리 가리바슈빌리 조지아 총리와 면담을 하며, 넨스크라 댐 건설이 양 국가간 주요협력 사업임에 공감하고, 조속한 사업추진을 합의

글로벌 워터 파트너십(GWP) 업무협약 (2022.11.23.)

대구 엑스코에서 열린 대한민국 국제 물주간(KIWW)에서 파블로 베레시아르투아 글로벌 워터 파트너십(GWP) 의장을 만나 지속가능한 물환경 구축, 우수 물관리 솔루션 보유 기업 발굴 등을 위한 협약을 체결

하수처리수 재이용 활성화 업무협약 (2022.11.30.)

삼성전자 화성캠퍼스에서 열린 하수처리수 재이용 활성화 업무협약에 환경부장관, 경기도, 수원, 화성 등 지자체장, 삼성전자 DS부문 대표이사 등과 함께 참석

기후변화로 인한 물 부족에 선제적으로 대응하며, 하수처리수 재이용 활성화와 반도체 분야의 초순수 육성 등에 대해 업무협약 체결

그린수소 연구 활성화 업무협약 (2022.7.5.)

한국수자원공사 본사에서 한국에너지기술연구원과 그린수소 연구 활성화 업무협약을 체결하고, 재생에너지를 활용한 수소생산 기술 연구를 위한 상호협력 및 기술교류 증진에 합의

그린수소 실증시설 착공식 (2022.7.21.)

재생에너지인 소수력(小水力) 발전을 이용해 온실가스를 전혀 배출하지 않는 상태에서 수소를 생산하는 성남정수장 그린수소 실증시설 착공식에 참석

2022 국제하구심포지엄 (2022.10.27.)

국가물관리위원장, 환경부장관 등과 함께 부산 벡스코에서 열린 2022 국제하구 심포지엄에 참석

개회사를 통해 사람과 자연이 공존 가능한 하구 생태계 복원이 가능하도록 시민사회와 관련 부처, 다양한 이해관계자들의 소통과 노력이 지속되기를 희망

물학술 심포지엄 학술상 시상식 (2022.12.2.)

서울에서 "기후위기 시대, 국가 물관리 기술의 현황과 도전과제" 를 주제로 열린 물학술 심포지엄에 참석해 물문제 해결과 물관리 기술 연구개발을 통해 국민 삶의 질 제고와 물 산업 발전에 기여한 4명의 연구자들에게 학술상을 수여

전남서남권역 합숙소 착공식 (2022.11.17.)

전라남도 장흥에서 열린 전남서남권역 합숙소 착공식에 참석하여 직원들의 주거환경개 선과 함께 지역주민들과 여가와 생활을 공유할 수 있는 공간의 시작을 축하

시화조력발전소 수중 수차발전기 정비 현장방문 (2022.4.28.)

시화호 수면 아래 위치한 시화조력발전소 수차발전기 정비현장을 방문

해수 유통을 통한 시화호 수질 개선과 무공해 대체 해양에너지를 생산하는 조력
발전 현장의 애로사항을 청취

충주댐 치수능력증대 건설현장 안전점검 (2022.8.31.)

극한홍수에 대비하여 충주댐의 홍수대비 능력증대를 위해 건설 중인 보조여수로 건설현장을 방문

콘크리트 타설 시 중량물 낙하, 추락 등 근로자 위험요소 등은 없는지 점검

세상에 행복을 수놓다

세상에 행복을 수燧놓다
ⓒ 박재현, 2023

1판1쇄 인쇄 | 2023년 12월 22일
1판1쇄 발행 | 2023년 12월 29일
지 은 이 | 박재현
펴 낸 이 | 이영희
펴 낸 곳 | 이미지북
출판등록 | 제2-2795호(1999. 4. 10)
주   소 | 서울시 강동구 양재대로122가길 6, 202호
대표전화 | 02-483-7025, 팩시밀리 : 02-483-3213
e - mail | ibook99@naver.com

ISBN 978-89-89224-65-5   03300

세상에 행복을 수놓다

박재현 지음

이미지북

대한민국 물관리 3년 혁신과 도전

뉴노멀

2020년 2월 28일, K-water 사장으로 취임했다. 'COVID-19 팬데믹'이라는 감염병 공포가 전 세계를 덮기 시작하면서 비대면 영상으로 취임식을 했다.

당시 1월부터 발생한 대구 지역 코로나 사태로 국민의 공포가 엄청났다. 특히 대구시에 있는 낙동강 본부는 마비 직전이었다. 안전이 최우선 과제라는 초점을 절대로 잃지 않았다.

위기의 시대는 항상 어렵지만, 도전은 새로운 해결책을 모색할 기회를 가져다준다. 국민이 먹는 물의 47%를 책임지고 있는 K-water 전 직원의 건강과 안전을 보호하는 동시에, 팬데믹 이후의 기후변화와 재생에너지로의 전환이 장기적으로 사업에 영향을 줄 것이라고 인식하고 비상 운영계획을 수립하였다.

나의 K-water 사장직은 이렇게 시작되었다.

위기는 기회, 혁신의 시작… 퀀텀점프

K-water는 대한민국의 산업화를 실현하기 위해 1967년 창립된 공기업이다. 56년 K-water의 역사는 대한민국의 발전과 궤를 함께한 역사이다. 국가의 대표적인 공기업으로 시대의 요구를 담아냈던 터라 공과가 함께 존재한다.

그러나 미래를 향한 모멘텀을 뒷받침하기 위해서는, 국민으로부터 신뢰받고 사랑받는 100년 공기업으로 존재하기 위해서는 지속가능한 청사진이 필요했다.

산업화를 넘어 4차 산업혁명의 시대로 전환되는 비전 수립이 절실했다. 소속 구성원들의 존재 의미를 확인해야 했고, 대전환의 시대를 이끌어 갈 역사의식과 소명이 필요한 시점으로 국민 감동을 향한 혁신이 필요했다.

K-water의 미래 전략을 담은 '퀀텀점프 보고서'를 시작으로 기후위기 시대를 선도적으로 이끌어 갈 탄소중립 기후위기경영 선언, RE100 선언, 물산업 디지털 전환, ESG경영선언 등을 이어 나갔다.

'퀀텀점프'라는 미래 전환 코드는 조직원들이 시대적 요구로 받아들였다.

물을 통한 지속가능한 미래 스마트 기술

2020년 재임 중에 발생한 임진강, 섬진강, 금강, 낙동강 홍수는 국가에 큰 피해를 안겨주었다. 반면에 기후위기 시대에 지속가능한 대응책을 준비해야 한다는 위기관리 의식도 갖게 해 주었다.

이러한 위기 속에서 리더로 느낀 것은 책임지고자 하는 용기, 국민 속으로 가야 하는 열정이었다. 섬진강 유역에 디지털 트윈을 적용하고, 2021년에는 유역 디지털 트윈인 Digital GARAM⁺을 론칭했다.

문재인정부는 물 기본법을 통한 물관리일원화를 추진했고, 정부조직법 개정을 통해 환경부로의 주요 물관리 기능을 통합하였다. 강의 자연성 회복과 낙동강하굿둑 개방은 주요 국정과제였다.

지속가능한 물관리 패러다임 전환을 뒷받침하는 시스템 보완은 K-water의 주요 책무였다. 하굿둑 개방을 위해 스마트 통합물관리 체계를 구축한 후 수문을 개방하자, 2021년 낙동강하구에 연어가 돌아왔다.

이처럼 지속가능한 물 기술이란 물·환경·생태를 아우르고, 여기에 미래 스마트시스템을 입혀주는 것이라는 철학에 대한 실증이 필요했다. 그때 조명래 환경부장관과 탄소중립과 관련해 K-water가 국내에서 신재생에너지를 가장 많이 생산하는 기업이므로 RE100을 준비하자는 의견을 교환했다.

이를 강화해 합천댐에 41㎿ 규모의 수상태양광발전 시설 완공, 성남정수장에는 소수력을 이용한 그린수소 생산 시설을 만들었고, 화성정수장의 탄소중립 AI 정수장으로의 전환, 소양강댐에는 수열에너지를 이용한 융복합 클러스터를 조성해 데이터센터, 스마트팜 등이 유치되도록 했다.

또한 미래 물산업은 물-에너지-도시 넥서스NEXUS로 확장된다고 확신하고, 부산에코델타시티, 송산그린스마트 시티를 스마트 시티로 재탄생시켰다.

스마트 시티 기술적 주도권 선점은 미래 대한민국의 새로운 성장동력의 축이라 판단하고, 에코델타시티 스마트빌리지 56세대를 조성해 세대원들이 스마트 시티에 살면서 운영 노하우를 축적하는 리빙랩Living Lab을 성공적으로 수행했다.

기후위기 시대의 정책 방향은 감축·전환·적응이라는 세 단어로 압축된다. 이 중 물은 매우 중요한 정책 대상이다. 지속가능한 물 기술을 확보한다는 것은 세계 속에서 한 국가의 리더십을 발휘하는 데 매우 중요한 요소가 된다.

기후위기 시대에는 극단적인 물 문제로 세계가 고통받을 것이다. 특히 저개발국가의 어려움은 더욱 증폭될 것이다. 물 기술을 통한 세계 공영, 그 가운데 서 있는 대한민국을 꿈꾼다.

World Top K-water!

세계를 주도할 K-water를 꿈꾼다

재임 시 3년 연속 공기업 경영평가 'A'라는 성적을 받았다. 3년 연속 매출 증가, 순이익 증가, 부채비율 감소를 달성함으로써 트리플 크라운 달성이라는 경영 성과를 이뤄냈했다.

국민 눈높이에 맞고 마음을 녹여내는 것, 조직 구성원들의 역량 결집을 가장 무거운 책무로 삼았기에 가능한 일이었다. 마음을 얻기 위해 가장 중요한 것은 비전과 진실과 성실이라 믿었다.

구성원들과 함께한 3년, 국민을 섬기는 청지기 소명을 잊지 않은 3년이었다. 3년간 K-water 사장으로 재임하면서 봉사 기회가 주어지고, 또 무사히 마무리할 수 있었던 것이 큰 복이라 생각한다. 이 책을 통해, 재임 시 추진해 온 혁신의 노력과 결과가 미래 대한민국의 세계 속 이니셔티브 확보를 위한 공기업의 변화 노력이 국민의 마음속에 스며들었으면 한다.

2023년 12월 초

대한민국 물관리 3년,
K-water를 퀀텀점프 시키다

우원식_국회의원

『세상에 행복을 수놓다』는 국내 최고의 물 전문가 박재현 교수가
출간한 책으로, 기후위기 시대를 맞아 미래를 리딩하는 물관리 철학
을 제시한 보고서이다.

　박재현 교수는 'COVID-19 팬데믹'이라는 감염병 공포가 전 세계
를 덮기 시작한 2020년 2월 K-water 사장으로 취임한 후, 뉴노멀
시대에 디지털 전환과 글로벌 물관리 패러다임을 선도하기 위해 '퀀
텀점프'라는 미래 전환의 시대적 요구를 받아들였다.

　'세계 최고의 물 종합플랫폼기업'을 새로운 비전으로 선포하고 공
기업 최초로 '기후위기경영' 선언을 통해 탄소중립 실현에 앞장서면
서 지속 가능 경영전략의 기틀을 공고히 했다. 또 RE100을 선언하
고, 물산업 디지털 전환, ESG경영선언을 했다.

　그리고 경제를 살리고 기후위기에 안전한 대한민국 물관리를 실현
하기 위해 한국판 뉴딜 과제를 선제적으로 준비함으로써 광역상수
도 스마트물관리, 댐관리 디지털화 등 시급한 국책사업을 완벽히 이

행했다. 또 물관리일원화를 통해 지속가능한 물 기술로 물·환경·생태를 아우르고, 여기에 미래 스마트시스템을 입힌 경영인이다.

스마트시티 기술적 주도권 선점은 미래 대한민국의 새로운 성장동력의 축으로 판단하고 부산에코델타시티, 송산그린스마트시티를 재탄생시켰고, 스마트빌리지 리빙랩Living Lab을 성공적으로 수행했다.

이 결과 박재현 교수는 K-water 재임 시 3년 연속 공기업 경영평가 'A'라는 트리플 크라운의 경영 성과를 이뤄냈다. 이러한 박재현 교수의 디지털 혁신 리더십은 늘 변화하는 환경에 능동적으로 대처하고, 권위주의적 수직적 리더십이 아닌 수평적 리더십으로 조직문화를 이끌었다.

또한 역동적 조직문화의 필요조건인 우수한 인재, 신속한 절차, 실용적 행정을 전사적으로 활용했고, 충분조건인 협력 거버넌스를 통해 '민-관-산-학-연'과의 연계로 K-wate의 지속가능한 성장을 구현했다.

이처럼 박재현 교수는 K-water 사장 재직 시 본연의 업무인 '물관리'를 뛰어넘어 '물산업'을 비즈니스로 접목시킨 선도적 경영인으로 K-water를 한 단계 퀀텀점프시킨 물 전문가이다. 이 책은 박재현 교수가 일반인들에게 들려주는 미래의 비즈니스 물 이야기로, '글로벌 물기업' 도약을 위한 비전 제시와 '새로운 물산업 시대'로 가는 선도자의 경영철학을 읽을 수 있다.

박재현 교수의 『세상에 행복을 수놓다』 발간을 진심으로 축하드린다.

2023년 12월

물이 여는 미래, 물로 나누는
행복을 꿈꾸는 물 전문가

김정호_국회의원

　박재현 인제대학교 교수가 대한민국 물관리를 주제로 하는 『세상에 행복을 수놓다』를 세상에 내놓았다.

　책 제목이 뜻하는 것처럼, "수놓다"에서 '수'는 '물 水'이지만, '놓을 繡'의 뜻을 내포하고 있다. 즉 '물로 세상의 행복으로 그리겠다'라는 물 전문가다운 물 철학을 담아내고 있다.

　이 책에는 우리 삶 속에 녹아들고 있는 4차 산업혁명의 필수조건인 첨단기술이 물관리에 접목되어 삶의 질을 높이는, 상상만 가능하던 물의 미래를 우리 눈앞에 펼쳐 보인다.

　박 교수는 1980년대 중반, 전국이 군사정권에 저항하던 혼란의 시기에 서울대학교 토목공학과에 입학했다. 그때부터 군사정권과 불평등 문제에 대해 고민하면서도 전공 분야 공부를 게을리하지 않고 동 대학 석사와 박사를 마치고, 미국 MIT에서 박사후연구원으로 근무하다 2000년에 인제대학교 교수로 부임했다.

박 교수를 처음 만나본 사람이라면, 그가 따뜻한 사람이라는 것을 금방 느낀다. 상대를 이해하고 배려하는 마음, 대화를 나누면 진정성과 진솔함이 목소리에 묻어나온다. 이는 곧 소통과 친화력으로 이어지고, 많은 사람과 깊고 폭넓게 교류하는 긍정적인 사고를 지녔다.

또 YMCA, 경실련, 환경단체 등 시민사회 단체 활동에 적극적으로 참여하면서 현장 중심의 문제를 해결하고, 자신의 철학인 친환경 물정책 실현을 위한 아이디어를 정책에 반영했다.

그리고 국가와 광역단체, 지자체 등에 물 분야 전문위원으로 활동했고, 제19대 문재인 대통령 후보의 싱크탱크로 참여해 물관리일원화와 우리 강 생태 자연성 회복에 일조하였다.

그리고 국내 최고 물 전문기관인 한국수자원공사K-water 제15대 사장으로 취임, 3년 동안 물관리를 책임지면서 물을 이용하여 세상을 행복하게 하겠다는 철학을 담은 책이 바로『세상에 행복을 수놓다』이다.

이 책은 총 5부로 구성되었다. 1부에서는 저자의 물에 대한 철학과 물산업에 대한 비즈니스, 물의 미래에 관한 내용을 담았다. 2부 'K-water와 1095일의 동행'에서는 '뉴노멀 시대, 미래로 가는 100년 K-water', '공감·소통·배려, 협력 중심의 건강한 조직문화' 등 한국수자원공사 사장으로 재직 시의 경영철학을 담았으며, 3부에서는 요즘 트렌드인 '똑똑한 미래도시, 스마트시티'의 현실과 미래 등을 담았다. 4부에서는 수자원공사 사장 재직 시 '민-관-산-학-연'과의 협력 거버넌스를 통해 이룩한 성과와 물에 대한 미래를 기술했으며, 5부에서는 물의 어젠다와 관련해 언론에 기고한 칼럼을 모았다.

특히 1부의 첫 번째로「최고의 선善은 물과 같다」라는, 노자老子의 상선약수上善若水를 강조하고 있다. 이는 박재현 교수가 물이 가진 일곱 가지의 덕목, 즉 수유칠덕水有七德과 함께 왕양명의 물이 주는 다섯 가지 가르침인 수오훈水五訓을 자신의 실천 덕목으로 삼아 인간수양人間修養의 길을 가고자 하는 의지의 표현이다.

박재현 교수가 책에서 밝힌 것처럼, 항상 자기가 나아갈 길을 찾아 멈추는 일이 없고, 웅덩이를 만나면 웅덩이를 다 채운 후에야 앞으로 나아갈 것이다.

또한 큰 둑을 만나면 그대로 주저앉는 게 아니라 계속해서 자신을 불려 둑을 넘으며, 스스로 맑아지면서 다른 것의 더러움을 씻어주고, 넓은 바다를 채우고 때로는 비가 되고 구름이 되기도 하고 얼음이 되기도 하지만 그 성질은 절대로 바뀌지 않는 것처럼, 선善의 가르침을 주는 물의 철학을 따를 것이다.

물의 선함을 본받아 국민을 섬기는 낮은 자세로 변화와 혁신을 위해 앞으로 나아갈 것이다.

끝으로, 이 책을 읽으면서 이제껏 깊이 알지 못했던 '물이 여는 미래의 행복'을 느낀다. 물에 대한 박 교수의 철학은 가장 절실한 체험에서 비롯된 것들로, 물이 펼쳐낼 스마트시티의 신비롭고 경이로운 미래의 여행을 미리 다녀온 것 같다.

이 책을 읽고 나면 우리는 완전히 새로운 눈으로 물을 바라보게 될 것 같다. 책 제목 『세상에 행복을 수水놓다』처럼, 세상 행복을 물로 한아름 안은 것 같다. 진심으로 책 발간을 축하드린다.

2023년 12월.

'물과 자연, 사람'에 대한 희망이
살아 숨 쉬는 책

조명래_전 환경부장관

현대사회를 되돌아보면 한 시대를 관통하는 키워드나 그 시대를 가늠할 수 있는 유행어가 존재한다. 이런 시기는 세계적으로 경제가 저조하다거나 혁신이 필요할 경우 나타나는 전조이다.

이처럼 세계를 사회적·경제적·문화적으로 관통하는 키워드는 바로 기후위기이다. 이 기후위기의 전범인 화석연료 사용을 억제해 탄소중립의 가는 대응 능력을 갖추는 것이 중요한 문제가 되고 있다.

또한 인구 증가와 도시화로 인해 물의 쓰임은 더 중요해지고 있으며, 에너지 전환과 지능형 도시 구축에 이르기까지 신기후체제 전환 과정에서 물의 가치와 역할은 급격히 커지고 있다.

우리나라는 50여 년 전 경제개발계획에 따라 처음 추진된 국토개발이 흙과 시멘트로 일궈낸 '회색 개발'이었다. 그리고 반세기가 지난 지금은 물로 개발되는 '녹색개발'의 시대로 변했다.

'물의 시대', '녹색 개발'을 열어 나갈 그 중심에 대한민국 물관리 공기업 한국수자원공사가 있다.

필자와 박재현 교수와의 인연은 서울시 청계천시민위원회에서 시작되었다. 당시 지속가능한 청계천 자연성회복이라는 어젠다를 머리를 맞대고 논의하곤 했다.

필자가 환경부장관이던 2020년 2월 28일, 박 교수는 대한민국의 물관리를 책임지는 환경부 산하 K-water 사장으로 임명되었다.

코로나19 상수도시설 비상 대응체계 점검을 위해 성남정수장을 방문(2020.3.24.), 중앙제어실 원격제어 시연 등 코로나19 감염자 발생에 따른 사업장 폐쇄 가능성에 대비한 상황별 대응 시나리오를 점검했다.

두 번째는 2020년 기록적 폭우로 인한 합천군, 금산군 등 수해 지역을 함께 방문(2020.8.15.)했다. 용담댐과 합천댐 현장 답사 후 합천군수와 금산군수로부터 각 지자체의 수해 현황을 브리핑받고, 수해 현장을 방문하여 지역주민들로부터 피해 현황을 경청했다.

이때 박재현 교수는 우리나라 물관리의 최고 전문가라는 사실과 함께 ESG경영을 통해 보여준 경영 리더십, 대한민국 물산업 육성은 물론 혁신과 미래 성장동력의 새로운 물결을 만들어 낼 것이라는 사실을 실증했다.

박 교수가 K-water 사장 재직 시절 일궈낸 성과는 많다. 2020년 발생한 임진강, 섬진강, 금강, 낙동강이 홍수 피해를 보았을 때 이 위기를 지속가능한 대응책을 준비하는 위기관리 능력을 보여주었다.

섬진강 유역에 디지털 트윈을 적용하고, 공기업 최초로 RE100을 선언했다. 합천댐 수상태양광발전시설, 성남정수장에는 소수력을 이용한 그린수소생산시설, 화성정수장의 탄소중립 AI정수장으로의 전환, 소양강댐에는 수열에너지를 이용한 융복합클러스터를 조성해 데이터센터, 스마트팜 등이 유치되도록 했다.

박재현 교수의 『세상에 행복을 수놓다』는 평생 한길을 걸어온 친환경 물관리, 자연생태계 회복을 주요 화두로 삼고 있다.

물을 이용하여 세상을 행복하게 한다는 철학을 몸소 실행하는 작업으로, 경험과 전문 지식 노하우를 쉽게 설명해 물 관련 종사자는 물로 일반인들이 물의 쓰임새에 대해 이해하는 데 도움을 준다.

박재현 교수는 '저자의 '말에서 "비전과 진실과 성실"을 믿고 "국민 눈높이에 맞고 마음을 녹여내는 것, 조직 구성원들의 역량 결집을 가장 무거운 책무로 삼았기에 가능한 일이었다"고 몸을 낮추며 함께 한 모든 이에게 공을 돌리고 있다. 또한 "재임 시 추진해 온 혁신의 노력과 결과가 미래 대한민국의 세계 속 이니셔티브 확보를 위한 공기업의 변화 노력이 국민의 마음속에 스며들었으면 한다."는 마음을 밝히고 있다. 물을 사랑하는 아름다운 마음이 세상을 온통 행복으로 물들이는 것 같다.

우리는 이 책을 통해 지금껏 알지 못했던 물의 중요성을 직접 체험하는 경험을 얻는다. 그리고 이 세계를 조금 더 잘 들여다볼 수 있는 기후위기 대응의 답을 찾는 지도를 얻을 수 있다. '물과 자연 그리고 사람'에 대한 희망이 살아 숨 쉬는 책! 물과 기후위기의 중요성, 물에 대한 미래를 읽을 수 있는 그 이상의 다채로운 느낌이 들게 한다. 꼭 필독을 권한다.

2023년 12월.

| 차 례 |

제1부 | 물이 여는 미래, 물로 나누는 행복

| 세 상 에   행 복 을   수 水 놓 다 |

물이 여는
미래,
물로 나누는
행복

기후변화로 인한 물 재해로부터 국민의 생명과 재산보호이
다. 미래를 향한 중단없는 도전이다.

공공성 제고를 통한 국민의 신뢰와 사랑받는 공기업으로의
자리매김이다. K-water의 지속 성장 어젠다를 이끌어가는
경영체계와 조직문화 정착이다.

노사 간의 신뢰를 기반으로 하는 상생이 중요하다.

물은 항상 자기가 나아갈 길을 찾아 멈추는 일이 없고,
웅덩이를 만나면 웅덩이를 다 채운 후에야 앞으로 나아간다.

물은 스스로 움직여 다른 것을 움직이며 생명을 준다.

자신이 살아 있음은 물론 민중과 함께 살아가고 숨 쉴 수 있
는 물이 된다.

최고의 선善은 물과 같다

인류 문명과 물

물은 인류 문명을 탄생시켰다. 인류가 기술이나 제도를 갖추면서 도시와 국가를 만들고, 언어로 소통하며 사는 문명인이 되기까지는 큰 강 유역의 풍부한 물의 역할이 컸다. 세계 4대문명 발상지는 온대기후 지역에 분포하며, 모두 큰 강을 끼고 관개농업으로 발전하고 성장하였다. 이집트는 나일강 유역, 중국은 황하 유역, 메소포타미아 지역에서는 티그리스·유프라테스강 유역, 인도는 인더스강·갠지스강 유역에서 찬란한 문명을 꽃피웠다.

'물을 잘 다스리면 흥하고 다스리지 못하면 망한다'라는 말처럼, 현명한 지도자들은 치수治水를 국가의 근본 덕목으로 삼아 물을 잘 활용한 나라는 강대국이 되었다.

또한 물의 힘으로 기계를 움직여 산업혁명을 이끈 것도 물의 힘이었으며, 물을 현명하게 이용한 나라들은 경제적으로 크게 성장했다. 영국의 테임즈강, 독일 라인강의 기적, 우리나라도 한강의 기적으로 산업화를 이루었다.

물의 교훈

이처럼 물은 인간의 역사에도 큰 영향을 미치고, 우리 생활에 없

어서는 안 될 자원으로 물질적인 고마움을 주지만 큰 재난의 원인이
되기도 한다. 그런가 하면 물이 주는 삶의 가르침은 어떤 길을 지나
온 물일지라도 본연의 모습으로 다시 돌아간다는 철학적으로 선善의
가르침을 주기도 한다.

　노자老子는 '최고의 선은 물과 같다'라는 상선약수上善若水를 강조
하면서 물이 가진 일곱 가지의 덕목, 즉 인간수양人間修養의 근본인
수유칠덕水有七德에서 찾아야 한다고 했다.

　낮은 곳으로 흐르는 '겸손'과 어떤 장애물을 만나더라도 막히면 돌
아가는 '지혜', 흙탕물까지도 다툼없이 받아들이고 섞이게 하는 '융
합과 포용력', 어떤 그릇의 모양에도 담기는 '융통성', 한 방울의 물
로 바위를 뚫는 '끈기와 인내', 장엄한 폭포처럼 모든 걸 내던지는
'용기' 그리고 유유히 바다로 흘러들어가는 '대의'가 그것이다.

　물이 주는 일곱 가지 교훈은 우리 인생사가 물 흐르듯이 자연스
럽게 흘러가야 한다는 것, 자연의 순리에 따르라는 것이다. 세상사
도, 정치도, 경제도, 안보도, 조직사회도 어떤 경우든 자연스럽게
흘러가야 한다. 자연을 거스르는 일에는 항상 부작용이 따르기 때
문이다. 그리고 바로 그곳에 모든 것을 혁신하는 에너지가 있다는
것이다.

물에 대한 K-water 경영철학

　수자원 전문가로서 일찍이 정부의 물관리 정책을 수립하고 시행하
는 과정에 몸담으면서 물순환의 중요성과 미래성을 깨달았다. 그리
고 2020년 3월 국내 최고 물 전문기관인 한국수자원공사(K-water)
제15대 사장으로 취임하면서 뉴노멀 시대 'K-water 미래 100년'의
새로운 미래 경영영철학을 취임사에서 밝혔다.

최고의 물 전문기관 K-water에 새롭게 부여된 역할과 책임을 다하고 거듭나기 위해, 국민을 위한 통합물관리 실행 원년을 맞이하면서 다 함께 힘을 모으자는 다섯 가지 경영철학이다.

　첫 번째가 기후변화로 인한 물 재해로부터 국민의 생명과 재산보호이다.

　이것은 가장 기본이 되는 사명이다. 국가와 국민이 부여한 미션의 완벽한 이행을 위해 반세기 동안 축적된 물관리 노하우를 기반으로 홍수와 가뭄 등 물 재해에 완벽히 대응해 나가고, 실질적인 하천 수질개선과 취약한 지방상수도 선진화를 통해 모든 국민이 안전하고 깨끗한 물을 누릴 수 있다.

　또한 그동안 다루어온 수량 중심의 좁은 시각에서 벗어나 수량-수질-수생태 전 분야가 균형 있는 성장을 위해 선순환하는 통합형 물관리 정착이 필요하다. 이를 위해 통합적 하천관리와 기존 수자원 시설을 효율적으로 활용하는 정부와의 긴밀한 협력을 통한 해결이다.

　그리고 자칫 소홀하게 취급될 수 있는 물 인권보호는 물론 환경과 조화를 이루는 지속가능한 통합친환경물관리와 국민의 눈높이에 맞는 감동적인 물 서비스를 제공할 때 국가 물관리의 새로운 도약을 이룰 수 있다.

　두 번째는 미래를 향한 중단없는 도전이다.

　미래의 물 기술 확보를 위해 역량을 하나로 모으면서, 기존의 개발 중심에서 관리와 유역 중심으로 사업구조로 전환하는 끊임없는 혁신이 필요하다. 물의 다양한 가치를 신성장동력으로 삼아 세계 최고 수준의 기술과 혁신을 융합함으로써 스마트한 물관리 시대를 열 수 있기 때문이다.

특히 탄소중립을 통해 미세먼지 저감에 이바지할 수 있는 친환경 물 에너지를 활성화하고, 아세안 물특화도시 선도 모델로서 부산 에코델타시티(EDC)의 성공적 조성을 도전 과제로 선정했다. 미래 K-water의 지속가능한 성장을 위해 다른 지역으로 넓혀나가면서 국민이 환경 정보를 가치 있게 활용할 수 있도록 하고, 미래 통일 정국에 대비한 남북 물관리 협력을 준비해야 한다.

세 번째는 공공성 제고를 통한 국민의 신뢰와 사랑받는 공기업으로 자리매김이다.

이를 위해서는 국민의 신뢰와 협조가 필요하기에 안전과 청렴성을 경영의 최우선 가치로 두고, 사장을 중심으로 전 직원이 안전과 청렴에 관한 생각이나 사상, 이론 등이 자기 몸에 배이도록 해 자기 것으로 만들어야 한다.

공급자와 수익성보다는 국민과 공공성이 중심이 되어야 하고, 국민과의 소통을 통해 모든 업무 영역에서 사회적 가치의 내재화가 필요하다. 특히 물 전문 공기업으로서 중소 물기업이 성장하고 해외 진출을 촉진하는 든든한 후원자 플랫폼의 역할이 중요하다. 미래 녹색경제를 선도할 신규 물산업을 발굴해 경제 활력을 끌어올리면, 더 많은 양질의 일자리가 만들어지는 일석이조의 효과를 얻을 수 있다.

또한 K-water가 해왔던 물관리가 국민에게 충분한 지지를 받아왔는지 깊이 성찰하고 잘못된 점은 개선해 나가야 한다. 4대강 보와 하굿둑의 자연성 회복은 공정하고 객관적인 데이터를 바탕으로 국민을 위한 합리적 대안 마련을 위한 노력이 중요하다.

네 번째는 K-water의 지속 성장 어젠다를 이끌어가는 경영체계와 조직문화 정착이다.

지속 성장하는 대한민국 대표 공기업이 되기 위해서는 물관리일원화로 변화된 위상을 확고히 해야 한다. 이와 더불어 조직문화의 밑바닥에 공정성·생산성·효율성의 원칙이 쉼 없이 흘러가도록 만들어야 한다.

누구에게나 기회가 공정하게 주어져야 하고, 전문성과 창의성을 기반으로 생산적인 업무 혁신과 성과가 창출되도록 분위기 조성이 필요하다. 그리고 이를 지원할 수 있는 선진 경영관리 체계와 전략이 갖춰져야 한다.

특히 조직문화의 역동성을 위해 공정성과 투명성에 기반한 역량 중심의 인사 혁신이 이뤄져야 한다. 열심히 일하는 직원에게는 보상이 주어지고, 무임승차Free-rider하는 직원은 과감히 배제해야 한다. 이런 조직문화가 정착될 때 효율화된 업무 프로세스가 이뤄지며, 우리 모두가 바라는 '일과 가정의 조화', '개인 삶의 질 향상'을 만들어 낼 수 있다.

아울러 노사 간의 신뢰를 기반으로 하는 상생이 중요하다. K-water의 발전을 열망하는 노동조합의 소중한 의견을 적극 수용하고, 보수·복지·조직문화 등 근로조건의 개선과 인사·조직·안전 등 경영 전반에 대해서는 열린 마음으로 소통하면서 개선해야 한다.

마지막 다섯번째는, 코로나19 팬데믹으로 인한 초유의 국가 위기 극복이다.

이를 위해 K-water 전 가족의 안전과 더불어 물관리 예방과 대응 체계를 선제적으로 점검하고, 위기를 지혜롭게 극복할 수 있도록 전사적 역량 결집을 이루어야 한다.

국내 최고 물 전문기관을 넘어 세계 수준의 기업들과 어깨를 나란히 하고, 국민의 기대에 최상의 서비스로 보답할 수 있는 준비된 K-water를 만들어 가기 위해 열린 자세로 다가가는 것이 필요하다.

세이공청의 자세

'귀를 씻고 공손하게 듣는다'는 '세이공청洗耳恭聽'이란 고사성어가 있다. 이 말뜻처럼 새로이 배우는 것을 부끄러워하지 않고, 모든 임직원과 머리를 맞대고 토론하며 소통하면서 과감한 의사결정을 내렸다. 국민이 체감하고 감동하는 확실한 변화와 성과를 위해 함께 길을 가자고 했다.

그렇다. 물은 항상 자기가 나아갈 길을 찾아 멈추는 일이 없고, 웅덩이를 만나면 웅덩이를 다 채운 후에야 앞으로 나아간다. 물은 스스로 움직여 다른 것을 움직이며 생명을 준다. 자신이 살아 있음은 물론 민중과 함께 살아가고 숨 쉴 수 있는 물이 된다.

또한 물은 장애를 만나면 그 세력을 몇 배로 불린다. 큰 둑을 만나면 그대로 주저앉는 게 아니라 계속해서 자신을 불려 둑을 넘으며, 스스로 맑아지면서 다른 것의 더러움을 씻어주고, 넓은 바다를 채우고 때로는 비가 되고 구름이 되기도 하고 얼음이 되기도 하지만 그 성질은 절대로 바뀌지 않는다.

이처럼 물은 모든 사람이 기피하는 낮은 곳으로 흐른다. 흐르는 물이 막히면 또 다른 길을 내어 흘러가는, 철학적으로 선善의 가르침을 주는 게 바로 물이다. 물의 선함을 본받아 국민을 섬기는 낮은 자세로 물관리의 변화와 혁신이 이루어지기를 소망한다.

물의 미래,
디지털 전환에서 찾다

"디지털 워터는 이미 현실이다 Digital water is already here."

국제물협회(IWA, International Water Association)에서 세계 각지의 물 관련 주요 전문가들을 대상으로 인터뷰한 후 내린 결론이다. 디지털 기술은 이미 통신, 운송, 제조, 의료, 공공서비스 등 다양한 분야에서 활용되고 있으며, 우리 생활 곳곳에 파고들어 삶의 일부로 녹아들고 있다. 물 분야 역시 AI, 빅데이터 등 4차 산업혁명 기술의 진보가 혁신으로 이어질 것이라는 기대감이 높은 가운데 '코로나19 팬데믹' 확산은 사회 모든 분야에 있어 디지털 전환Digital Transformation을 가속화했다.

디지털 전환이란?

'디지털 기반으로 운영 및 관리 프로세스를 개선하고, 비즈니스 모델을 변화시키는 경영전략'이 바로 '디지털 전환'이다. 이는 데이터의 축적 및 활용 역량이 기업의 핵심 경쟁우위로서 중요한 요소가 되고 있음을 의미한다.

글로벌 IT그룹 '델테크놀로지스'가 발표(2019)한 '디지털 전환지수Digital Transformation Index'에 따르면, 전 세계 기업들은 2016년 이후 디지털 전환을 가속화한 것으로 나타났다. 디지털 혁신을 완료한 디지털 리더 기업(1그룹)은 전체의 5%를 차지했지만, 비교적 높은 수준으로 디지털 혁신을 달성하고 있는 2그룹은 14%에서 23%로 빠르게 증가했다.

이처럼 4차 산업혁명 기술의 급속한 발전과 더불어 불확실성이 가중된 포스트 코로나Post Corona 시대에는 5G 등 정보통신기술을 활용한 디지털 전환, 비대면Untact 문화 등이 '새로운 표준New Normal' 이 될 것이다. 이 변화들은 잠깐 지나가는 것이 아니다. 이후의 삶에도 계속 영향을 미치며 우리가 받아들여야 하는 삶의 기준이 된다.

과거 페스트나 스페인독감 등 전염병의 세계적 유행이 기존의 사회구조를 바꿔놓는 주요한 전환점이 되었다. 따라서 '코로나19'를 계기로 현재의 오프라인과 대면 관계를 기초로 설계된 기존 체제를 디지털 전환과 비대면 사회 중심으로 보다 유연하게 재설계할 필요가 있다.

정부에서도 이러한 변화의 필요성을 감지하고 데이터·5G·AI 등 디지털 인프라 구축, 비대면 산업 집중 육성 및 SOC(사회간접자본)의 디지털화를 중심 내용으로 하는 '한국판 뉴딜'을 발표하고, 디지털 기반 경제혁신 및 일자리 창출 등을 주도하고 있다.

선진국은 어떻게 물관리에 디지털을 접목시키고 있을까?

이미 세계의 여러 국가나 전문기업들은 물 분야에서의 디지털 전환이 필수불가결함을 인식하고, 대규모 자본을 투자하여 디지털 물관리 기술을 개발하고 있다.

국제물협회(IWA)에 따르면, 전 세계 물 관련 기업들은 물산업 디지털화의 중요한 구성요소로 원거리 센싱기술을 통한 실시간 모니터링, AI, 증강현실, 가상현실, 디지털 트윈 등을 들고 있다. 이를 통해 비용 절감, 효율성 제고 등 경제적 부문뿐만 아니라 친환경수처리 기술 등을 통해 우리 삶의 폭넓은 부분까지 영향을 줄 것으로 예상하고 있다. 또한 주요 기업들은 인공지능(AI) 기반의 운영시설자동화 및 지능화, 빅데이터 분석에 기초한 의사결정 등 실천 단계로 진입하고 있다.

독일은 디지털 시대 물산업 분야의 경쟁력 유지를 위해 2015년부터 'Water 4.0' 전략을 수립·추진하고 있다. 4차 산업혁명을 맞아 2012년 도입된 독일 정부의 핵심 미래 프로젝트인 '인더스트리 4.0'을 물산업에 적용한 것이다.

주요 내용으로는 디지털화, 자동화 및 최적 네트워킹을 통한 물 관련 시스템의 효율적 활용을 통한 물산업 분야의 경쟁력 제고이다. 사용자(수요자 및 공급자)에게 다양한 물 관련 정보를 제공해 정보 요구를 충족시키고, 창의적이고 지속가능한 활동 기반을 제공한다. 물관리와 관련된 일련의 과정을 인터넷 기반의 네트워크로 통합하여 실시간으로 내·외부에서의 종합적인 관리가 가능하게 함으로써 물관리 과정에서 일어날 수 있는 위험과 비용도 줄여나갈 수 있다.

또한 싱가포르 국립수자원국(PUB)에서는 지능형물관리 기술을 가정에 적용하여 실험한 결과, 하루에 5리터의 물을 절약할 수 있었다. 아울러 물 분야에서 디지털 전환으로의 원활한 추진을 위해 시스템통합관리와 정보 보안 그리고 디지털 인재 육성을 선제적 해결 과제로 제시하고 있다.

글로벌 물관리 기업인 '자일럼Xylem 사'는, 디지털 기술을 물 분야에 접목시켜 수도관로 내 적정 수량 유지를 통한 수압 조정으로 관로의 성능을 최적화하고 수명을 연장하는 등 물 손실을 최소화하고 있다. 누수가 발생하면 신속하게 원인을 파악해 해결하면서 수요자가 실제 사용한 물량을 산정, 요금으로 징수함으로써 고객 서비스도 향상시켰다. 또한 실시간 모니터링을 통해 물 소비와 관련된 정보를 고객에게 제공함으로써 디지털 기술 적용 전과 비교하여 물 사용량을 13%나 절약하는 등 환경적인 측면에서도 긍정적 효과가 있었다.

이스라엘의 국립 물 회사인 '메코롯MEKOROT' 또한 고객의 물 수요에 즉시 대처하고, 고품질의 물을 안정적이고 저렴한 가격으로 제공하기 위하여 데이터 기반의 물 공급 기업으로 변화를 추진하고 있다. 혁신의 주요 내용은 복잡하고 방대한 자료를 통합적으로 관리하고 선제적으로 분석, 활용하여 기업의 핵심 운영 능력을 높이고 리스크를 제거하여 의사결정 과정을 최적화하는 것이다.

대한민국 디지털 물관리 현주소와 발전 방향

우리나라도 디지털 전환을 통한 물관리 혁신의 필요성이 강조되어 K-water는 2014년 국내 최초로 사물인터넷(IoT) 기술을 활용한 물관리 방안을 제시한 바 있다.

국가상수도 전반에 정보기술(IT)과 결합한 스마트물관리시스템을 구축해 국민의 물 안전을 확보하고, 상수도 전 시설의 디지털화 추진계획을 수립하였다. 이를 위해 2022년까지 전국 161개 지자체를 대상으로 수돗물 공급 과정에 있어 정보통신기술(ICT)에 기반한 실시간 모니터링 및 대응체계 구축을 진행하고 있으며, 경북 고령 등 일부 지자체 시범사업을 거쳐 지방상수도 분야에 적용하는 등 물 분야 디지털 전환을 주도하고 있다.

또한 지방상수도 시설에 지능형 상수관망관리시스템을 구축하여 물 공급 전 과정에서 데이터 분석에 기반한 업무처리로 수돗물에 대한 국민의 신뢰도를 향상시키고, 유역수도지원센터를 통해 지자체의 물 관련 역량 강화와 재난 대비 기술을 지원하는 한편, 자산관리 시스템 구축으로 물 공급 과정에 있는 모든 시설의 데이터베이스화를 추진하고 있다.

하지만 포스트 코로나 시대에는 현재의 수준을 넘어 지방상수도뿐만 아니라 광역상수도 시설과 유역 관리에도 스마트 관리체계의 구축이 필요하다. 광역상수도 시설을 지방상수도의 스마트 관리체계와 연계하여 물이 공급되는 전 과정에서 실시간 모니터링을 통한 대응이 가능하도록 취수원의 실시간 수질 감시체계를 구축하고, 광역정수장을 빅데이터와 인공지능(AI) 기술로 자동화시킨 스마트 정수장으로 전환하여 취수원에서 수도꼭지까지 수량과 수질이 실시간으로 관리될 수 있도록 하여야 한다.

상수도 스마트화와 더불어 유역에서도 스마트 물관리체계 구축을 통해 국가 수자원의 과학적 관리와 효율적 활용 기반을 강화하여야 한다. 2018년 물관리일원화에 따라 수량, 수질, 재해 등 종합적 관점에서 유역통합물관리를 추진하고 있다. 그러나 유역 내 수자원 시설별 관리 주체가 상이하고, 일부 수자원 시설의 경우 관측설비 부재 등으로 실시간 정보 획득이 곤란하다. 또한 수자원 시설의 노후화, 기후변화 심화 등에 따라 물 재해 위험이 증가하고 있어 물 공급 안정성 확보를 위한 노력도 필요하다.

이를 해결하기 위해서는 유역 내 수량·수질·안전에 대한 기초 자료의 측정과 정보 공유가 가능하도록 수량·수질 등 유역 수자원 시설에 대한 실시간 모니터링 체계 구축사업을 단계별로 시행되어야 한다. 특히 물 관련 기초 정보가 미흡했던 지자체의 식수 전용댐과 농업용 저수지를 대상으로 ICT 기반의 수량 및 수질 측정장치를 설치하는 등 실시간 물 정보 모니터링 체계가 구축되어야 한다.

또한 디지털 트윈 지능형 댐 안전 플랫폼을 구축하여 재난 분야의 디지털 전환도 필요하다. 실시간 관제시스템 구축, 기관 간 유기적 협조 체계 마련 등 디지털 유역관리가 실현될 때 수질·수량 및 안전 사고 등 비상 상황에 효율적으로 대응할 수 있다.

물 데이터 표준화 문제

물관리 디지털 전환을 위해 꼭 필요하지만, 지금까지 지연되고 있는 과제가 국가 물 데이터의 표준화와 유기적인 공유체계 마련이다.

현재는 기관별로 목적과 필요에 따라 수량은 홍수통제소의 국가수자원관리종합정보시스템, 수질은 국립환경과학원의 물환경정보시스템, 재난 부분은 행정안전부의 국가재난정보관리시스템에서 관리되는 등 데이터의 분절화가 심각하다.

특히 수량과 수질 관측자료는 수자원의 관리와 운영을 위한 필수 자료이나 환경부, 지자체 등 다수 기관에서 관리되어 데이터를 효율적으로 연계하여 활용하는 데에 한계가 있다.

미국 국가수자원정보시스템National Water Information System의 경우 지질조사국에서 미국 내 50개 주와 관련 기관 등에서 수집된 수량·수질·지하수 등 모든 물 관련 데이터를 통합하여 다양한 파일 형식으로 제공해 누구나 손쉽게 자료를 활용할 수 있으며, 기초 데이터를 가공하고 활용하여 더욱 가치 있는 물 관련 정보가 생성되고 있다.

이에 우리나라도 물 관련 모든 데이터를 통합하여 취합·공유할 수 있도록 국가 물 데이터 체계를 혁신할 필요가 있다.

우선, '국가물데이터정보센터' 설립을 통해 물 관련 데이터를 표준화해 물 관련 기관들이 국가 물 데이터를 제한없이 활용할 수 있도록 하고, 국민에게도 물과 관련된 모든 데이터와 정보를 제공하여야 한다.

또한 데이터 맵을 통한 물 흐름 네트워크 기반의 실시간 국가 물관리 모니터링 체계를 구축하고, 데이터 기반의 물관리 의사결정을 지원할 수 있도록 플랫폼화가 필요하다. 장기적으로는 위성과 드론 등을 활용하여 물과 관련된 재난정보까지 연계하여 관리해야 한다.

디지털로 관리하는 스마트워터시티 플랫폼

K-water 사장 재임 시절에 전문적인 물관리기술과 AI수처리 시스템 등 정보통신기술(ICT)를 접목하여 세계적으로 표준화된 물도시관리시스템인 '스마트워터시티 스탠더드 플랫폼' 구축을 추진하였다.

ICT 기반 운영 플랫폼에 기초한 기상 관제시설과 물 인프라의 관측 및 수집 정보 관리체계를 통합 운영할 때 사전 예측 능력이 강화되며, 철저한 모니터링으로 집중호우 발생 시 신속한 대응이 가능하다. 이러한 기술을 전국 물 재해 취약 지자체에 순차적으로 확산해 나가야 한다.

이러한 디지털 기술과 함께 수질개선을 통해 하천을 상수원으로 활용할 수 있도록 생태적으로 정화하는 에코필터링 기술, 여름철에는 수온이 대기보다 낮고 겨울철에는 높은 물의 특성을 활용한 수열에너지 기술 등 녹색 전환 기술이 '스마트워터시티 스탠더드 플랫폼'에 녹아 있다. 이렇듯 혁신의 가치에 중점을 두고 있는 디지털 전환은 녹색 전환과 융합되어 물의 가치를 확장시킬 수 있다.

아울러 무분별한 산업화와 도시화에 따른 물순환 왜곡의 결과, 지속적으로 발생하는 호우기 도시 침수 문제와 관련하여 도시 물 문제의 발생 원인을 종합적으로 파악하고, 기후예측시스템과 물 인프라 운영 시스템의 연계를 통한 '도시 리질리언스Resilience'의 강화가 추진되어야 한다.

'도시 리질리언스'란 기후변화에 대응하고, 기상이변에 대해 도시 회복력을 제고하는 것을 의미하며, 친환경 도시로의 전환에 있어 녹색 전환과 밀접한 관계를 갖는다.

이처럼 컴퓨터와 인터넷의 등장은 사회경제, 산업, 일상생활 등에 이르기까지 인류의 삶을 크게 변화시켰다. 모바일의 등장은 그 변화를 확장시켰으며, 이제는 4차 산업기술과 포스트 코로나 시대가 디지털 전환을 가속화시키면서 그 어느 때보다 광범위하고 빠른 변화를 겪고 있다.

이에 따라 수많은 데이터를 연계 관리하고 분석하는 기술이 중요해졌으며, 이를 활용하여 생산이 효율화되고 문제 해결 능력이 향상되며, 미래 예측 기술이 정교해지고 있다.

물 분야도 변화하는 환경에 재빠르게 적응하기 위하여 디지털 전환에 대해 명확히 이해하고, 정부와 물 전문기관이 협력하여 적극적인 투자를 통해 뉴노멀 시대 물관리 해법으로 발전시켜야 한다.

양자물리학 용어인 '퀀텀점프'는 대도약을 의미한다. 국민의 신뢰를 확보하고 지속가능한 성장을 위해 우리나라 물관리 역시 기존의 경로에서 벗어나 혁신적 물관리를 위한 '퀀텀점프'가 필요하다. 그 중심에 바로 디지털 전환이 자리 잡고 있다. 이를 통해 국민의 보편적 물 복지 수준이 높아지고, 대한민국의 대표적인 혁신적 포용정책으로 자리잡을 수 있다.

ESG경영, 넌 뭐니?

　대전환의 시기이다. 이 시기를 기회로 맞이하기 위해서는 생각의 중심을 디지털 문명으로 전환할 필요가 있다. 구시대의 익숙했던 질서가 빠르게 무너지고 있지만, 아직까지는 이를 대체할 만한 명확한 새로운 규범이 나타나지 않고 있다. 모두가 동의하고 공감하는 새 시대로 넘어가기 위해서는 상호 신뢰를 높이는 사회적 공감대가 구축되어야 한다.

　그러나 역사가 증명해 온 것처럼, 위기는 어떻게 대응하느냐에 따라 기회로 활용할 수 있다. 이러한 시대적 요구가 바로 기업 경영의 변화로 이어지고 있다. 유럽연합이나 미국 등에서는 이미 기업을 평가하는 중요한 기준이 되었다. 바로 기업 경영의 새로운 패러다임인 ESG경영이 그 중심에 있으며, 기업이 사회적 가치를 최우선으로 추구하는 것을 의미한다.

　현대사회는 물질이 아닌 가치소비가 일상이 되었다. 국제적으로도 사회적 가치를 훼손하는 기업은 생존할 수 없는 환경이 된 지 오래다. 따라서 ESG경영을 진정성 있게 실현하느냐 못하느냐에 따라 기업과 그 사회의 미래가 좌우된다. 이처럼 ESG경영은 국가와 기업의 성패를 가르는 가장 중요한 행동의 표준이 되었다.

　세계적으로 새로운 기업 경영 패러다임인 ESG가 확산되면서 우리 기업에도 ESG경영의 필요성이 대두되었다. 이는 기후변화와 팬데믹, 디지털 전환 등 복합적 위기가 겹치면서 기업 경영을 둘러싼 주변 환경이 빠르게 변화하면서 세상을 완전히 바꾸었다. 가장 큰 변화는 환경과 안전, 지속가능성 같은 가치가 중요한 화두로 등장했다.

새로운 기업 경영 패러다임인 ESG는 뭘까?

ESG 개념은 2004년 UN 글로벌 콤팩트에서 처음 등장한 용어이다. 이후 지속가능한 성장을 위해서 이해관계자 보호와 더불어 사회적 가치를 수호해야 한다는 점과 2020 다보스 선언에서도 유사한 논의가 지속적으로 이루어졌다. 이처럼 ESG경영은 어느 날 갑자기 불쑥 생겨난 개념이 아니라 시대의 흐름에 따라 점진적으로 발생한 개념이다.

ESG경영이란, 환경Environment, 사회Social, 지배구조Governance의 앞 글자를 딴 약어를 말한다. '환경(E)'은 온실가스 감축으로 기후변화 대응을, '사회(S)'는 인권 존중과 사회 양극화 해소 등으로 공정하고 안전한 사회 구현을, '지배구조(G)'는 법과 윤리의 준수 및 투명하고 민주적인 기업 운영을 주요 내용으로 한다.

재무적 이익보다는 장기적 관점에서 기업의 지속가능성에 영향을 미치는 비재무적 요소에 무게가 실린다. 환경 관점에서 지구를 살리는 것뿐만 아니라 인류가 지구상에서 인간다운 삶을 영위하는 넓은 의미의 지구 살리기이다.

학자들 중에는 ESG경영을 환경보호(E), 사회공헌(S), 윤리경영(G)이나 환경적 가치의 보호(E), 사회적 가치의 보호(S), 지배구조 개선(G)으로 이해하기도 한다. 그러나 기업이나 산업 전반에 있어서 환경보호, 사회적 책임, 투명한 지배구조를 추구하면서 지속가능한 성장과 이해관계자에 대한 파이의 배분을 기업이 직접 수행한다는 뜻에서는 의미가 같다.

ESG경영 활동은 환경기후변화 대응과 에너지 효율화, 재생에너지 도입, 탄소배출 축소 등의 '환경적 가치의 보호'와 사회 인권보호, 노동환경 개선, 사회 취약계층 지원, 지역사회 기여 등의 '사회적 가치의 보호' 그리고 지배구조 개선 측면에서는 전문적인 이사회 구성과 운영, 투명한 감사위원회, 주주 권리보호 등을 들 수 있다.

기업이 환경보호에 앞장서고, 사회적 약자에 대한 지원과 남녀 평등한 직장문화의 조성 등 사회공헌활동을 하면서 법과 윤리를 철저히 준수하는 윤리경영을 실천해야 지속적인 성장이 가능하다는 뜻이다.

이제는 '나 하나만 잘 살면 되는' 사회가 아니라 환경, 사회, 지배구조라는 복합적인 리스크에 얼마나 잘 대응하고 지속적으로 경영을 이어갈 수 있느냐가 중요해졌다. 인간의 이기심으로 병들어 가는 지구에서 기업만 살아남아 봐야 아무 의미가 없기에 기업은 환경과 사회 그리고 투자자들까지 함께 살아남을 수 있게 노력해야 한다는 의미이다.

단순히 물건을 잘 만들어 많이 팔아서 돈만 잘 버는 기업으로는 지속가능한 경영이 어려워졌다. 그렇기에 결국은 인간과 자연, 사회를 생각하는 가치 있는 기업이 되어야 하는 것이다.

그런데 ESG경영을 이해하기 위해서는 먼저 '지속가능성'이라는 용어 의미를 이해해야 한다. 이 용어는 1987년 UN 산하위원회에서 최초 논의된 개념이다.

우리가 숨 쉬며 살고 있는 지구가 나라와 기업들이 발생시킨 지구

온난화 현상과 환경오염으로 인해 병들어 가는 한계점을 타개할 필요성의 존재를 확인했다. 즉 사회와 환경을 고려하고, 기업의 사회적 책임을 지면서 지속가능한 성장이 가능하도록 기업들을 제어할 필요성을 천명한 것이다.

ESG 약어 중 'G(Governance)'를 보통 '지배구조'라고 정의한다. 그러나 지속가능경영, 사회책임경영의 실행 원칙이라고 할 수 있는 ISO26000에서 '거버넌스'는 "조직이 목표를 추구하는데 있어 의사결정을 내리고, 그 결정 사항을 수행하기 위한 체계"라고 정의하고 있다.

〈한국거버넌스학회〉의 경우, 적합한 한국어를 찾지 못해 그냥 '거버넌스'로 부른다. 지배구조는 거버넌스의 구성요소 중 하나일 뿐으로 거버넌스는 아니라는 의미이다.

거버넌스는 steer(키를 잡다, 조종하다)를 뜻하는 그리스어 'kubernáo'에서 나온 말로, 철학자 플라톤이 최초로 비유적으로 사용했다. 배가 어떤 목적지를 향해 항해하기 위해 선장과 선원들이 힘을 합해 배를 젓는 'kubernáo'의 의미가 영어 거버넌스의 어원이 되었다고 한다.

'거버넌스'는 본래 행정학 용어로서 '국가경영' '공공경영'이라는 뜻으로 처음 사용했으며, 국가 해당 분야의 여러 업무를 관리하기 위해 정치·경제 및 행정적 권한을 행사하는 국정관리 체계를 의미한다.

그러나 근래에는 지역사회에서부터 국제사회에 이르기까지 여러 공공조직에 의한 행정 서비스 공급 체계의 복합적 기능에 중점을 두는 포괄적 개념으로 통치·지배라는 의미보다는 경영의 뉘앙스가 강하다.

그래서 '지배구조'라는 말보다는 '거버넌스'나 '의사결정 구조' 또는 '의사결정 방식'으로 공공의 이익을 위해 다양한 국가, 기관, 시민들이 협력하기 위해 경영하는 체계라고 말할 수 있다.

기업의 비용만 발생시킬 것 같은 ESG경영이 필요한 이유는 무엇일까?

바로 부정적 외부효과의 제거이다. 방만한 기업 경영 등으로 발생한 사회적 이슈가 주가 하락으로 이어지는 현상을 학습한 기업들이 선제적으로 대처하는 것이다. 환경을 고려한 친환경 제품을 생산하고, 사회를 고려한 정책을 수행하고, 투명한 기업 지배구조를 통하여 대중과 이해관계자들에게 정당성을 획득하기 위해서이다.

이처럼 ESG경영은 재무적 요소뿐 아니라 비재무적 요소인 사회적 가치와 이해관계자들에 대한 배려까지 동시에 고려한 경영방식이며, 궁극적으로 기업이 외부 요인들로부터 정당성을 얻기 위한 행위이다. 즉 ESG경영을 통해 장기적으로는 기업과 사회 그리고 이해관계자 모두 승리할 수 있다는 윈윈Win-Win 전략이다.

그럼, 우리나라의 ESG경영의 현 위치는 어디일까?

현재 ESG경영은 전 세계적으로 확산되는 추세로, 우리나라도 기후위기와 팬데믹 등 불확실성이 커지면서 지속가능한 삶에 대한 요구가 높아졌다. 이러한 요구는 탄소중립과 ESG 실현이라는 새로운 변화의 물길로 이어지고 있다.

최근에는 국내의 많은 기업이 점진적으로 조직이 안정화되면서 ESG기획팀, ESG전략팀 등의 명칭으로 ESG 전담 조직들이 운영되고 있으며, 사회공헌부터 환경, 보건, 안전 등 여러 곳의 조직에서 ESG경영을 실천하고 있다.

물 분야 ESG경영 필요성

이러한 흐름에 발맞춰 K-water 사장 재임 시인 2021년 3월 공공기관 최초로 '물특화 ESG경영'을 선언했다. 빠르게 변화하는 글로벌 트렌드와 패러다임 전환의 기회를 기민하게 포착하고, 전략과 혁신의 방향을 끊임없이 탐색할 때 미래를 향한 진화와 도약이 가능하다고 믿었다.

무엇보다도 코로나 이후 지속가능성을 확보하는 게 중요해지고, ESG경영이 새로운 트렌드로 부상함에 따라 이에 걸맞은 프로세스가 K-water에 필요했다. 이를 위해 제도적 토대를 마련하는 등 ESG경영 내재화를 위해 다방면으로 새로운 길을 모색했다.

'물'을 통해 공공의 가치 실현을 최우선으로 하는 한국수자원공사야말로 ESG경영이 필수다. 기후변화에 대응하는 물관리와 수상태양광, 수열 등 청정 물 에너지를 통한 녹색 전환, 국민 모두에게 공평한 물 복지 실현, 녹색채권 발행 등은 ESG경영의 좋은 사례들이다.

2020년 11월 RE100을 향한 기후위기경영을 선포하고, 2021년 3월 ESG경영을 약속하며 지속가능한 대한민국을 위한 힘찬 걸음을 내딛었다. 물환경 회복, 탄소중립 등 친환경 사업 기반을 강화하고, 혁신기업 창업 플랫폼 구축 등 동반성장과 상생협력으로 사회적 책임을 다하고 있다.

공공기관 최초
'물특화 ESG경영'을 선언하다

한국수자원공사는 국민의 기업이자 국익을 위한 기업으로 활약해 왔다. 지난 1967년 창립 이후 국가와 사회의 지속가능한 성장과 번영이라는 시대적 사명을 성공적으로 실천해 왔다.

하지만 최근 기후위기와 코로나19로 시대가 급변하며 우리는 새로운 도전과 기회에 직면했다. 탄소중립과 디지털 전환, 친환경과 가치소비 사회로의 변화, 글로벌 공급망 재편과 사회적 양극화에 이르기까지 당장 해결해야 할 새로운 현안들이 동시다발적으로 발생하고 있다. 이는 기존의 경쟁적 산업구조와 이윤만 추구하는 시장 논리로는 풀 수 없는 문제이다.

전과 같은 방식으로 성장할 수 없다는 위기감이 증폭되면서 지속가능한 성장이 기업과 자본의 핵심 이슈로 떠오른 것이다. ESG는 바로 이러한 고민을 풀기 위해 등장한 해법이다. 비재무적 요소였던 환경Environment과 사회Social, 지배구조Governance를 재무적 요소로 포함하는 경영의 변화를 뜻한다.

환경과 안전, 인권과 건강에 이르기까지 사회적 책임을 강화하고, 정부와 기업, 공공과 민간이 함께 ESG 시대로 나아가야만 해결할 수 있다. ESG경영은 피할 수 없는 흐름이자 시대의 화두이다. ESG 전환 없이는 어떤 성장과 번영도 담보할 수 없게 되었다.

이에 한국수자원공사도 ESG경영을 뿌리내리고자 공기업 1군 최초로 2021년 3월 경영전략의 또 다른 축으로 '물특화 ESG경영'을 노사 공동으로 선언하고 새로운 변화 의지를 대외에 선포했다.

이는 공공기관 최초의 사례이자 물의 가치를 특화한 기관 고유의 ESG경영으로, 국민 물 안전과 물 복지 실현 및 미래 물관리 도약을 위한 약속이다.

ESG경영 성과가 서서히 나타나다

ESG경영을 구체적으로 실천하기 위해 가치 전략 체계 내 'ESG경영원칙'을 신설해 임직원 모두가 ESG 가치의 지향점을 명확하게 공유하고 인식하도록 했다.

또한 중장기 전략도 '친환경 생태 중심 물관리(E)', '포용상생안전 등 사회적 가치 실현(S)', '국민 소통 협력 강화와 윤리경영 실천(G)' 관점으로 과제를 재정립한 후 장기 로드맵을 마련해 성과 창출의 기반을 만들었다.

K-water는 ESG경영의 토대를 만들고, 환경과 사회적 가치를 체질화하는 기업으로 거듭나기 위해 최선을 다하고, 국민과 공사 및

ESG경영원칙

E **환경(Environment)**
인간과 자연의 지속 가능한 공존을 추구한다.

S **사회(social)**
상생을 해통해 사회의 공동선(善)을 지향한다.

G **지배구조(Governance)**
소통을 바탕으로 투명하게 의사결정을 한다.

협력업체 직원 모두가 안전한 K-water를 구현하고자 ESG경영을 위한 추진 체계도 정비했다.

ESG경영 전담 조직을 새로 만들고, 최고 의사결정기구인 이사회 내 'ESG경영위원회'를 설치(2021.9)하고, 비상임이사의 환경·거버넌스 전문 역량을 활용하여 ESG경영의 주요 사항을 총괄하고 심의하는 기능을 갖췄다.

또한 이와 별도로 외부 전문가들이 참여하는 'ESG경영자문단'을 구성해 K-water의 ESG경영 추진 방향과 현안에 대한 거시적·심층적 자문을 맡기고 실행-감독-개선 체계를 구축했다.

그뿐만 아니라 여러 외부 단체의 ESG경영 학술 세미나를 개최해 ESG경영에 대한 새로운 패러다임을 모색하고, 학술토론의 장을 넘어 공공기관의 능동적인 행동과 협력을 통해 국격 향상으로 이루어질 수 있는 의미 있는 기회를 모색했다. 또한 '글로벌ESG포럼 행사'나 '기후변화 대응 글로벌 리더십 세미나' 등을 통해 윤리경영을 가장 중요한 기업의 가치로 수립하였다.

경영 체계 내에 ESG경영을 저해하는 요소와 부족한 점은 없는지 지속해서 점검하면서 인간과 자연의 공존과 탄소중립 달성 그리고 공정과 상생을 기반으로 한 사회적 가치 확산에 이르기까지 다양한 질문과 고민을 이어갔다.

내·외부 이해관계자들과 더욱 적극적으로 소통하여 투명한 의사결정 체계로 공정한 기업을 추구하면서, 최종적으로는 ESG경영의 수준을 세 단계인 이해도가 낮은 1.0과 의지가 있는 2.0을 넘어 경영 내재화 단계의 책임과 실천 단계인 ESG 3.0 도약으로 국민에게 행복을 주는 물의 미래를 만들어 간다는 목표였다.

K-water의 '물특화 ESG경영'은 대한민국이 물 분야에서 세계의

표준을 선점하기 위한 노력과 맞닿아 있다. 우리가 만든 AI 정수장이, 스마트(지능형) 도시가, 댐 유역 디지털 트윈digital twin(가상모형)이 세계의 표준이 되는 미래를 위해 남보다 한 발 빠르게 변화의 흐름에 앞서 나갔다.

업무 프로세스 전반에 ESG를 적용하기 위해 사규를 정비하면서 사업별 ESG 수준 점검과 함께 ESG경영 역량 강화를 위해 전문가 의견 수렴을 위해 자문을 받아 실천에 옮겼다.

먼저 ESG경영 원칙을 전략가치 체계에 반영하고 기관 수준 진단 및 컨설팅을 시행한 결과, 2021년 ESG 기관 평가 등급 A(우수)를 획득해 800억 투자자금을 유치했다.

2021년에는 ESG 공공기관 대상 수상과 다수의 ESG경영 우수사례 발표를 통해 공공과 민간 부문 ESG경영 확산에 이바지했다는 평가를 받았으며, 2022년에는 중장기 전략경영계획 내 ESG경영전략의 경영 프로세스를 혁신해 전년도보다 한 단계 높은 등급인 'AA등급(최우수)'을 달성했다.

ESG 세계 표준을 위한 노력

어느 정도 성과를 거두었지만 물특화 ESG경영으로 세계 표준을 향한 노력을 게을리해서는 안 된다. ESG경영 체계를 고도화하여 사회적 가치를 창출하고, 청렴·윤리경영 혁신을 통해 글로벌 ESG경영 선도기업으로 도약하기 위해서 지속적인 노력을 기울여야 한다.

물환경 분야에서 글로벌 리더로 도약하기 위해서는 물의 가치를 더욱 높이고, 기후위기에 적극적으로 대응해야 한다. 따라서 ESG경영 등과 같은 과거에 경험하지 못한 시대 변화에 대응하여, 공기업이 어떤 역할을 해야 할지 올바른 방향을 찾는 일이 중요한 시점이 되었다.

성장과 환경, 사회와 사람 모두를 위한 경영은 피할 수 없는 가장 중요한 화두가 된 새로운 글로벌 규범이 된 ESG에 대응하기 위해서는 공기업이 당면한 현안과 추진 과제가 무엇인지 고민하고 올바른 질문을 던져야 한다.

기후변화와 불평등, 사회 갈등 심화로 현재 시스템은 흔들리고 있다. 특히 탄소중립의 과정에서 천문학적 규모의 비즈니스가 창출되는 분야는 환경이다. 매켄지에 따르면, 2050년 탄소중립 전환을 위한 재생에너지와 설비투자, 기술 혁신 등 현재 시스템을 친환경으로 변화시키는 비용이 무려 275조 달러가 소모된다는 보고이다.

최근 내연기관차가 전기차로 대체하는 추세에서 알 수 있듯이, 이는 친환경 전환을 위한 대안을 가진 기업이 향후 탄소중립 시장을 선점하게 된다는 것을 의미한다. 재해에 안전한 도시 시스템을 구축하거나 획기적인 탄소저감기술을 개발한다면, 그 기업을 중심으로 모든 산업이 전환하게 된다. 이러한 전환은 환경뿐만 아니라 사회 전 분야서 일어난다.

세계 모든 분야가 ESG를 중심으로 재편되며 엄청난 시장이 형성되고 있기에 미래 비즈니스의 주도권은 자본으로 발생한 리스크를 줄이고 시대의 난제를 푸는 기업과 국가가 차지하게 된다.

하지만 우리는 모든 기업의 가장 뜨거운 경영 화두인 ESG로 펼쳐질 새로운 시대에서 지금까지는 후발국 위치에 있다. 속도를 높여 달라진 시대의 흐름을 쫓아야만 세계적인 대전환으로 발생하는 위기를 기회로 만들 수 있다.

우리나라 정부와 입법기관도 ESG 기업이 우대받을 수 있는 법과

제도가 정착되고, 이와 더불어 ESG 기업에 대한 국민의 많은 관심과 지지가 있을 때, ESG경영이 우리 사회에 뿌리내릴 수 있다. 정부와 기업, 개인이 함께 힘을 모을 때 새로운 시대가 열린다.

ESG경영과 물관리 넥서스

ESG경영의 고도화로 환경과 사회적 책임을 다하고자 하는 최고경영자의 리더십과 철학이 무엇보다도 더 요구된다. 국민 눈높이의 청렴과 윤리·안전 경영은 공기업 경쟁력의 핵심이자 물관리 넥서스 구현을 위한 출발점이다.

K-water가 ESG경영을 고도화하여 환경과 사회적 책임을 강화하고, 국민 중심의 물관리를 실현하는 공기업이 되도록 노력을 게을리해서는 안 된다.

진정성 있는 ESG경영으로 국민 신뢰를 얻고, 국민의 사회적 요구에 부응하는 공기업으로 한 단계 더 도약을 바탕으로 대한민국 '물-도시-에너지 그리고 ESG' 넥서스 시대로 나아가야 한다.

모든 업무 과정에서 국민과의 소통으로 공감대를 만들고, 경영 전반에 ESG의 가치를 녹여내야 한다. 좋은 일자리 창출과 공정계약의 실천, 안전경영 강화 등 사회적 가치 실현을 기업이 추구하는 핵심 가치로 확장해야 한다.

아울러 다양한 이해관계자와의 협력적 관계를 유지하고, 국민이 직접 정책을 제안할 수 있는 소통 채널을 확대하여 모든 국민이 체감할 수 있는 성과를 만들어 가야 할 것이다.

100년 기업을 향한
미래 도전 의지, 퀀텀점프

불확실성의 시대가 도래하다

K-water는 지난 56년간 수자원·수도·수변 사업을 아우르는 글로벌 수준의 물관리 전문기관으로 성장·발전해 왔다. 그렇지만 K-water는 이미 거대 전환의 시대를 맞이하고 있었다. 시대는 급변하고 있으며, 팬데믹과 기후위기 그리고 디지털 전환으로 인해 믿고 의지했던 기존의 모든 질서가 흔들리고 있는 상태였다.

2019년부터 국가 차원의 새로운 패러다임으로 휴먼뉴딜, 디지털뉴딜, 그린뉴딜이 제시되면서 대한민국도 한 단계 도약을 위해서는 그동안 성공적으로 작동했던 성장·발전 패러다임 자체를 완전히 바꿔야 하는 시점에 이미 도달해 있었다.

물관리일원화로 국민의 요구 수준이 크게 높아졌고, 기후변화로 과거 기준과 데이터의 유용성은 떨어지고 있으며, 디지털·4차 산업혁명 기술은 새로운 혁신을 요구하고 있다.

당시 문재인정부는 코로나19로 인해 침체된 경기 극복과 선도형 국가모델을 구축을 위해 디지털·그린 중심의 한국판 뉴딜New Deal 사업을 본격화하고, 이 과정에서 공공부문에 적극적인 마중물 역할과 지속적인 혁신을 요구해왔다.

그 당시 언론을 보면, 기업 10곳 중 9곳이 내년 투자계획을 확정하지 못하고 있을 만큼 불확실성이 매우 컸다. 국제 질서 또한 한 치 앞을 내다보기 어려울 뿐 아니라 자원과 기술을 둘러싸고 어제의 이웃은 오늘의 적이 되는 시대였다.

이처럼 어렵고 불확실한 시대, 2020년 2월 K-water 사장으로 취임했다. 기후변화와 디지털 전환, 코로나19 팬데믹이라는 위기와 전환의 시대를 맞아 새로운 변화와 도약의 출발선에 선 것이다.

한 조직을 책임지고 국가의 물 미래를 책임지는 최고경영자로서 이 시대의 험난한 파도를 넘기 위해서는 시대의 흐름을 읽을 수 있는 탁월한 시선과 과감한 실천을 필요로 하는 경영철학이 절대적으로 요구되었다.

World Top 기업을 향한 변화와 혁신을 시작하다

2020년 7월, K-water가 기후변화·디지털 시대의 새로운 물관리 스탠더드를 만들어 가는 World Top 물종합플랫폼 기업으로 도약해 100년 기업으로 가는 이정표를 세우기 위한 '퀀텀점프Quantum Jump'를 제시하였다.

퀀텀점프는 원래 물리학 용어로, 본질적인 의미는 양자가 연속적인 흐름을 보이는 것이 아니라 계단 모양으로 뛰어올라 불연속적으로 도약하는 현상을 뜻한다. 즉 퀀텀점프에는 다른 단계로 크게 도약하는 단계인 임계점이 있다.

이처럼 물의 끓는 점에 도달하기 위해서는 물을 계속 가열하는 것과 같은 성장을 위한 노력이 수반되어야 한다.

퀀텀점프의 이 개념을 차용한 경제학에서는, 기업이나 산업의 한계를 뛰어넘는 혁신을 통한 대도약을 설명할 때 사용한다. 기업들이 사업구도 고도화에 나서도 연속적인 성장곡선을 그리는 것이 아니

World TOP K-water 퀀텀점프 기획단 세부과제 MAP(50개)

국민중심 물관리
Think ! Public & Nature 1st

역동적 혁신소통
Open ! Dynamic & Agile

글로벌 기술선도
Promote ! Smart Water Platform

수자원 분과(10개)
① 탄소 중립 지향형 물관리
② 국가 물재해 대응 역량 제고 선도
③ 지표수-지하수 연계 강화를 통한 물이용 효율 제고
④ 윗물-댐-하류까지 통합 물환경 관리
⑤ 생태와 문화, 안전이 함께하는 댐 리노베이션
⑥ 스마트 친환경 하천관리
⑦ 맑은물 기반 유역 물 문제 해결 지원 강화
⑧ 유역 스마트 물관리체계 구축
⑨ 유역 물순환 효과정 정량화
⑩ K-water 물관리 S/W의 글로벌 스탠더드화

조직 / 창의혁신 분과(3개)
㉔ 조직 다양성 등 유연한 조직체계 운영
㉕ 프로젝트 기반 성과 창출형 R&D 조직 구축
㉖ 창의혁신 역량 결집

기술전략/빅데이터/디지털 전환 분과(8개)
㉝ K-Technology 기술전략 수립
㉞ 국가 물 데이터 표준화 및 통합 활용체계 구축
㉟ 환경 빅데이터 유통거래 활성화
㊱ RS기반 수자원 빅데이터 분석활용 체계 마련
㊲ (수도) AI, IoT 기반 스마트 관망관리 기술 구현
㊳ (댐) 스마트 댐 안전관리 혁신
㊴ (업무환경) 디지털 기반 비대면 업무환경 혁신
㊴-1. RPA를 통한 일하는 방식 디지털 전환
㊵ (근로자 안전) IoT 기반 스마트 안전기술을 활용한 안심일터 조성

수도/물복지 분과(9개)
⑪ 스마트 상수도 인프라 구축
⑪-1. 취수원 수질감시 고도화 및 AI 정수장 구축
⑪-2. 스마트 관망관리 인프라 구축
⑫ 실시간 국가 상수도 통합 모니터링체계 구축
⑬ 빅데이터 기반의 대국민 물정보 제공 서비스
⑭ 차세대 도시 용수공급시스템 구축
⑮ 수돗물 생산시스템 고도화
⑯ 전국 수돗물 공급망 안정화
⑯-1. 도심 속 디지털 워수터
⑰ 상수도 유지관리 시스템 선진화
⑱ 물 이용 취약지역 물 복지 향상
⑱-1. 사회취약계층 물복지 서비스 강화
⑲ 광역-지방상수도 연계·통합 강화

인사/평가/인재육성 분과(3개)
㉗ K-water 경영에 숯직원
㉘ Growth mindset(성장과 도전) 최우선 설정 직무교육체계 고도화를 통한 미래인재 양성
㉘-1. 디지털 융복합 인력 양성
㉙ 대내외 환경변화에 유연한 Agile 평가체계 구축

스마트워터시티/플랫폼 분과(4개)
㊶ 스마트워터 스탠더드 플랫폼 정립 및 개발
㊶-1. 플랫폼 솔루션 모듈 공동개발 및 확산
㊷ 부산 EDC 스마트시티 시범도시 성공적 조성
㊸ 스마트 물순환도시 조성
㊹ 시화지구 미래형 융복합도시로 조성

에너지 분과(4개)
⑳ 친환경 녹색 전환 수상태양광 사업 확대
㉑ 지속가능한 청정 수열에너지 보급 확대
㉒ 녹색전환 탄소중립(Net-Zero) 사업 추진
㉓ 신재생에너지 소규모 전력 중개거래 추진

홍보/조직문화/거버넌스 분과(3개)
㉚ 경영활동 전반에 대한 국민소통·참여 플랫폼 구축
㉛ 국민과 함께하는 문화홍보 체계 강화
㉜ 직원간 열린 소통을 위한 플랫폼 구축

물산업/국제협력 분과(6개)
㊺ 물산업 유니콘 육성 및 수출 플랫폼 구축
㊺-1. 물산업 벤처투자펀드 확대 및 모펀드 조성
㊻ 분산형 물산업 혁신 실증센터 구축·운영
㊼ 국제협력 강화로 글로벌 물 문제 해결 지원
㊼-1. UN SDGs 기여를 위한 국제협력 플랫폼 구축
㊽ 상생가치 지향의 내실있는 해외사업 추진
㊾ 글로벌 지식 교류 및 R&D 협력 강화
㊿ 남북한 통합 물관리 실현

World TOP K-water

출처: 전환의 미래로 가는 희망의 물길(K-water, 2023)

라 혁신을 통해 다음 단계로 단기간에 비약적인 성장을 이뤘을 때를 의미한다.

비슷한 의미로 퀀텀점프는 우리가 사는 세상에서 기존의 틀을 깨는 자기 혁신으로 성공에 이르기도 한다. 이처럼 퀀텀점프는 우리 사회에서 다른 형태들로 연상되어 일상에서나 자기계발서 등에서도 접할 수 있고 자주 사용하는 용어가 되었다.

K-water 퀀텀점프 배경에는 뉴노멀New Normal로 명명되는 사회구조의 패러다임 전환이 있다. 포스트 코로나 바이러스 때문에 생겨난 이 용어는, 큰 위기 이전 시대와는 다른 새로운 세상의 기준을 말한다.

세계대전, 2000년 IT버블, 2008년 금융위기 때도 새로운 기준이 등장했으며, 2020년 전염병 사태 이후 비대면 비중이 높아지고 직장 근무 환경에 변화가 나타나면서 뉴노멀 시대가 열린 것이다. 다시 말해 전쟁, 경제공황, 질병과 같은 인류사에 큰 충격을 준 위기 이후에 바뀐 세상의 기준이 뉴노멀이다.

이뿐 아니라 인공지능(AI)으로 대변되는 4차 산업혁명 기술의 발전, 환경오염으로 인한 기후위기 심화, 우리나라의 초고령사회 진입과 인구감소, 경제 불황의 고착, 불안한 국제 정세 등이 경영 환경의 변화를 가져왔다.

또한 K-water 상황도 4대강사업 등 대규모 국책사업 수행으로 높은 부채비율은 경영의 족쇄가 되었고, 댐과 수도, 도시 조성과 같이 기능 단위로 분절된 기존의 사업구조는 새로운 돌파구가 필요했다.

또한 기존 세대와는 다른 새로운 가치관을 가진 MZ세대가 입사하면서 성숙한 조직문화 구축과 개선되지 않은 청렴도도 중요한 과제로 떠올랐다. 따라서 새로운 표준 뉴노멀 속에서 국가 물관리를 혁신하고 K-water의 지속가능한 성장을 견인하기 위해서는 기존의 틀을 깨부수는 질적 전환, 강도 높고 총체적이며 신속한 변화를 위한 퀀텀점프가 필요했다.

완만하고 조심성 있는 변화로는 급변하는 경영 환경을 돌파할 수 없다는 냉철한 현실 인식의 판단과 환경·생태 가치 기반의 국민중심 물관리로 최고의 성과를 이끌어내겠다는 굳건한 의지이기도 했다.

이런 시대적·사회적 배경에 따라 치밀한 분석 끝에 K-water는 퀀텀점프 미래 비전으로 '세계 최고의 물종합플랫폼 기업'을 제시하고, 2020년 7월 'World Top K-water 신경영방침'인 퀀텀점프를 세상에 선언했다.

세계 최고의 물종합 기업을 향한 경영방침과 미래 과제 발굴

퀀텀점프의 경영 방향을 '국민중심 물관리', '글로벌 기술선도', '역동적 혁신소통'으로 설정하고 구체화했다.

'국민중심 물관리'는 안전하고 깨끗한 물을 국민에게 공급하기 위해 유역관리를 철저히 하고, 국가 수도 선진화를 통한 포용적 물 복지를 확대하며, 청정 물 에너지 공급으로 국가와 국민이 부여한 '통합물관리' 임무를 완벽하게 수행하겠다는 의미다.

'글로벌 기술선도'는 4차 산업혁명의 핵심 기술인 인공지능(AI) 등을 활용해 물산업 생태계를 육성·발전시키고, 이를 통해 미래 물관리를 혁신하고 물 분야 국제 협약도 강화하겠다는 의지이다.

마지막으로 '역동적 혁신소통'은 적극적인 내·외부 소통 활동을 기반으로 유역 물관리 거버넌스를 강화하고, 역동적인 조직문화를 정립하면서 인사·평가·교육 등 경영 전반에 혁신 시스템을 구축하

는 내용이다.

　그리고 3대 경영 방향의 비전과 혁신방안을 수립하기 위해 'K-water 퀀텀점프기획단'이 꾸려 미래 물관리 및 경영혁신 분야 9개 분과를 구성·운영하고 대도약을 위한 세부 실행 과제를 논의하고 발굴했다.

　또한 '퀀텀점프자문단'을 발족시켜 사회·정책·기술 분야의 메가트랜드Mega Trend를 전망하고 혁신 과제 자문 기능을 수행케 했다. 그리고 자문단과 별도로 다양한 소통·협업 채널을 통해 폭넓은 시야와 깊은 통찰력을 갖춘 학자나 컨설턴트, 스타트업 대표 등 다양한 직능 전문가의 특강과 집단토론를 개최해 새로운 성장·발전 패러다임 관점에서 미래 통찰의 자양분을 얻었다.

　이로써 뉴노멀 시대 K-water 미래 혁신 및 세계 물관리 선도를 위해 9개 분과에서 그린 23, 휴먼 8, 디지털 19개 등 총 50개 과제를 선정했다. 그러나 혁신 과제 발굴은 시작점이며, 향후 실행 단계에서는 더 큰 도전이 예상되었다.

　이에 포용과 안전, 신뢰와 도전을 기반으로 혁신적 물종합플랫폼 기업으로의 전환을 위해 K-water가 물관리 글로벌 스탠더드를 주도한다는 자부심을 가지고 도전적이고 미래지향적 자세로 전 회사적 역량을 결집했다.

세계 최고의 물종합플랫폼
기업으로 가는 길

왜 퀀텀점프인가?

세상은 우리 기대처럼 호의적이거나 그리 점진적이지 않다. 개발시대 '한강의 기적'이라는 성공 신화를 이룩하는 동안 우리는 노력한 만큼 보상을 받았다. 그러나 이러한 시대는 이미 지났다. 정부나 기업, 개개인 등 모두가 노력하고 있지만 만족할 만한 결과는 만들어 내지 못하고 있다.

우리나라는 아직도 자연은 비약하지 않는다는 서구사회의 믿음을 금이나 옥처럼 소중한 법칙으로 여긴다. 노력하는 만큼의 성과를 기대한다는 점진주의를 신봉하는 사회로, 아직도 개발시대의 믿음이 우리 사회를 지배하고 있다.

그러나 세상은 변했다. 아직도 "열심히 일한 노력을 인정해 달라"고 외치고만 있으면, 정작 질적인 도약이 필요할 때 앞으로 나아갈 수 없다. 애벌레가 틀을 벗고 나비가 되어 세상을 날 때처럼 가끔 퀀텀점프가 필요할 때가 있다. 하지만 현실은 퀀텀점프이다. 자고 일어나니 스타가 되는 그런 세상에 살고 있다.

불확실성이 자꾸 커지고 그 해답을 찾기 어려운 시대에는 기업과 조직의 경우에는 리더와 구성원들 생각의 퀀텀점프 역량 그리고 그것을 수용할 수 있는 조직문화가 절실히 요구된다.

특히 오늘날과 같은 저성장 시대의 늪에서 벗어나기 위해서는 기존의 낡은 벽을 허물어 낼 수 있는 혁신적인 아이디어와 시도가 필요하지만, 기존에 만들어진 표준이나 현실에 익숙한 사람들은 아이디어를 발상할 때도 자기 검열을 하는 경향이 크다.

그러나 필요하다면 퀀텀점프 수준의 아이디어를 던질 수 있어야 한다. 생각의 틀, 익숙해진 고정관념을 깨고 다양한 해결책을 확산적으로 떠올려야 한다. 일반적인 수준의 점프로는 높은 현실의 장벽을 넘을 수 없지만, 퀀텀점프 수준으로 도약하면 새로운 어젠다 선점이 쉬워진다.

이처럼 국가나 기업 경영의 비약적인 대도약은 경영진의 비전과 리더십, 직원들의 창의성과 혁신 그리고 변화하는 시장 상황과 고객의 요구 등 다양한 요인에 적극적으로 응대한 결과물일 수 있다. 위험을 감수하고 안전지대를 벗어나 새로운 기술이나 비즈니스 접근 방식을 수용하는 것이다.

퀀텀점프 실행을 위한 로드맵Roadmap을 수립하다

K-water 사장으로 취임 당시는 국민을 향한 통합물관리 실행 원년을 맞이하는 해로, 새롭게 부여된 역할은 최고의 물 전문기관으로 거듭나는 것이었다.

당시 문재인정부는 코로나19 경기 침체 극복과 선도형 국가모델 구축을 위해 디지털·그린 중심의 한국판 뉴딜New Deal 사업을 본격화하고, 이 과정에서 공공부문에 적극적인 마중물 역할과 지속적인 혁신을 요구해왔다.

K-water 또한 물관리일원화, 기후위기, 디지털 전환 등 일찍이 경험하지 못한 복합적 뉴노멀 상황에 직면한 상황에서, K-water가

새로운 비전으로 정한 세계 최고의 물종합플랫폼 기업으로 대도약하기 위해서는 점진적 혁신Fast Follower 수준에 머물러선 달성하기 어렵고, 그야말로 글로벌 물산업 혁신의 미래 창조적 개척자 'First Mover'가 되어 세계 최고World Top를 달성해야만 이루어지는 과제들이다.

2020년 7월 선포한 'World Top K-water' 비전과 핵심 과제에 대해 각 사업 부문 구성원들의 공감대를 결집하고, 구체적인 실행 로드맵을 점검했다.

K-water 핵심 과제인 우리 강의 자연성 회복, 기후변화에 따른 물관리의 복잡성과 불확실성 증대 대처, 수돗물 국민신뢰 회복, 국가 탄소중립 선도, 디지털 전환 등 어느 것 하나 도전적이지 않은 과제가 없었다.

K-water가 보유한 전문성을 더욱 고도화하고, 급변하는 세계 환경에 더욱 능동적으로 대응하여 기회를 선점하기 위한 노력이 절실히 요구되었다.

세계 최고의 물종합플랫폼 기업으로 가기 위한 퀀텀점프는 높은 곳을 향한 힘찬 발돋움이었다. 도약하기 위해서는 발을 딛고 서 있는 현실에 대한 정확한 인식과 마주할 미래에 대한 정교한 예측이 선행돼야 한다. 따라서 글로벌 메가트렌드와 미래 예측의 중요한 시사점을 도출하는 것이 중요했다.

'퀀텀점프기획단'의 진단과 분석, '퀀텀점프자문단'과의 토론과 검증을 통해 발굴한 주요 트렌드는 네 가지였다.

첫 번째는 기후위기에 따른 물관리 불확실성 증가, 두 번째는 물안전·물 복지에 대한 국민 눈높이 상승, 세 번째는 기후위기를 막아 낼 저탄소·친환경 사회구조 전환. 마지막으로 4차 산업혁명 기술 발전으로 전 사회 부문의 디지털 전환 가속화' 등이다.

조직 자체 역량에 대한 객관적인 진단도 대도약의 필수조건이었지만, K-water는 2018년 물관리일원화, 2019년 물기관 기능 조정 이후 수량-수질-수생태 등 물의 모든 분야를 통합 관리하며 물순환 전체를 사업 영역으로 삼는 국내 유일한 기관으로 자리매김한 상태였다.

또한 수력, 조력, 수상태양광 등 국내 신재생에너지 1위 기업이라는 역량에 경기 시화지구, 부산에코델타시티(EDC, Eco Delta City) 등 스마트 도시 조성 경험을 더해 '물-에너지-도시 넥서스Nexus'를 완성할 적임자로 평가받았으며, 2014년 파주 스마트워터시티(SWC, Smart Water City) 시범사업 이후 물관리 디지털 역량을 지속적으로 축적하고 있었다.

무엇보다도 신임 CEO 취임 이후 구성원 간 신뢰와 공감을 기반으로 '100년 기업'을 향한 미래 도전 의지와 자신감이 조직 내부에 가득 차 있는 상태로 퀀텀점프 역량은 충분한 상태였다.

이에 K-water의 미래 비전으로 '세계 최고의 물종합플랫폼 기업'을 제시하며 기후변화, 디지털 전환과 같은 복합적 뉴노멀 시대, K-water의 물-에너지-도시 분야 사업 역량과 노하우를 바탕으로 지역상생, 물산업 육성, 국제 협력 등을 통해 전 세계 물 문제 해결에 기여하고, 글로벌 스탠더드를 구현하는 디지털플랫폼 기업으로 도약하겠다는 의지를 다졌다.

아울러 비전 달성을 위한 핵심 가치를 '포용, 안전, 신뢰, 도전'으로 설정하고 이를 조직의 의사결정과 구성원의 행동규범 기준으로 삼았다.

재정립한 핵심 가치에는 유역 자연성 회복과 물 복지 실현, 사회적 가치 창출은 물론 글로벌 물 문제를 해결하겠다는 의지(포용), 기후 위기로 인한 물 재해로부터 수질사고, 안전사고까지 Zero로 만드는 사회안전망 구축(안전), 통합물관리부터 물산업 혁신 생태계 조성까지 상생협력 경영을 실천(신뢰), 기존 경로를 뛰어넘어 기후위기·디지털 시대 글로벌 물관리플랫폼을 선점하는 과감한 도약(도전)의 의미를 담았다.

눈에 보이는 7대 미래상(전략 과제) 제시

미래 비전과 신가치체계의 구체적 실천을 위해 국민과 이해관계자 관점에서 구체화한 7대 미래상도 도출했다.

7대 미래상 중 첫 번째는 '자연과 사람이 함께 하는 우리 강'이다.

환경과 생태 중심의 물관리와 더불어 국민 소통과 참여 기반의 유역 관리체계를 구축해 2030년까지 K-water 모든 댐의 수질 1등급 달성을 목표로 한다.

두 번째 전략 과제는 '수돗물을 즐겨 마시는 시민들'이다.

노후 수도시설을 개선하고 물 공급 전 과정을 스마트 운영관리 체계로 전환하는 한편, 지역 간 물 공급 서비스 격차를 해소해 2030년까지 K-water가 관리하는 시설의 수돗물 음용률을 90%까지 끌어올린다는 계획이다.

세 번째는 '기후위기에 대응하는 탄소중립 물관리'로 수상태양광, 수열에너지 등 청정 물 에너지 개발을 확대하고 수돗물 생산과정에서 온실가스 순배출량을 '0'으로 줄임으로써 2030년까지 온실가스 119만 2,000톤을 감축함과 동시에 43개 모든 광역정수장의 탄소중립 실현을 목표로 했다.

네 번째는 '디지털로 만드는 e로운 물관리'다.

물 데이터 활용·유통 확대와 더불어 디지털 기술로 물순환 관리체계를 완성하고, 디지털 역량 강화를 중점적으로 추진해 2030년 댐과 정수장을 100% 디지털 트윈으로 구현한다는 구상이다.

다섯 번째는 '삶의 질을 높이는 미래 물순환 도시'다.

상수도, 물순환, 도시홍수, 친수, 물 에너지 등 물특화 기술을 적용한 스마트워터시티 표준 플랫폼을 개발하고, 부산EDC 등 스마트 도시를 국내·외에 확산하며, 도시 물 문제를 해결하고 미래 도시 가치를 혁신한다는 내용이 주요 골자다. 목표는 2030년까지 스마트워터시티 40개소 조성으로 설정했다.

여섯 번째 과제는 '경제를 살리는 물산업 혁신 생태계'다.

역동적인 물산업 생태계 조성을 위해 스타트업 발굴과 벤처기업 육성 등에 투자를 확대하고, 국제 협력 플랫폼 역할로 민간 물기업의 해외 진출과 전 세계 물 문제 해결에 기여해 2030년까지 총 25만 개의 일자리 창출한다는 것이었다.

또 다시 새로운 도약을 위하여

이제 우리는 뉴노멀 시대를 맞이해 또 한 번의 도약을 앞두고 있다. 급변하는 시대적 흐름에 맞춰 공공기관의 대국민 서비스 구현 방식도 뒤처지지 않도록 철저히 준비해야 한다.

퀀텀점프, 플랫폼 경영, 애자일 경영, 전환적 뉴딜 등 다소 생소하고 어려운 경영 기법이 도입되면서 초기에는 적지 않은 시행착오도 우려된다.

그러나 'World Top K-water'로 가기 위해서는 이러한 가치를 조직 특성에 맞춰 빠르게 정착시켜야 한다. 특히 물종합플랫폼 기업으로 나아가기 위해서는 플랫폼을 기존 서비스의 경쟁력을 높이는 부

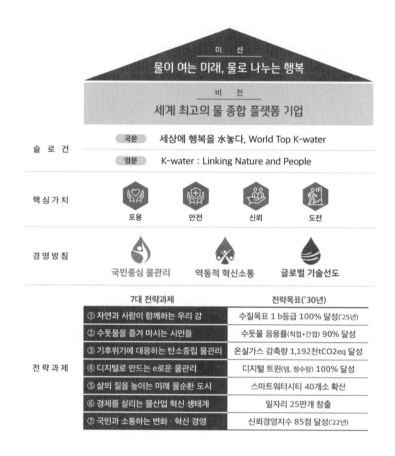

출처: 전환의 미래로 가는 희망의 물길(K-water, 2023)

가적 수단이 아닌, 기존에 없던 새로운 글로벌 스탠더드로 정립함으로써 국내·외 물산업 시장의 재편이 필요하다.

이와 더불어 안전하고 깨끗한 유역통합물관리의 정착과 포용적 수돗물 서비스 등 K-water의 존재 의미인 공공적 물관리 미션을 완벽하게 수행해야 한다. 그러기 위해서는 최우선으로 환경부의 핵심 정책가치와 조화롭게 어우러지는 경영 방안도 고심해야만 한다.

특히 4대강의 자연성 회복과 유역 물 문제 등 국가적 이슈에 대해 친환경, 친생태, 공익적 가치를 앞세워 공감대를 이끌어내 K-water가 그린뉴딜을 주도함으로써, 경기 침체로 고통받는 국민의 시름을 덜어주고 세계 물산업 시장을 리딩하는 발판으로 삼아야 한다.

뉴노멀 시대의 지속성장 원동력은 사람으로부터 나온다. Top-down 방식의 기존 조직문화를 과감히 걷어내고, 수평적 소통과 집단지성 중심의 애자일 경영으로 체질을 개선하여 역동성이 발현되는 조직으로 전환해야 한다.

경영·사업 전 영역에서 국민 소통 채널과 홍보를 강화하고 다양한 국민 생활 밀착형 서비스를 제공함으로써, 국민으로부터 신뢰받는 공기업 이미지의 구축이 절대적으로 필요하다.

이를 위해 K-water는 그동안 규제, 예산, 정책 등의 장벽에 막혀 있던 사업들의 청사진을 제시하는 등 발 빠르게 대응하면서 유튜브와 페이스북 등 SNS를 통해 조직의 신가치체계를 알림으로써 국민의 응원과 관심 속에서 도약의 기틀을 다지기 위해 각별한 노력을 기울였다.

전 세계적 경기 침체 상황은 준비된 기업에게는 오히려 기회가 될 수 있기에 사장으로 부임한 후 내·외부 전문가들과 함께 K-water의 비전을 새롭게 수립해 선포하였다. 국가 주요 기간망을 담당하는 K-water가 자긍심을 가지기에 충분한 자격이 있다고 판단하고, 국민의 입장에서 달라질 미래의 모습을 미리 그렸다.

그리고 발전적이고 구체적인 실행 방안을 마련해 세계 최고의 물 종합플랫폼 기업, World Top K-water로 다 함께, 더 높이 도약하는 미래 키워드 앞에 K-water가 서게 된 것이다.

'온난화의 복수? 하늘이 뚫렸다'
―기업 최초 기후위기경영을 선언하다

'온난화의 복수? 하늘이 뚫렸다!'

2020년 7월 8일자, 한 일간지의 기사 제목이다. 기록적인 폭우를 그대로 표현한 것이다. 1973년 기상 관측이 시작된 이래 역대 최장기간 장마가 이어져 전국 강수일수 역대 1위, 강수량은 2위를 기록했다.

우리나라는 지금까지 겪어보지 못했던 많은 변화와 도전을 마주하면서 역대 최장기간 장마와 예기치 못한 집중 호우로 전국적인 물난리를 겪었다.

심지어 섬진강 유역은 500년에 한 번 내릴 수 있는 규모의 강우량를 초과하는 집중호우가 발생했다. 그해 폭우로 전국 각지에서 이재민이 발생하고 농경지가 침수됐으며 산사태, 시설물 유실, 정전 등 엄청난 재산과 인명 손실을 겪었다.

또 미국의 미시간주에서는 500년 만의 대홍수가 일어났고, 일본 규수에는 관측 이래 최대 폭우가 내렸으며, 중국 남부지역 역시 무자비하게 쏟아진 비 때문에 큰 피해를 보았다. 그리고 2022년 여름, 115년 만의 폭우로 수도首都 서울이 물바다가 되고, 포항 지역엔 하천이 범람하고 철강 공장이 침수되면서 기후변화가 위기를 거쳐 재앙에 가까워졌음을 인정할 수밖에 없었다.

기후변화로 인한 극한의 물 재해는 대한민국과 K-water의 물관리 역사에 커다란 위기였다.

기후위기의 심각성

기후위기는 지구와 인류의 미래에 위협이라는 사실은 누구도 부인할 수 없다. 전 세계 곳곳에서 '홍수와 폭설과 한파' '가뭄과 폭염과 산불' 기후변화의 양극단이 말 그대로 물불 안 가리고 우리 삶을 위협하고 있다.

따라서 기후위기 대응과 극복은 정부뿐만 아니라 사회의 모든 구성원이 함께 참여하고 노력할 때 가능하다.

기후위기의 대표적인 원인은 산업화 이후 온실가스 배출이 증가로 인한 '지구온난화'가 꼽힌다. 이는 지구의 평균기온을 올린 주범으로, 2020년 기준 14.9℃의 지구온도는 산업화 이전(1850~1990년)의 지표면·해수면 온도 평균보다 1.1℃ 정도 높다.

온도가 1℃씩 올라가면 기후변화와 이상 기후현상이 일어나 폭염과 한파 그리고 물 부족 사태까지 생긴다. 지구온도가 1℃ 상승하면 페루의 빙하는 완전히 사라질 위기에 처하고, 극단적인 남극 폭염과 폭우가 발생함은 물론 캘리포니아에서 발생한 대형 산불처럼 이상 기후변화가 빈번해진다.

그리고 지구온도가 2℃ 상승하면 북극의 온난화로 생태계가 손상된다. 야생 동물들은 물론이고 인류에게도 여러 가지 영향을 끼친다. 더욱이 폭염을 버티기 위해 에어컨을 가동하면 지구온도는 또 올라갈 수밖에 없어 그 폭은 앞으로 더욱 커질 것으로 예측된다.

그럼, 지구온도가 6℃가 상승하면 어떻게 될까?

상상하기도 싫은 일이지만 전 세계의 모든 숲이 타오른다. 북극에서 적도까지 세계의 모든 숲이 동시에 타오르고, 불길에 활활 타올라 밤도 낮처럼 환해질 것이며, 바다의 해수면이 너무 뜨거워서 그 무엇도 살아남을 수 없는 세상이 된다. 정말 무서운 일이 일어난다.

그래서 지구 평균온도 상승을 멈추고 기후위기에 대응하려는 국제적 노력이 꾸준히 이어지고 있다.

1997년 주요 선진국이 모여 온실가스 감축 목표치를 정한 '교토의정서'를 채택했고, 2015년에는 전 세계 195개국이 "지구평균온도 상승 1.5℃ 이내로 억제, 국가별 자발적 온실가스 감축 목표 설정, 글로벌 협력 강화"를 주요 내용으로 하는 '파리기후변화협약'을 체결했다.

이에 따라 EU, 중국 등 세계 주요국과 글로벌 기업은 국가별 온실가스 감축목표(NDC)를 설정하고, 온실가스 순배출량 '0'을 달성하는 탄소중립Net-Zero을 목표로 삼는 등 적극적으로 기후위기 대응에 나서고 있다.

위기를 기회로, 기후위기경영 선언

2020년 여름 홍수로 인해 국가에서는 홍수피해 원인조사를 시작하였고, K-water도 댐 홍수 조절에 미흡하였다는 목소리가 피해주민들 사이에 높아지기 시작하였다. 기후변화에 따른 댐관리 규정이나 시설들이 새로운 시대에 맞게 변화되지 못한 측면이 컸다.

K-water 사장으로 앞장서서 국민이 수해의 아픔을 빠르게 치유하고 일상으로 돌아갈 수 있도록 시설 정상화부터 사회공헌 활동, 제도적 개선까지 전 임직원이 헌신적인 노력을 기울였다.

이런 노력의 결과와 K-water의 56년 물관리 저력이 합쳐져 어려운 순간마다 빛을 발하며 위기를 기회로 바꿔놓았다. 그 결과 물 전문 공기업으로서 사회적 책임을 다함과 동시에 하천관리 일원화라는 또 하나의 전기를 맞게 되었다.

지난 반세기 넘게 국민 물 복지와 물 안전을 위해 최선을 다해 왔지만, 최근 몇 년간 심화되는 물 재해를 보며 기후변화 대응의 중요성을 절실히 체감하면서 기후변화 완화 및 적응을 위한 노력을 사업 전반에 반영했다.

우리나라도 2020년 10월 '2050 대한민국 탄소중립'을 선언하고, 이를 반영한 '2050 국가 장기 저탄소 발전전략'을 UN에 제출했다. 또한 K-water는 국가 탄소중립을 선도하고 전 세계적 기후위기 극복 노력에 동참하기 위해 2020년 11월 공기업 최초로 기후위기경영을 선언했다.

기후위기경영 실천 노력

K-water의 기후위기경영 선언은 기후변화와 탄소중립의 핵심 고리인 물관리를 책임지는 공기업으로서 가장 먼저 기후위기 극복을 위한 전략을 구체화하고 행동해야 한다는 책임감의 발로였다.

또한 기후위기경영 선언이 일회성 이벤트에 그치지 않고 기후위기와 탄소중립에 대한 사회적 관심과 담론으로 이어지도록 다양한 후속 활동을 전개했다. 2020년 11월에는 정부 부처 합동으로 2020년 여름 홍수의 원인을 철저히 분석한 후 「풍수해 대응 혁신 종합대책」을 마련하여 물 재해 대응 역량을 키웠다.

그리고 12월에는 사내 조직에 녹색전환본부를 신설하고, 2021년 4월에는 공공기관 최초 글로벌 RE100 가입, 2021년 10월에는 2030년 국가 온실가스 감축목표(NDC)를 2018년 대비 40%로 상향하는 등 기후위기 극복을 위한 전 세계적 노력에 동참하고 있다.

2021년 11월에는 「2050 K-water 탄소중립 로드맵」 수립 등 공공부문의 기후위기 대응을 이끌었다.

또한 '적응(기후적응), 완화(탄소중립), 전환(순환경제)' 관점으로 경영 전략을 재정립해 기후위기 시대 World Top 글로벌 기업의 기반을 구축했다. 그 성과로 기후변화학회로부터 기후변화 공로상을 수상하게 된다. 이외에도 환경부 산하 「공공기관 탄소중립 실천 공동선언」(2020년 12월)을 이뤄내고, 기후위기 극복 토크콘서트(2021년 3월)를 개최하는 등 기후위기 대응 논의를 공공부문을 넘어 국민에게까지 확산하고자 노력했다

세계는 지난 수십 년간 기후위기 대응에 한목소리를 냈지만, 이제는 선언을 넘어 실질적이고 직접적인 행동이 요구되는 때이다. 민간영역의 노력과 함께 공공부문의 강력한 실행 의지 등 다각적 협력체계가 확립될 때 탄소중립 물관리에 도달할 수 있다.

공적 성향이 높은 물 분야는 공공부문에서 먼저 탄소중립에 대한 어젠다를 제시하고, 민간부문 등 이해당사자와 함께 정책을 집행하는 것이 필요하다.

공공부문에서는 탄소중립 물관리 방향을 제시하고, 이해당사자와 공동으로 정책을 추진할 경우, 지자체를 비롯한 민간부문까지 변화를 이끌어낼 수 있다.

이를 통해 민간부문의 다양하고 새로운 물관리 기술들이 개발·활용되어 탄소중립을 실현할 수 있는 새로운 물산업 시장이 형성될 수 있다.

이러한 기반 아래에서 공공부문 및 민간부문의 정책·기술적인 상호 피드백이 계속된다면 탄소중립 물관리를 조기 실현하는 계기가 된다.

한편, 정책 실행 수단 확보 및 신기술 발전에 있어 공공부문을 주축으로 다양한 이해당사자가 참여하는 파트너십이 필요하다.

UN 산하 세계기상기구(WMO)가 정의한 바에 따르면, 기후위기 경영이란 '사회경제적·환경적 회복탄력성Resilience과 지속가능성 Sustainability 증진을 위해 기후변화의 위험 및 기회를 관리하는 경영'이다. 즉 기후위기를 기업 경영의 중요한 요소로 인식하고 효과적으로 대응해 새로운 성장의 기회로 활용하기 위한 제반 경영활동을 의미한다.

기후위기 극복 전략

K-water의 기후위기경영은 '완화', '적응', '전환' 3가지 전략으로 구성된다.

기후위기 완화 전략은, 경영활동과 사업수행 과정에서 온실가스를 체계적이고 조속하게 감축하는 것이다. 환경·생태 가치를 높여 댐과 하천을 저탄소 그린인프라로 바꾸고, 탄소배출이 없는 청정 물 에너지 공급을 확대하는 한편, 수돗물 생산과정에서 탄소중립을 실현하는 것 등을 포함한다.

적응 전략은, 기후변화로 인해 빈번해지는 홍수나 가뭄, 수질사고 등 물 재해에 대한 대응을 강화하고 인공지능(AI), 정보통신기술(ICT), 드론 등 4차 산업혁명 기술을 활용해 유역 물관리와 스마트상수도 관리 시스템을 구축하는 것으로 기후위기 취약성을 해소하고 복원력을 높이는 것을 의미한다.

마지막으로 전환 전략은, 물산업 육성과 해외 동반 진출 확대, 기후탄력 환경도시 조성, 디지털워터플랫폼 구축 등과 같이 기후위기를 극복하기 위한 기술개발과 시장 창출을 통한 지속가능한 성장의 기반을 만들고 위기를 기회로 전환한다는 내용이다.

지금 대한민국은 기후위기 현실 앞에 탄소중립과 녹색경제로 전환하는 중요한 기로에 서 있다. 기후변화 적응을 위해서는 인공지능, 디지털 트윈 등 4차 산업혁명 기술을 활용한 스마트 물관리 및 디지털 전환을 발빠르게 전개해야 한다.

또한 드론·빅데이터 등을 활용한 스마트 댐 수량-수질-안전 관리 체계 구축은 물론 국가 상수도 전반에 AI 및 ICT를 접목한 스마트물관리(SWM) 시스템을 구축해야 한다. 추가적으로, 기후위기 시대의 물산업 창출을 위해 수백 개의 스타트업과 중소기업을 지원하여 육성하는 등의 노력이 필요하다.

길은 걸으면서 만들어간다

누구나 처음 '시작'이 어렵다. 그럼에도 불구하고 '시작'하고 싶다. 그 시작이 단순한 소확행을 위한 것이든, 성공적인 삶을 살고 싶은 것이든 간에 절실함이 있어야 한다. 어떻게든 길이 생길 거라는 긍정적인 마음을 자신의 무기로 가져야 한다.

행동하지 않으면 막연한 두려움이 생긴다. 그러나 막상 행동에 옮기게 되면 처음의 두려움은 사라진다. 실행에 옮기지 않는 선택지가 가장 큰 리스크로 최악이다. 때문에 성공적인 삶의 비결은 그저 계속 실행하는 것에서부터 시작한다. 일단 실행에 옮기려면 도전정신과 용기가 필요하다.

퍼스트 펭귄

현생 생물 중에 인간을 포함한 유인원들과 더불어 몇 안 되는 직립보행을 하는 동물 중 하나가 펭귄이다. 그런데 이 펭귄의 무리들은 바다에 뛰어들기 전 망설인다. 바닷속에는 천적인 물개들이 있기 때문이다.

하지만 펭귄 한 마리가 용감하게 바다로 뛰어들면 수천 마리의 펭귄이 뒤를 이어 뛰어든다. 퍼스트 펭귄의 용감한 선택에 모든 펭귄이 뒤따르는 것이다. 퍼스트 펭귄은 제일 먼저 물개에게 잡혀먹힐

수 있음을 감수하고 뛰어들 수 있는 용기 있는 펭귄은 많지 않다.

이처럼 퍼스트 펭귄의 행동이 옳든 그르든 간에 남들이 하지 않는 행동을 하는 것은 어려운 일이다. 세상일은 바로 이런 퍼스트 펭귄들에 의해 개선되고 발전되어 나간다. 나머지 펭귄들의 망설임은 안전한 행동이긴 하지만 앞으로 한 걸음도 나아가지 못한다. 하지만 세상 사람 중에는 퍼스트 펭귄이 될 많은 사람이 하늘 높이 날아오를 생각을 하고 있다.

아무도 가지 않는 길

길이란 게 뭘까를 다시 한번 생각해 본다. 우리는 수많은 길이 놓인 세상 속에 살고 있다. 가끔은 자신이 지나온 길은 어떠했으며, 앞으로 나아갈 길은 어떠할까를 상상하기도 한다.

사람들은 세상의 첫 길은 꽃길이 아니라고 말한다. 그러나 긍정적으로 생각하면 스스로 개척하는 길이야말로 진정한 꽃길이다.

다소 계몽적이고 교훈적인 내용의 동화이긴 하지만, 비유와 상징의 힘을 느낄 수 있는 이탈리아 TV 어린이 프로그램 기획자이자 저널리스인 잔니 로다리의 동화 「아무도 가지 않은 길」에 이런 이야기가 나온다.

한 마을에 세 갈래의 길이 있었다. 첫 번째 길은 도시로, 세 번째 길은 바다로 가는 길이지만, 가운데 길은 그 어디로도 갈 수 없다는 이야기가 전해져 내려왔다. 모든 마을 사람이 다 그렇게 믿고 살아가고 있는데, 한 소년 마르티노는 솟구치는 호기심을 억누르지 못하고 끊임없이 질문했다.

"저 길을 가면 어디로 가나요?, 아무 데도 갈 수 없다면, 왜 저 길을 만든 거예요?"

"그 누구도 저 길을 만들지 않았어. 그냥 옛날부터 저기 있었던 길이야."

"그러면 길이 어디서 끝나는지 아무도 가보지 않았단 말이에요?"

마을 사람은 마르티노를 고집쟁이라면서 "가봐야 아무것도 없다"는 사실을 몇 번이나 말해야 하느냐고 퉁명스럽게 대답했지만, "그곳에 한 번도 가본 적이 없다면서 그걸 어떻게 알아요?"라면서 그 가운데 길을 망설임없이 걸어갔다.

울창한 수풀을 지나 커다란 나무들이 들어선 숲에 들어서자, 끝없는 나무 터널과 길이 이어질 무렵 개 한 마리가 보였다. 마르티노는 '그래, 개가 있으면 집이 있을 거야' 생각하며 개의 뒤를 따라 계속 걷자 엄청난 성이 나타났다.

성의 주인인 왕비는 마치 기다리고 있었다는 듯이 "어서 와. 고집쟁이 마르티노! 넌 가운데 길이 어디로도 갈 수 없다는 이야기를 믿지 않은 거구나."라며 환하게 웃으면서 반겨주었다.

마르티노는 왕비에게 "그 길을 가보지 않고는 모르는 것이며, 누군가 갔던 길보다 아무도 가보지 않은 길이 더 많다."라고 말한다.

성 곳곳을 구경시켜 준 왕비는 마차를 내어주며 보석을 마음껏 가져가라고 한다. 많은 보석을 싣고 금의환향한 마르티노는 마을 사람들에게 보석을 골고루 나눠주고 자신의 이야기를 들려준다. 마르티노의 이야기에 고무된 사람들은 너나없이 마차를 끌고 어디로도 갈 수 없는 길로 달려갔지만, 공주가 살았던 성도 다른 사람들은 만날 수 없었다.

그랬다. 이 동화에서 길은 표면적인 의미를 넘어선 상징적인 의미이지만, 아무도 가지 않았던 길은 제일 처음 온 사람에게만 보물을 허용했다. 호기심이 없다면, '왜?'라는 질문을 자신에게 던지지 않았다면, 두려움을 떨치고 용기를 내지 않았다면 맨 처음 길의 주인이 될 수 없었을 것이다. 우리가 알고 있는 많은 위인들이 그랬고, 지금도 마찬가지이다. 도무지 길이 없을 것 같은 공간조차도 비집고 길을 낸 것이다.

K-water, 글로벌 리딩기업의 길로

K-water는 1967년 설립 이후 56년간 국가 수자원의 종합적 개발과 관리를 통해 국민생활 향상과 공공복리 증진에 힘써 왔다. 그리고 2018년 물관리일원화를 실현하면서 물순환 전반의 사업 영역을 보유한 세계 유일의 물 종합 서비스 기업으로 발돋움하였다.

하지만 K-water가 성장할수록 책임감이 무거워지듯, K-water를 향한 더 깊은 신뢰와 기대가 어린 국민의 눈빛은 우리가 마주한 위기를 슬기롭게 극복하며 멈추지 않고 달려야 함을 일깨워주고 있었다.

심화되는 기후위기로 물관리 여건이 점점 어려워지고, 장기화되고 있는 코로나19 사태는 경기 침체와 예측하지 못한 사회·경제적 변화를 일으키고 있으며, 글로벌 물기업들은 다양한 4차 산업혁명 기술을 활용하여 디지털 물관리 경쟁력을 높여가고 있었다.

이러한 대전환의 시기에 K-water는 국민과 환경을 안전하게 지키는 든든한 방패막이자 위기 이후 국가 미래 성장의 원동력이 되어야 했다. 아무리 큰 파도가 밀려와도 잘 올라탄다면 기회의 파도가 되고, 작은 파도라도 준비하지 못하면 휩쓸리기 마련이다.

2020년 2월 말, K-water 사장에 오른 필자는 이 위기를 기회로 만들기 위한 혁신을 절실히 필요로 했다. K-water는 항상 새로운 상황에 직면하는 곳이고, 그 문제를 해결하는 곳이 회사 조직이기에 이 조직을 혁신하기 위해서는 K-water가 그동안 걸어왔던 경로를 벗어나 혁신적 물관리로 새롭게 태어나 국민의 눈높이에 맞는 감동적 물 서비스 실현과 대한민국을 넘어 세계 물관리 선도를 이끌어야 했다.

그리고 2020년 7월 15일, 'World TOP K-water 비전'을 선포했다. 지난 56년간 우리가 만들어온 길에 자부심을 갖고, 새로운 도전의 용기를 얻어, 세계 누구도 가보지 못한 길을 국민과 함께 열어가겠다고 다짐했다.

퍼스트 펭귄처럼 용기를 장착한 리더십, 아무도 가지 않는 길을 간 마르티노의 두려움을 떨쳐낸 용기와 도전정신, '길은 걸으면서 만들어진다'는 스페인의 시인 '안토니오 마차도'의 시 구절처럼, 그 길은 물관리에 어려움을 겪는 많은 나라의 희망이 될 것이라 확신했다.

물 분야 글로벌 리딩기업으로서 정책·기술적 노력이 국내에 한정되지 않고, 기후변화로 인한 물 문제로 고통받고 있는 많은 국가에게 확산될 수 있도록 최선을 다하다는 K-water가 만들어 갈 물의 미래를 보여주었다. 필자가 역점적으로 추진하였던 전인미답의 프로젝트였던 초순수 사업을 소개코자 한다.

반도체 최강국 자존심, '초순수'로 지켜내자

산소와 수소의 화학적 결합물, 물의 사전적 정의다. 그러나 산소와 수소만으로 결합된 순수한 물을 접하기 쉽지 않다. 우리가 매일 마시는 물에는 미네랄 등이 존재할 수밖에 없다. 그렇다면 사전적으로 정의된 가장 원형에 가까운 물은 어디서 만날 수 있을까. 첨단산업 분야에서 만나볼 수 있다.

물은 음용수로도 중요하지만, 모든 산업 분야에 없어서는 안 될 소중한 자원이다. 물의 공급이 없다면 어떠한 산업도 일어날 수 없다. 산업단지 조성에 물 공급을 최우선으로 고려하는 이유다. 첨단산업 분야에서는 조금 더 특별한 물이 필요하다. 바로 초순수Ultrapure Water이다. 수소와 산소만으로 구성된 초순수는 세상에서 가장 순도 높은 물이다. 세척업과 물티슈 등 생활·건강 분야와 LCD 패널 등 최첨단 정밀산업에서 꼭 필요한 핵심 소재다.

특히 반도체에서 초순수의 중요성은 빼놓을 수 없다. 초순수는 반도체 기판인 웨이퍼 세정에 사용된다. 머리카락보다 수천 배 미세한 나노 단위 회로로 구성된 반도체는 전자의 간섭을 없애야 한다. 때문에 전기 전달 물질인 이온이 제거된 초순수로의 세척 과정은 필수다. 반도체 제조공정에서 6인치 웨이퍼 1장당 1.5톤의 초순수가 필요하다고 한다.

문제는 초순수의 높은 대외 의존도다. 초순수 기술 특허와 설계는 일본과 해외 기업이 독점하고 있다. 이는 해외에 반도체의 급소가 붙잡혀 있음을 의미한다. 경제의 버팀목이자 총수출의 20% 가량을 차지하는 반도체 산업을 지키기 위해서라도 초순수 자립을 서둘러야 한다. 나아가 초순수 산업은 그 자체로도 성장하는 시장이다. 2020년 기준 세계 시장 규모는 20조원이며, 디지털 전환에 따라 그 가치는 커질 것으로 전망된다. 국가적으로 초순수 산업을 육성해야 하는 이유이다.

이에 정부는 5월 K-반도체 전략을 발표하고 초순수 기술의 자립에 나섰다. 2025년까지 초순수 국산화로 반도체 강국의 자존심을 지키겠다는 게 정부의 목표다.

K-water는 2011년부터 초순수 실증화 기술개발과 지적재산권

확보, 인프라 구축을 착실히 추진하며 초순수 국산화를 준비했다.

필자는 한국수자원공사를 K-반도체 전략의 핵심 파트너로 삼기 위해 정관계 인사들을 만나고 설득하였다. 2021년에 드디어 환경부와 한국환경산업기술원과 함께 '고순도 공업용수 생산과정 국산화 기술개발' 사업에 착수했다.

그간의 노하우를 바탕으로 2025년까지 하루 2400t의 초순수를 생산하는 실증 플랜트 설치와 반도체 생산에 쓰이는 초순수 공정의 최대 60%를 국산화할 계획이다. 또한 기업의 기술개발과 시장 개척을 지원하는 'K-반도체 초순수 플랫폼센터' 구축으로 반도체 생태계 자립을 앞당기고자 하였다.

국내 반도체 대표기업들과의 협력도 긴밀히 이어가고자 한다. 앞서 필자는 삼성전자와 SK하이닉스 등 반도체 공장을 방문하고 초순수 개발을 위한 논의를 나눈 바 있다. 세계적인 국내 반도체 대표 기업이 함께 노력한다면 초순수 자립의 시기를 한 발 더 앞당길 수 있다.

『위대한 도약』의 저자 하워드 유 스위스 국제경영개발연구원 교수는 대전환의 시대에서 살아남으려면 잘하는 분야에 안주하지 말고 새로운 분야로 도약해야 한다고 충고한다.

그러나 도약을 위해서는 발판이 필요하다. 대한민국이 추격경제에서 추월경제로 도약하는 발판이 되도록 K-테스트베드의 성공을 잘 이끌어 물산업의 글로벌 경쟁력을 확보하고, 초순수 국산화를 반드시 이뤄내 반도체 강국의 자존심을 지켜 나가야겠다.

스마트 시티의 혁신성장,
디지털 트윈

도시 문제와 스마트 시티

전 세계가 도시화에 따른 자원과 인프라 부족, 교통 혼잡, 에너지 부족 등으로 각종 도시 문제가 점차 심각해질 것으로 보인다. 이에 도시 인프라를 확충하는 대신 기존 인프라를 효율적 활용하는 저비용으로 도시 문제를 해결하는 접근방식이 주목받고 있으면서 최근 스마트 시티에 대한 관심이 높아지고 있다.

하지만 단순한 새로운 정보통신기술(ICT) 중심의 도시는 이제 '사람 중심'의 도시로 바뀌어야 한다. 다양한 가치를 포용하면서 도시 자체의 경쟁력이 있어야 하고, 시민의 생활이 편하고 안심하고 살 수 있어야 하며, 비용의 효율성과 지속가능성을 지녀야 한다.

이러한 미래 도시를 스마트 시티라고 부른다. 이 스마트 시티는 도시 혁신을 위한 새로운 모델이다. 정보통신기술을 활용하여 도시의 문제를 해결하고 안전하고 편리한, 삶의 질을 높이는 미래 혁신성장의 원동력으로 4차 산업혁명에 대한 선제적으로 대응으로 주목받고 있다. 우리는 이미 혁신적인 기술의 발전과 함께 새로운 삶의 형태를 경험하고 있다. 이러한 기술이 발전하면서 도시들은 더욱 혁신적이고 지능적인 형태로 변화하고 있다.

스마트 시티의 핵심적인 요소 중 하나는 인터넷의 발달이다. 도시 전반에 걸쳐 연결된 센서 네트워크는 우리의 환경과 상호작용하여 보다 효율적인 에너지 사용과 교통의 흐름 및 공공시설 관리 등을 가능하게 해 주었다.

인공지능, 빅데이터, 사물인터넷 등의 기술은 지능적이고 효율적인 도시 인프라의 구축에 큰 역할을 할 것이다. 스마트 시티는 우리의 삶을 보다 편리하고 효율적으로 만들어주는 혁신적인 변화이며, 앞으로의 도시 개발에 있어서 지속가능한 환경을 추구하는 데 더욱 중요한 주제가 될 것이다.

스마트 시티는 혁신적인 기술의 발전으로 인해 가능한 도시의 미래를 대표하는 주제이다. 이러한 미래의 도시는 지금 살고 있는 도시와는 완전히 다른 새로운 모습이 될 것이라 얘기하는 전문가들이 상당히 많다.

이 도시는 모든 상황을 고려하여 다양한 유형의 전자 데이터 수집 센서를 사용하여 자산과 자원 등을 효율적으로 관리하는데 필요한 정보를 제공하는 도시 지역을 의미한다.

정보통신기술을 이용하여 도시에서 발생할 수 있는 모든 문제들, 교통 문제,주거문제, 환경 문제, 시설 문제 등 비효율적인 부분을 해결하고 시민들이 보다 편리하고 쾌적하게 삶을 누리는데 모든 중점을 맞춘 똑똑한 도시다.

도시에 첨단정보통신기술을 접목하여 도시 문제를 해결하고 삶의 질을 높이며, 지속가능성 등을 추구하는 스마트 시티의 핵심 기술이 디지털 트윈이다.

디지털 트윈Digital Twin이란?

디지털 트윈은 현실공간을 그대로 재현해 내서 시뮬레이션화 할 수 있게 만든 데이터 공간이다. 현실 세계의 물리적인 개체나 프로세스를 디지털적으로 모델링하고 시뮬레이션하는 개념이다. 다시 말해 현실 세계와 디지털 세계 간 거의 실시간에 가까운 종합적인 연결을 제공하는 데 있다. 지속적으로 수집되는 데이터를 디지털 트윈으로 전송하고 실시간 분석을 수행하여 비즈니스 프로세스를 최적화한다.

주로 인공지능, 사물인터넷(loT), 데이터 분석, 컴퓨터 모델링 등의 기술을 사용해 구현되는 디지털 트윈은 물리적 개체나 프로세스의 상태를 실시간으로 모니터링하고, 문제를 예측하고 해결하기 위한 도구로 사용하는 등 다양한 분야에서 활용되고 있다.

제조업의 경우, 제품을 생산하거나 설비를 운영하는 동안 실제 시스템을 디지털 트윈으로 복제하여 생산과정을 최적화하고 유지 보수를 예측할 수 있다. 또한 도시계획에서는 도시의 인프라와 교통시스템을 디지털 트윈으로 만들어 도시의 효율성을 향상시키고, 환경 문제를 해결하기 위해 사용될 수 있다.

디지털 트윈은 2002년 미시간대학교의 마이클 크리브스 교수가 이 용어를 처음 사용해 개념적으로만 존재했다 그런데 2016년 GE가 현실과 가상이 연결된 디지털 트윈을 실현하면서 이슈화가 되었다.

우리나라 스마트 시티 전략

우리나라는 대통령 주재 "2018년 대한민국 혁신성장 보고대회"에서 '스마트 시티 추진전략'을 발표(1월 29일)했다. 이때 대통령 직속 '4차 산업혁명위원회' 산하 '스마트 시티 특별위원회' 스마트 시티 국가 시범도시(부산에코델타시티 등)에 대한 추진 현황을 보고하면서 시민과 기업, 전문가 참여를 촉진하기 위한 가상도시인 '디지털

디지털 트윈 사회
분야별 데이터를 수집·축적·분석·융합한 진화된 사회
(새로운 가치 및 경험知의 창조)

홈 네트워크
제조·물류
실 세계
(Physical 공간)
오피스 네트워크
가상 세계
(Cyber 공간)
교통시스템
Cloud Computing
인프라·에너지
• 센싱·Actuation 기술
• 빅데이터 처리기술
• 대량·고속 서버
의료네트워크
퍼스널 커뮤니케이션

실 세계와 가상 세계의 융합	인터넷 공간과 사람들의 접점이 다양화	IT가 모든 영역에 침투
리얼한 실 세계(Physical공간) 다양한 데이터를, 네트워크 가상세계(Cyber 공간)에 수집하여 해석하는 것으로, 새로운 가치를 창출, 경험과 감으로 밖에 알 수 없었던 것을 이끌어냄	정보네트워크가 PC, 휴대전화 이외에도 가전 및 자동차, 거리 등과 연결되어, 새로운 서비스를 창출하고 사회적인 문제를 해결하게 됨	기기 및 센서로부터 방대한 실세계 관측 데이터를 High Performance 컴퓨팅으로 고도화 됨

출처: 전자정보기술산업협회(JEITA) CPS/QT

트윈의 중요성을 강조했다.'

이러한 흐름에 발맞춰 대한민국은 2020년 발표한 '한국판 뉴딜 종합계획'에서 디지털 트윈을 10대 대표 과제 중 하나로 선정했다. 이후 2021년에는 '디지털 트윈'을 체계적으로 발전시키기 위한 활성화 전략을 발표하고, 이 활성화 전략에는 '디지털 트윈' 기술이 어떤 영역에서 어떻게 활용될 수 있는지를 밝혔다.

4차 산업혁명, 5세대(5G)와 AI(인공지능), 비대면 등 코로나가 시작되면서 우리 일상은 많은 변화를 겪고 있지만 국가의 새로운 성장 동력이 되고 있다. 쉽게 말해 스마트 시티가 구축이 되면서 거기에 따른 기술들이 같이 진보하고 있다.

기술의 발전으로 '공간'의 개념은 계속해서 확장되며 융합된다. 우리가 알고 있는 오프라인 기반의 '공간' 개념은 메타버스, 확장현실(XR, eXtended Reality), AI 등의 기술을 통해 점차 온라인으로도 확장된다.

가상공간과 데이터 활용

현재의 '온라인'은 1, 2차원적인 평면에서 인터렉션Interaction(인간과 인간, 인간과 물질, 인간과 시스템, 시스템과 시스템을 위한 커뮤니케이션에서 일어나는 일종의 양식)을 하도록 설계되어서 연결되어 있다는 느낌이 덜하지만, 앞으로 실감 기술이 발전하면 인터넷의 공간도 실제 오프라인 공간처럼 변화할 것이다.

우리가 공상과학 영화에서 체험했던 것처럼, 가상의 공간에서 실제 공간에서 상호작용하게 되면 점차 공간의 용도는 복합적으로 융합된다.

집에서도 안경을 쓰거나 특정 디바이스를 활용하면 다른 공간에 간 것 같은 느낌이 들 수 있다. 이로 인해 주거나 상업, 업무 등의 기존 용도 개념은 점차 혼재될 것이고, 집이라는 공간이 때로는 상업 공간, 업무 공간, 녹지 공간으로 변화하게 된다.

다가오는 미래 공간 디지털 트윈 시대는 운전자가 없는 자동차를 타고, 로봇이 배달해 주는 음식을 먹고, 가로등이 나를 보고 밝아지는가 하면 세탁기가 말을 듣고 세탁하는 것이 더 이상 공상과학 속의 이야기가 아니다.

이 놀라운 일이 일어날 미래, 새로운 기술은 끊임없이 쏟아지고 지속적으로 진화하고 있지만, 디지털 트윈이 현실 세계의 현재 상태를 반영하도록 지속적으로 업데이트해 인간의 의사결정을 지원하거나 의사결정을 자동화할 수 있는 그 데이터를 비즈니스 규칙, 최적화 알고리즘 또는 분석 기술과 결합시켜야 한다. 우리는 무엇을 잘할 수 있으며 어디에 집중해야 할까를 스스로 고민해야 한다.

미래 물도시, 부산EDC

스마트 시티 부산EDC는 '자연, 사람, 기술이 만나 미래의 생활을 앞당기는 글로벌 혁신성장도시'라는 철학 아래, 4차 산업혁명 기술 육성과 삶의 질 향상을 위한 3대 혁신과(프로세스, 기술, 거버넌스), 로봇과 헬스케어, 스마트워터 등 시민의 삶에 가치를 더하는 다양한 10대 첨단 서비스를 제공하는 미래 도시이다.

이곳에서는 도시에서 일어날 수 있는 각종 문제를 예방하고, 최적의 해결 방안을 지원하고자 각종 스마트 시티 플랫폼과 디지털 트윈을 활용해 도시의 정보를 실시간으로 수집하고 관리한다.

아울러 시민이 직접 도시에 적용할 서비스를 결정하고, 피드백하며 서비스 수준을 지속해서 높여나가는 '시민주도형 미래 리빙랩 Living lab 서비스'를 적용한 것도 큰 특징 중 하나다. 이 서비스는 스마트 기술을 적용한 리빙랩 총 56세대의 스마트빌리지에서 가장 먼저 경험한다.

2021년 12월부터 스마트빌리지에 입주한 주민들은 이미 여러 생활 서비스를 검증한 뒤 피드백하고 있다. 주민들의 검증이 완료된 기술은 향후 부산EDC를 포함해 울산, 경남 등 인근 지역으로 확대 적용할 계획이다.

물-에너지-도시 넥서스

물-에너지-도시 넥서스 기술이 집약된 미래 도시는 탄소중립을 이행하고 도시의 새로운 미래를 만들어 나가는 출발점이 될 것이다. 기후위기 시대 글로벌 시장에서도 차별화된 경쟁력을 확보할 수 있을 것이다. 디지털 트윈 미래 스마트 도시를 통해 물-에너지-도시 넥서스를 전 지구적 기후위기 대응에 활용하고 물 문제 해결에 기여할 수 있는 유효한 솔루션으로 확산시켜 나가야겠다.

새로운 도시 문명 건설이 전 세계의 화두가 되고 있다. 현재 도시 구조로는 기후변화와 4차산업 혁명 시대로 인한 문명사적인 변화를 담아내지 못하기 때문이며, 스마트 시티로의 전환은 피할 수 없는 흐름이다. 디지털 시대와 에너지 전환으로 모든 삶의 조건이 바뀌었고, 이에 따른 공간의 재편은 반드시 필요하다.

특히 기후위기 극복을 위한 도시의 재편을 서둘러야 한다. 혁신기술로 에너지 낭비를 막고 생산과 소비의 최적화를 이룬다면, 도시의 지속가능성은 커질 것으로 기대된다.

스마트 시티는 초연결 공간이다. 도시 내의 모든 사물과 사람이 실시간으로 연동되며 무한한 가능성을 만들어 낸다. 이러한 연결들이 어떠한 시너지 효과로 이어질지 가늠할 수 없다. 우리는 이러한 도시의 무한한 가능성을 현실의 가치로 이끌어야 한다. 이를 위해 우선, 데이터를 생산하는 시민들에게 신뢰를 줘야 하며, 생산된 데이터를 현실의 가치로 만들기 위한 창조적 역량도 높여야 한다.

물산업의
거대한 비즈니스를 캐내라

블루 골드 물산업

지구별 대부분을 차지하고 있는 물은 모든 생명의 근원이자 삶의 필수조건이다. 그러나 대부분이 그냥은 마실 수 없는 짠 바닷물로, 인간이 마실 수 있는 지하수나 강물의 비율은 극히 일부이다.

여기에 전 세계적으로 인구가 늘어나면서 지구촌의 물, 식수 부족 현상은 갈수록 심해지고, 이상기후로 인해 홍수, 가뭄 등 여러 가지 물 문제를 겪으면서 마실 물조차 부족하다.

유엔개발계획(UNDP)은 실제로 세계 인구 10명 중 1명은 필요한 물을 제대로 공급받지 못하고, 약 20억 명이 오염된 물을 마시고 있다면서 2025년이면 30억 명 이상이 지구촌에서 심각한 물 부족 사태를 겪을 것으로 전망했다.

이처럼 기후변화로 폭염과 가뭄, 집중호우로 인한 피해를 줄이기 위해 전 세계적으로 '물관리'는 더 중요해졌다. 특히 우리나라는 국토의 70% 이상이 산이고, 강수량이 여름에 집중되고 있어 효율적인 물관리가 필수적이다.

미래학자 앨빈 토플러는 20세기가 '블랙 골드'인 석유의 시대였다면, 21세기는 '블루 골드Blue Gold'인 물의 시대가 될 것이라고 했다. 식수를 생산·관리하는 물산업이 고부가가치 산업으로 분류되어 새로운 블루오션으로 떠올랐다.

세계은행(IBRD) 또한 향후 세계 물산업의 규모를 수천조 원으로 보고 있다. 〈뉴욕타임즈〉나 〈포춘〉은 20세기는 석유기업이 성장기업이었다면, 21세기는 물을 공급하는 기업, 즉 물산업이 최고의 성장산업이 될 것으로 예상하고 있다.

이제 물은 미래를 여는 차세대 성장동력 산업의 열쇠다. 물로 구현되는 친환경 녹색성장은 지속가능한 발전을 이끄는 동력으로, 물산업에 대한 인식이 높아지면서 새로운 기술이 개발되고 있다.

영국의 물산업 전문 조사기관인 글로벌워터인텔리전스(GWI, Global Water Intelligence)에 따르면, 세계 물시장 규모는 2021년 기준 800조~1000조 원으로 보았다. 그리고 2024년까지 연평균 3.4%씩 성장해 2026년에는 약 9,523억 달러에 이를 것으로 전망했다. 이는 2021년 기준 약 5,949억 달러 규모로 추정되는 세계 반도체 시장의 약 1.6배에 달한다.

선진국 물산업 육성 현황

세계적으로 물시장이 형성된 것은 1987년이다. 글로벌 물시장이 성장하면서 미국과 일본, 유럽 등 세계 물산업 강국의 시장 선점 경쟁도 치열해지고 있다. 세계 1위의 기술력과 내수시장을 보유한 미국은 세계은행, 아시아개발은행 등 국제금융기구의 주도권을 확보해 물기업을 육성하고 해외 진출을 확대하고 있다.

일본은 부품, 소재, 설계 부문의 기술력과 다양한 공적개발원조(ODA) 경험을 활용하여 동남아시아 신흥시장을 공략 중이고, 프랑스와 영국은 수도 민영화 노하우와 베올리아·수에즈 등 자국의 글로벌 물기업의 경쟁력을 세계 물시장 선점의 발판으로 삼고 있다.

또 이스라엘과 싱가포르는 지리적으로 어려운 물관리 여건을 극복하고, 정부 주도의 체계적인 물산업 육성 정책과 클러스터 운영으로 물산업 강국으로 도약한 나라로 우리가 벤치마킹해야 할 물산업 강국이다.

우리나라 물산업 현황

우리나라는 물 선진국에 비해서는 아직 물산업에 대한 인식이 낮다. 하지만 물 폭탄과 물 기근, 물 오염 등 기후변화가 초래한 물 위기에 직면하고 탄소중립을 위한 저탄소 물 공급, 물관리 디지털 전환이 본격화되면서 물산업이 급격하게 성장하고 있다.

물산업은 지표수, 지하수, 해수 등 수자원, 생활·공·농업용수의 생산·공급, 하·폐수 처리 및 재이용 등 물순환 전 과정을 포괄하는 사업과 이와 관련된 각종 서비스를 말한다.

이러한 물산업은 물이 부족할수록 세계적으로 그 규모가 더욱 커질 것이다. 반도체와 조선산업에 못지 않는 고부가가치를 생산할 것이다. 더욱이 전 세계적으로 가뭄과 홍수 등 기후위기가 갈수록 커지는 상황에서 물관리와 물산업 육성을 위한 전문성을 갖춘 강력한 리더십이 요구된다.

우리나라도 이상기후 속에서 깨끗한 물 확보가 인류 생존과 번영을 위한 핵심 과제라는 인식이 확산되었다. 대체재가 없는 물의 특성상 앞으로 물의 가치가 높아질 수밖에 없고, 이에 따라 상·하수도 운영과 수처리, 물 인프라를 담당하는 물기업의 미래 성장 가능성이 주목받게 된 것이다.

수자원의 중요성을 인식하고 댐 개발과 상하수도 관리 등의 효율성을 높이기 위해 정보통신기술(ICT)을 접목하고, 해수의 담수화 기술

고도화를 위해 물산업 규모를 키우고 있으며, 기후변화로 변동성이 심해질 물관리의 전문성을 높여기 위해 다양한 정책을 추진해 왔다.

2018년 통합물관리기본법이 제정되고 물관리일원화를 위한 정부 조직법이 개정되어 새로운 패러다임의 물산업 육성을 위한 법적·제도적 기반을 갖추게 되었다. 물관리 기술력과 노하우를 민간과 공유하여 물산업 경쟁력을 강화하고, 이를 기반으로 국가 신성장동력 확보와 글로벌 물시장 선점을 물산업 생태계를 육성했다.

글로벌 물산업 진출 전략

최근 글로벌 물시장은 4차 산업혁명 디지털 대전환 흐름에 따라 기존 상수, 정수, 하수처리 등의 산업 형태를 뛰어넘어 ICT, AI, 빅데이터와 같은 디지털 융·복합 하이테크 기반의 혁신형 산업으로 급격히 성장하고 있다.

따라서 국내 물산업도 이러한 시장 패러다임 변화에 맞춰 기술 집약도를 높이고 첨단 디지털 산업과 기술 연계를 강화하는 방향으로 재편되어야 한다. 이를 통해 기후위기 극복과 탄소중립 실현을 이끄는 핵심 산업으로 한 단계 성장할 수 있다.

2021년 7월, K-water는 국가 차원의 'K-테스트베드(시험무대)' 프로젝트 총괄 운영기관으로 최초 선정됐다. 정부의 주요 정책 방향인 소재, 부품, 장비 기술개발 및 벤처 창업 활성화를 통한 민간 중심의 신산업 육성이었다.

대한민국 물산업의 플랫폼 역할을 수행하여 신성장동력을 창출하고 세계 물 문제 해결에 기여하기 위해서는 창업 지원부터 기술개발·실증-해외 판로 확보-펀드 조성, K-테스트베드 운영까지 다양하게 지원하는 혁신 생태계 조성이다.

물산업 분야 청년 예비 창업자 발굴을 확대하고, 유망 스타트업 육성을 위해 대학-연구기관과 협력하여 혁신 아이디어와 유망 아이템을 수시로 발굴하고, 사내 전문인력을 활용한 멘토링 제도를 강화하여 사업화 가능성을 높이고, 성과를 구체하기 위해 투자자금을 지원하여 고속성장Scale-up을 위한 디딤돌을 놓는다는 계획이다.

K-water 인프라를 활용하여 물산업 분야에서 기업가치 10억 달러 이상의 스타트업인 유니콘기업을 배출해 물기업 성장의 튼튼한 뿌리가 되는 기술개발 역량을 높이고, 개발 기술의 실증 지원도 강화해 기술개발 제품 구매를 확대하고, 해외 현지화 시범사업과 수출 상담회 등을 통해 물기업의 해외 진출도 적극적으로 도와 물산업 혁신 거점으로 자리잡을 수 있도록 창업 생태계를 활성화하는 계기를 만들었다.

또한 디지털 트윈, AI정수장, 플랫폼, 스마트 시티, 물 에너지 등 K-water의 물관리 대표 기술과 물산업 생태계를 함께 만들어 나가는 공공-민간 동반성장의 새로운 혁신 솔루션을 롤 모델을 만들었다.

물산업을 육성하고 경쟁력을 강화하기 위해서는 보다 거시적이고 구조적인 질서 재편에 대한 사회적 논의도 필요하다. 영세한 물기업 중심의 가격 경쟁 위주 저수익 물산업 구조로는 혁신기술의 꽃을 피울 수 없다. 물시장 규모를 보다 확대하고 물산업을 기술 중심 고부가가치형 구조로 전환해야만 국가 경제 활성화에 기여하고 양질의 일자리를 만들어 낼 수 있다.

이를 위해서는 시·군·구 지자체 단위로 나눠진 수도사업의 통합, 수도 요금이 생산원가에 미치지 못하는 낮은 요금 현실화율 문제, 민간의 기술개발과 시설 투자를 촉진시킬 수 있는 민-관 협력 모델 발굴 등 수도사업구조 개편에 대한 본격적인 검토와 논의가 필요한 시점이다.

물산업의 해외시장 진출은 통신·전기 등 타 분야에 비해 실패율이 높은 편이다. 글로벌 물기업도 해외 진출 초반에는 국가별 상이한 물수급 여건과 법 제도로 인해 실패를 경험했다. 따라서 시장 우위 확보를 위해서는 기술 경쟁력 강화와 정교한 사업전략이 필요하다.

최근 세계 물시장은 상수도부터 하수까지 물 공급 전 과정을 단일 업체에 맡기는 사례가 늘고 있다. 나아가 설계와 시공, 운영 등 일괄로 통합 발주하는 경향도 두드러진다. 시장 수요도 선진국은 노후 인프라 개선, 개도국은 신규 물 인프라 구축, 아프리카는 ODA(공적개발원조) 연계 투자, 중동은 해수담수화 및 재이용 등 국가개발 수준과 대륙별로 다양한 상황이다.

우리나라 민간 물기업은 세계적인 수준의 물 인프라 건설 능력을 보유하고 있으나 수처리시설 운영·관리 경험은 상대적으로 취약한 편이다.

초순수, 하·폐수 재이용, 해수담수화 같은 고부가가치 물산업의 기술력을 확보·고도화하고 스마트 물관리를 위한 디지털 역량을 보다 강화해야 한다.

물관리 트렌드에 대응하기 위해서 글로벌 네트워크를 활용한 국제협력을 확대하고 공공-민간, 대기업-중소·벤처기업, 산업-대학-연구기관이 서로 협력하는 민·관 종합플랫폼을 구축하는 것도 필수적이다.

K-water의 수량-수질-수생태계-수재해 등을 아우르는 통합물관리 역량과 청정 물 에너지, 물특화 도시 등 물-에너지-도시 넥서스형 사업모델은 물산업 해외시장 개척의 차별화된 전략이 되어 국내 물산업의 수출경쟁력 강화와 국부國富 창출에 기여할 것이다.

미래 물산업 강소국가, 대한민국

원래 우리나라는 세계 최고의 물관리 나라이다. 강수의 대부분이 여름에 집중되어 홍수와 가뭄이 반복되고, 국토의 70%가 산지로 물관리가 매우 열악한 나라임에도 삼천리 금수강산을 유지해왔다.

또한 우리나라 최대의 고대 저수지로, 삼국시대인 서기 330년에 축조된 김제의 벽골제가 있었고, 세계기록유산에 등재된 조선 세종 때의 측우기로 강수량을 데이터베이스화하고, 정조 때 화성 주위에 여러 개의 농업용 저수지를 만들어 빗물을 모으고, 성 안의 하수를 처리하기 위하여 수질관리용 연못을 만드는 등 종합적인 물관리가 이루어졌던 화성 도시계획이다.

하지만 근대에 들어 우리나라 물관리는 최고가 아니다. 현재 우리나라는 각종 물 문제에 고통을 받고 있다. 그 이유는 개발 시대 개발 논리에 맞춰 우리나라의 기후, 지형, 환경, 전통, 문화와 맞지 않는 물관리를 했기 때문이다.

미래 비즈니스의 주도권은 자본으로 발생한 리스크를 줄이고 시대의 난제를 푸는 기업과 국가가 차지할 것이다. 또한 기업이 새로운 미래 먹거리를 발굴하고 육성하는 일은 중요하다. 미래에 선제적으로 대비할 수 있고, 기업의 성장과 지속가능성을 확보하는 일이기 때문이다.

따라서 대한민국 미래 물관리와 탄소중립 도약을 이끌어 갈 미래의 성장사업은 국가 정책과제와 연계되고 ESG가치에 부합하면서 시장 성장성이 높은 물 에너지·초순수·기후탄력환경도시·그린수소·디지털워터플랫폼 등에 전략적 투자 확대, 기술개발, 인재 육성에 집중해야 한다.

K-water의 물관리 뉴딜정책

물은 지구의 모든 것은 하나로 연결된 생명 공동체라는 사실이 명료함에도 큰 감흥 없이 일상에서 물을 쓰며 살아간다. 그러나 역사를 매개로 되돌아보면 물의 소중함을 바로 깨닫게 된다.

시대마다 당면한 물 문제를 어떻게 푸느냐에 따라 문명과 도시의 운명이 결정되었고, 인류는 역사의 부침을 경험하며 물의 중요성을 자각했다. 인문학, 경제학, 법학, 자연과학, 공학, 의학 등 거의 모든 학문에 걸쳐 물의 다양한 형태와 가치를 탐색하며 폭넓은 지식과 깊이 있는 사유 체계를 만들어 온 것도 바로 이러한 이유에 있다.

한국판 뉴딜정책

한국판 뉴딜은 우리 경제와 사회를 새롭게(New), 변화시키겠다는 약속(DEAL)이다. 한마디로 선도국가로 도약하는 대한민국 대전환의 선언이다.

뉴딜정책은 과거 미국에서 시행되었던 정책으로, 당시 대공황으로 침체되었던 미국 경제를 회복시키기 위해서 추진했던 경제정책이다.

미국은 대공황이 진행되면서 많은 사람들이 일자리를 잃게 되고 사회가 혼란에 빠지게 되면서 정부에서는 농업조정법(AAA, Agricultural Adjustment Act)을 통과시키면서, 생산을 조정하고 절감하는 대규모의 토목공사를 시행해서 실업률의 문제를 해결하는 등의 정책을 펼쳤다.

'한국판 뉴딜정책'은 이런 과거 미국에서 진행했던 것을 모델로 삼아서 진행하는 것이다. 당시 전 세계를 팬데믹 사태로 빠뜨렸던 코로나19 시국으로 인해 침체되었던 경기를 회복하고, 디지털 경제와 그린 경제로의 대전환이라는 세계 경제의 변화에 선제적으로 대응함으로써 위기를 기회로 만들고, 미래성장동력 확충과 글로벌 선도 국가로 도약하기 위한 국가 발전 전략으로 일종의 경제 회복 프로젝트이다.

첫 번째가 디지털 뉴딜이다. D.N.A.(Data. Network. AI) 기반을 바탕으로 혁신과 역동성이 확산되는 디지털 중심지로서, 글로벌 메가 트렌드를 주도하는 '똑똑한 나라'를 만드는 것이다. 즉 '교육 인프라 디지털 전환'으로 '비대면 산업 육성', 'SOC 디지털화'를 통한 D.N.A. 생태계 강화이다.

두 번째가 그린뉴딜이다. 탄소중립Net-zero을 향한 경제·사회의 녹색전환을 통해, 사람·환경·성장이 조화를 이루며 국제사회에 책임을 다하는 '그린선도 국가'를 만드는 것이다. 즉 '도시·공간·생활 인프라 녹색 전환'과 '저탄소·분산형 에너지 확산', '녹색산업 혁신 생태계 구축'이 중요 내용이다.

세 번째는 안전망 강화이다. 튼튼한 고용·사회 안전망과 사람에 대한 투자가 국민의 삶과 일자리를 지켜주고 실패와 좌절에서 다시 일으켜 주는 '더 보호받고 더 따뜻한 나라'로 가기 위해 사람에게 투자하는 것이다.

물관리와 한국판 뉴딜

물은 대기·환경 시스템 등 기후변화의 모든 요소와 밀접하게 연결되어 있으며, 경제·산업 활동에 필수적인 자원이다. 물관리 및 물 에너지 사업은 경제·산업구조의 녹색 전환과 경기 부양을 목표로 하는 한국판 뉴딜에 성격에 가장 부합하는 분야이다.

기후변화 및 국민 생활 수준의 향상으로 물 안보와 물 인권의 중요성이 갈수록 증가하고 있으며, 4차 산업과 연계한 경제재로서 물의 가치는 블루 골드로 국가 핵심 산업으로 육성할 필요가 있다.

K-water는 한국판 뉴딜정책에 적극적으로 참여하기 위해 선제적으로 추진단을 운영했다. 그린 인프라, 청정 물 에너지, 탄소중립 물 생산 등을 통해 녹색 전환을 조속히 이루고, 스마트 물관리, 스마트 워터시티 등 물관리의 디지털 전환을 완성하기 위해 중점 과제를 선정했다.

K-water의 새로운 비전 선포와 미래 도약 의지는 국민의 공기업으로 한 걸음 더 다가가겠다는 국민과의 약속이었다. '물안심사업, 물융합사업, 경영 혁신, 미래 어젠다' 등으로 비전과 전략을 국민들에게 소개하고 의견을 경청하면서 세부 과제를 도출하고 실행하기 위한 고민과 실천을 멈추지 않았다.

K-water CEO 재임 1095일 동안 임직원들과 산-학-연-관 등이 힘을 모아 위기와 전환의 시대 희망의 근거를 현장에서 쌓으면서 도약과 혁신의 결과를 국민들에게 온전히 돌려드리겠다는 다짐과 결의로 만든 각 사업의 대표 성과물을 정리해 보았다.

물안심사업

물안심사업은 K-water 물안심사업은 물순환 과정에서 발생하는 홍수와 가뭄, 수질오염 등 인간과 자연에 악영향을 미치는 부분을 관리하여 국민들에게 안전한 물환경을 제공한다. 기후변화가 낳는 물 재해로부터 국민들의 생명과 재산을 지켜내고 댐과 보 등 하천 시설물의 기능을 유지하는 한편, 풍부한 수량과 깨끗한 수질을 확보하여 최상의 물 서비스를 완성하고자 한다.

이를 통해 안전하고 건강한 유역 단위 통합물관리 체계를 확립하기 위해 ①디지털 트윈 기술을 활용한 유역 물관리 혁신, ②스마트 댐 안전관리, ③댐-하천 통합관리, ④댐 상류 물환경관리를 통한 상수원 수질개선, ⑤댐 종합 리노베이션, ⑥낙동강하굿둑 개방, ⑦홍수 대응체계 혁신의 7가지 사업 목표이다.

먼저 '디지털 트윈 기술을 활용한 유역 물관리 혁신'은 현실 세계를 가상세계에 그대로 복제해 구현하는 디지털 트윈을 활용한 차세대 물관리 기술이다. 기존의 댐 시설 중심의 기존 물관리 방식에서 벗어나 댐-유역-하천을 연계해 하나의 시스템One-System으로 관리하는 통합물관리를 실현하는 '디지털 트윈 기술을 활용한 유역 물관리 혁신'이다.

두 번째는 '스마트 댐 안전관리'이다. K-water가 운영 중인 다목적댐과 용수댐 그리고 홍수 조절댐의 노후도가 심각해 평상시 댐의 기능을 원활하게 유지하기 위해 체계적인 시설관리가 필요했다. 이를 위해 K-water는 댐 안전관리의 중요성을 고려해 4차 산업혁명 기술을 활용한 스마트 댐 안전관리 시스템을 도입하고 드론, 로봇, IoT, 빅데이터, 인공지능, 디지털 트윈 등의 기술을 댐 시설 안전 업무에 적용했다.

세 번째는 지속가능하고 바람직한 '댐-하천 통합관리' 체계가 필요에 따라 4차 산업혁명 기술을 하천관리에 도입해 댐과 하천의 관리 수준을 질적으로 높였다. 가속화되는 기후위기에 대비하고 국민이 체감할 수 있는 진정한 의미의 물관리일원화를 실현하기 위해서 분산된 댐과 직하류 하천의 관리를 통합하고, 홍수 빈도 기준을 정비해 기후위기로부터 국민의 생명과 재산을 지켜내고 물관리일원화의 최고 성과로 만들어내는 것이다.

네 번째는 '댐 상류 물환경관리를 통한 상수원 수질개선'이다. 맑고 깨끗한 상수원수 확보를 위해 댐 상류 오염원을 줄이는 것이다. 부유물 주민 자율관리, 수질-수량 통합관측소 설치, 상수원 상류 거점형 오염저감, 수계 통합형 수변생태벨트 조성 및 댐 유역 생태계 복원 등 정책사업들을 발굴, 물환경 사업 본격 확대를 위해 K-water가 관리하는 모든 댐의 수질이 좋음(Ⅰ) 등급을 달성하고 국민들이 안심할 수 있는 더욱 맑고 깨끗한 물을 공급할 수 있게 하는 것이다.

다섯 번째는 '댐 종합 리노베이션'이다. 오늘날 댐은 이수利水와 치수治水를 중심의 전통적 물관리 기능뿐만 아니라 주민 일자리 창출과 지역경제 활성화, 탄소중립 실현 등 정부 정책에 부응하고, 지역 주민과 상생하기 위한 새로운 패러다임 변화를 요구받고 있다. 따라서 K-water는 시대의 다양한 요구를 반영하고 댐의 사회적 가치를 높이기 위해 댐을 '생태, 문화, 안전, 에너지'가 어우러진 복합적인 혁신 공간으로 탈바꿈시키는 것이다.

여섯 번째는 '낙동강하굿둑 개방'이다. 이는 인간과 자연의 공존, 과거의 하구를 되살리기 위한 움직임이다. 낙동강하굿둑은 바다의 염수가 강으로 유입되는 걸 방지하고, 하굿둑 상류 낙동강의 수위를 일정하게 유지하여 생활·공업·농업용수를 안정적으로 공급하고 있다. 그런데 출현하는 어종이 단순해지고, 철새 개체수도 줄어들어 과거 동양 최대 갈대숲과 철새 도래지라는 명성을 잃고 낙동강 명물 재첩도 이제는 찾아보기 어려워졌지만, 하굿둑 개방을 통해 기수생태계를 복원하고, 자연과 인간이 공존하는 미래가치를 만들어가고 있다.

마지막 일곱 번째는 댐-하천 연계, 물관리 기술 고도화를 통한 '홍수대응체계 혁신'이다. 기후위기 대응의 필요성을 체감하고 홍수피해 재발 방지를 위해 댐과 연계된 제방 신축 및 보강과 다목적댐의 홍수기 제한수위를 하향 조정한다. 또한 기상청과 협업해 댐 유역 맞춤형 강우 예보 체계를 확립하고, 정보통신기술(ICT)을 기반 삼아 홍수 상황을 실시간으로 모니터링하며 재난문자방송(CBS)을 활용한 신속한 재난전파시스템도 구축했다.

물나눔사업

물나눔사업은 모든 국민이 차별 없이 수돗물의 혜택을 누리고 보편적 물 복지를 실현하는 것으로, 취수원부터 수도꼭지까지 모든 국민들에게 부족함 없이 깨끗한 수돗물을 공급하기 위한 것이다. 이를 위해 정수장, 관로 등 광역상수도와 지방상수도의 물 공급 시설을 과학적이고 체계적으로 관리하고 시설 최적 활용을 통해 맑은 수돗물을 안정적으로 제공하고자 하는 사업 목표이다.

첫 번째로 '스마트 상수도 구축'이다. 산업화, 도시화 그리고 기후위기로 수돗물 생산·공급 전반에서 수돗물 안전의 위협 요인이 늘어나고 있는 다양한 물 문제를 해결하기 위해 AI·IoT 등 4차 산업혁명 기술을 상수도 운영 시스템과 융합했다. 취수원에서 수도꼭지까지 수돗물 공급 전체 과정을 실시간으로 감시하고 사고를 예방하여 국민이 안심하고 수돗물을 마실 수 있도록 하는 상수도의 새로운 진화 체계 구축이다.

두 번째는 '경남서부권 수도통합'이다. K-water는 지방 소멸에 대응하는 지속가능한 수도 공급체계를 구축하기 위해 광역-지방, 지방-지방 상수도 간 통합운영 모델을 고도화하고 정책개발을 지속해서 추진했다. 이를 통해 경남서부권 지방재정 부담 완화와 지역 간 차별 없는 물 공급 서비스와 국민 물 복지 향상에 기여할 것이다.

세 번째는 '식품위생 수준 수돗물 생산·공급'이다. 적수 사태와 수돗물 유충 사고 이후 노후화된 정수장 리뉴얼 사업을 통해 디지털·저탄소 중심의 최신 물관리 트렌드에 맞춰 미래형 정수장으로 탈바꿈했다. 국민의 눈높이에 맞는 안전한 수돗물 공급을 위해 식품위생 수준의 정수장 관리방안을 마련하고, 취수원에서 수도꼭지까지 상수도 전 과정에 식품위생 수준의 안전관리 체계를 구축해 국민이 안심하고 마실 수 있는 수돗물을 공급할 수 있도록 앞으로도 최선을 다할 것이다.

네 번째는 '분산형 용수공급시스템'이다. 우리나라 모든 국민의 보편적 물 복지를 완성하기 위해 물 이용 취약지역에 맞춤형 정수시설인 분산형 용수공급시스템 정수시설을 수요자 인근에 분산 배치하고, 단거리 관로와 네트워크 기반 통합 운영 등을 통해 깨끗한 물을 안정적으로 공급하는 신개념 수도 시스템이다.

다섯 번째로 '유역수도지원센터와 국가 상수도 정보 통합'이다. 수돗물 위기와 불신을 극복하기 위해 신속한 사고 감지와 선제적 위기 대응이 가능해진다. 국가 상수도 정보 통합과 실시간 모니터링 체계 구축을 성공적으로 완수하여 수도사업자와 국민을 연결하는 수도 정보를 생산·공유하고 수돗물 인식 개선, 수돗물 이용 편의성 제고 등의 성과를 창출하기 위해 노력할 것이다.

여섯 번째는 '수돗물 음용률 향상 노력'이다. 우리나라 수돗물의 품질은 전 세계적으로 상당히 우수한 수준임에도 불구하고 음용률은 상대적으로 낮다. 원인은 수돗물 배관 노후 우려, 수질사고, 부정적 언론 보도 등이 복합적으로 작용한 탓이다. 이에 안전하고 깨끗한 수돗물을 생산·공급하고 정확한 수돗물 정보를 제공하여 국민 모두가 안심하고 수돗물을 즐겨 마실 수 있도록 한다는 목표이다.

일곱 번째는 '지방상수도 현대화사업'이다. 관로와 정수장의 노후화를 완전히 해소하기 위해 정부와 함께 지속적인 노후관 교체, 과학적 수량·수질 관리를 위한 후속 사업을 차질 없이 준비해 깨끗하고 안정적인 수돗물을 공급해 국민 물 복지 향상, 재정 절감, 탄소중립 실현에 이바지하는 것이다.

마지막 여덟 번째는 '탄소중립 정수장'이다. 우리가 사용 중인 정수장이나 관로 등 수돗물 공급시설 대부분은 노후되어 관로 부식으로 누수가 발생하며 심할 경우 파손으로 단수사고가 발생하고, 정수장은 수질사고에 취약해지고, 국민들의 수돗물 불안은 가중된다. 정부와 함께 지속적인 노후관 교체, 과학적 수량·수질 관리를 통해 깨끗하고 안정적인 수돗물 공급의 시대를 연다는 것이다.

물융합사업

K-water 물융합사업은 물이 가진 부가가치를 활용하여 국민에게 다양한 물환경 서비스를 창출한다. 청정 물 에너지를 생산하여 탄소배출을 줄이는 한편, 도시에 물이 가진 쾌적함은 더하고 위험성은 걷어 내어 환경생태 공간과 편의를 국민에게 제공하고자 한다. 또한 물산업을 육성하고 물의 가치를 국내로 그리고 해외로 확산하는 활동을 통해 국가 경제 활성화와 글로벌 물 문제 해결에 기여하는 것이 사업의 목표이다.

첫 번째로 '부산에코델타시티 조성'이다. 사람, 자연 그리고 기술이 공존하는 우리나라 최초의 친환경 수변도시 부산EDC는 '물로 특화된 스마트 시티 모델'이다. '자연, 사람, 기술이 만나 미래의 생활을 앞당기는 글로벌 혁신성장도시'라는 철학 아래, 4차 산업혁명 기술 육성과 삶의 질 향상을 위한 3대 혁신(프로세스, 기술, 거버넌스), 로봇과 헬스케어, 스마트워터 등 시민의 삶에 가치를 더하는 미래 도시다. 도시의 여러 문제를 예방하고 최적의 해결 방안을 지원하고자 각종 스마트 시티 플랫폼과 디지털 트윈을 활용해 도시의 정보를 실시간으로 수집하고 관리한다.

두 번째로 '강원 수열에너지 클러스터'다. 소양강댐 물의 열에너지를 냉·난방에 활용하는 수열에너지는, K-water가 국내 최초로 만드는 수열에너지 융복합 클러스터가 물-에너지-도시 그리고 ESG가 결합한 새로운 기후탄력 환경도시의 표준으로 자리 잡아 기후위기 시대의 새로운 대안으로 역할 확장을 기대하고 있다.

세 번째로 '김포 친환경 도시재생사업'이다. 환경정책 패러다임의 변화와 환경오염 낙인 지역에 대한 이미지 대전환을 위한 첫걸음으로, 도시에서 소비되는 에너지를 최적화하는 물질순환Metabolism 체제를 기반으로 신재생에너지, 그린 인프라, 녹색교통, 저탄소 산업의 물리적 요소를 도입한 환경 융복합 도시이다.

네 번째로 '화성국제테마파크 본계약 체결'이다. 경제적 파급 효과도 크고 청년들이 선호하는 양질의 일자리도 많이 창출할 수 있는 초대형 테마파크는 관광산업의 꽃이다. 테마파크 사업에는 미래 트렌드 예측, 경제적 분석, 인구학, 건축, 설계, 디자인 등 광범위한 분야의 전문적 지식이 종합적으로 동원된다. 따라서 대한민국 관광서비스 산업의 신기원을 이룰 세계적 관광명소로 자리매김할 것을 기대한다.

다섯 번째로 '청정 물 에너지 확산과 글로벌 RE100 참여'이다. 최근 기후위기로 탄소와 미세먼지를 배출하지 않는 친환경 전환을 통한 최고의 청정 에너지원인 물 에너지 확산이 중요해졌다.

또한 재생에너지Renewable Electricity 100%를 2050년까지 각 기업이 사용하는 모든 전력을 풍력과 태양광 등 재생에너지로 충당하겠다는 목표를 세우기 위해 공기업 최초로 가입했다.

여섯 번째로 '물산업 생태계 육성'이다. 물 분야 중소 벤처기업에 테스트베드를 제공하는 등 기술 검증과 컨설팅 포함 기술개발 지원 프로세스를 운영하고, 해외시범사업 동반 진출과 비즈니스 상담회 개최 등 차별화된 수출 전략을 세워 중소기업의 해외 판로 개척과 함께 국가 혁신정책과 차세대 성장동력 확보를 견인하는 주도적 물산업 생태계 육성이다.

02

K-water와 1095일의 동행

실패를 두려워 말고 새로운 미래를 향해 도전해야 합니다.

우리 스스로가 디지털 물관리의 전문가가 되어야 합니다.

국민과 손을 맞잡고 걸어가는 K-water가 되어야 합니다.

우리는 어려움 속에서도 늘 기회를 찾았고,

끊임없는 혁신으로 오늘을 만들어 낸 저력이 있습니다.

뉴노멀 시대,

우리의 능력을 믿고 긍정적이며 능동적인 자세로

대한민국의 새로운 물관리를,

그리고 100년 K-water를 함께 만들어 갑시다.

뉴노멀 시대,
미래로 가는 100년 K-water

사랑하는 K-water 가족 여러분!

오늘은 K-water가 창립 53주년을 맞이하는 특별한 날입니다.

우리는 53년간 도전과 극복의 역사를 써가며 대한민국 물관리를 성공적으로 책임져 왔습니다.

국민에게 신뢰받는 오늘날의 K-water를 만들 수 있었던 것은 각지에서 구슬땀을 흘리고 계신 모든 임직원 여러분과 항상 든든한 동반자가 되어 주는 노동조합이 함께 하였기에 가능한 일이었습니다.

우리 스스로에게 격려와 축하의 박수를 보냅시다.

임직원 여러분!

K-water는 물관리일원화와 기능 조정이라는 파고를 넘었지만, 이제는 지금껏 겪어보지 못한 대변혁의 시대를 마주하고 있습니다.

뉴노멀이 된 디지털 전환, 코로나19, 극한의 물 재해 등이 익숙했던 모든 것을 낯설게 만들고 과거의 경험에 의존할 수 없는 시대로 이끌며, 우리에게 다시 한번의 도전을 요구하고 있습니다.

어떠한 시련도 극복하며 국가 물관리의 완성을 향해 달려왔던 K-water에게 새로운 도전은 두려움이자 즐거움이고 세계 최고의 물 전문기업으로 나아가는 길이 될 것이라 믿습니다.

사랑하는 K-water 가족 여러분!

우리는 준비되어 있습니다.

뉴노멀 시대의 새로운 패러다임과 혁신에 대한 우리의 다짐을 담아 지난 7월 K-water의 새로운 비전인 '세계 최고의 물종합플랫폼 기업'을 선포하였습니다.

이제는 구체적인 실행 방안을 고민해야 할 시점에서 임직원 여러분께 세 가지를 강조하여 말씀드리고 싶습니다.

첫째, 실패를 두려워 말고 새로운 미래를 향해 도전해야 합니다.

환경을 살리고 국민 생활을 풍요롭게 하는 한국판 뉴딜에 우리의 모든 역량을 집중하고, K-water의 전문성이 더 많은 정책으로 실현될 수 있도록 다시 한번 힘차게 추진해 나가야 할 것입니다.

자연을 회복시키고 사회를 윤택하게 하는 통합물관리를 위해 꼭 필요하지만, 규제와 제도적 한계에 가로막혔던 사업들은 적극적인 정책 제안과 규제 샌드박스 활용을 통해 스마트하게 진일보시켜야 할 것입니다.

기후위기 대응을 위한 수자원·하천관리 혁신과 국가 상수도 선진화와 같은 범정부적 과제를 선도하고, 부산EDC와 시화나래를 미래 물도시 스탠더드로 발전시켜 그 DNA를 새만금으로 확산시키며, 치열한 디지털 물관리플랫폼 경쟁에서 글로벌 스탠더드를 선점하겠다는 다짐으로 함께 전진해 나가야 할 것입니다.

둘째, 우리 스스로가 디지털 물관리의 전문가가 되어야 합니다.

빅데이터, AI, 비대면 회의 등과 같이 변화와 혁신은 처음에는 낯설지만 결국에는 일상이 되고 상식이 됩니다. 세계적 흐름인 물관리 디지털 전환을 이끌어갈 수 있도록 스스로가 디지털 시민이 되고, 디지털 융복합 인력이 되어야 할 것입니다.

또한 전국 모든 물 인프라에 스마트 관리체계를 조성하고, 디지털 트윈을 구축하여 디지털 인프라로의 전환을 추진해 갑시다. 디지털 K-water를 우리의 손으로 만들어 갈 때 직원 모두가 언제 어디서나 수평적으로 소통할 수 있는 건강한 조직문화도 이루어 낼 수 있을 것입니다.

셋째, 국민과 손을 맞잡고 걸어가는 K-water가 되어야 합니다.

우리는 국민의 눈높이에 맞는 물 서비스를 제공하기 위해 최선의 노력을 기울여 왔지만, 이제는 더 많은 것을 해야 할 때입니다.

물 재해로부터 국민의 안전을 확보하고 깨끗하고 맑은 물 공급에 대한 사회적 요구에 부응하여 국민 중심 물관리를 실현해 나가야 합니다.

또한 코로나19로 고통받는 국민을 위해 물값을 감면하고 소상공인의 임대료를 지원하는 등 사회적 책임을 다하기 위한 노력을 지속해야 합니다.

아울러 세계에서 가장 역동적인 물산업 생태계 조성과 종합적인 물관리 역량 기반의 분산형 실증센터 구축 등을 통해 정부의 지역 균형발전 정책 실현과 K-water형 좋은 일자리 창출에 앞장서야 할 것입니다.

사랑하는 K-water 가족 여러분!

"비관주의자는 어떤 기회 속에서도 어려움을 보고, 낙관주의자는 어떤 어려움 속에서도 기회를 본다"고 합니다.

우리는 어려움 속에서도 늘 기회를 찾았고, 끊임없는 혁신으로 오늘을 만들어 낸 저력이 있습니다.

뉴노멀 시대, 우리의 능력을 믿고 긍정적이며 능동적인 자세로 대한민국의 새로운 물관리를, 그리고 100년 K-water를 함께 만들어 갑시다. 감사합니다.

—창립 53주년 기념사(2020.11.16.)

숙려단행熟慮斷行을
마음에 새기며

사랑하는 K-water 가족 여러분!

함께 힘차게 달려온 경자년이 저물어 가고 있습니다.

K-water 가족으로서 여러분과 함께 첫해를 보낸 저에게 2020년은 가장 뜻깊은 한 해로 남을 것입니다.

1년 동안 수고 많으셨습니다.

최선을 다해주신 임직원 여러분께 감사의 말씀을 드립니다.

올해 우리는 지금까지 겪어보지 못했던 많은 변화와 도전을 마주하였습니다.

코로나19 확산으로 인한 비대면 세상, 기후변화로 인한 극한의 물재해와 예기치 못한 수질사고 등은 대한민국 물관리 역사에 위기로 기록될 것입니다.

하지만 우리의 53년 물관리 저력은 어려운 순간마다 빛을 발하며 위기를 기회로 바꿔놓았습니다.

코로나19와 기후위기가 일상화된 뉴노멀 시대의 디지털 전환과 글로벌 물관리 패러다임을 선도하기 위해 '세계 최고의 물종합플랫폼 기업'을 새로운 비전으로 선포하였으며, 공기업 최초로 '기후위기경영' 선언을 통해 2050년 대한민국 탄소중립 실현에 앞장서면서 지속 가능 경영전략의 기틀을 공고히 하였습니다.

또한 침체된 경제를 살리고 기후위기에 안전한 대한민국 물관리를 실현하기 위해 한국판 뉴딜 과제를 선제적으로 준비함으로써 광역 상수도 스마트물관리, 댐관리 디지털화 등 시급한 국책사업을 완벽히 이행할 수 있었습니다.

안타깝게도 지난 8월 역대 최장기간 장마와 예기치 못한 집중 호우로 전국적인 물난리를 겪었습니다.

수해의 아픔을 국민이 조속히 치유하고 일상으로 돌아갈 수 있도록 시설 정상화부터 사회공헌 활동, 제도적 개선까지 K-water 전 임직원이 헌신적인 노력을 기울였으며, 그 결과 물전문 공기업으로서 사회적 책임을 다함과 동시에 하천관리 일원화라는 또 하나의 전기를 맞게 되었습니다.

수돗물 유충 사태로 인한 국민의 불안감은 상수도 기술지원 전문 기관인 유역수도지원센터가 정부와 지자체를 적극 지원하며 조기에 해소할 수 있었고, 광역·지방 상수도 전 과정에 ICT 기반 스마트관리체계 도입과 국내 최초 수도요금 단일화 시범사업 추진을 통해 국가 상수도 선진화 실현과 포용적 물 이용 기반을 마련하였습니다.

미래성장과 해외 진출의 동력을 확보하기 위해 물로 특화되고, 기후위기에 강한 K-water형 도시 모델을 정립함으로써 미래 수변도시의 글로벌 스탠더드 선점에 한 걸음 더 다가섰으며, 세계 수준의 화성 국제테마파크 사업은 본궤도에 진입하였습니다.

아울러 혁신성장 펀드 조성과 과감한 규제 혁신 추진을 통해 역동적인 물산업 생태계 조성 및 중소기업의 코로나 극복을 지원하고, 국민이 체감할 수 있는 양질의 일자리를 창출함으로써 신뢰할 수 있는 국민 공기업 실현에도 최선을 다하였습니다.

올 한 해 강도 높은 혁신으로 많은 성과를 이뤄낸 임직원 여러분과 든든한 버팀목이 되어 주신 노동조합에 깊은 감사의 말씀을 드립니다.

친애하는 K-water 가족 여러분!

2021년 신축년을 맞아 '충분히 생각한 뒤에 과감하게 실행한다'는 숙려단행熟慮斷行을 마음에 새기며, 그동안 묵묵히 준비해온 우리 자신을 믿고 대한민국 물관리 혁신과 국민 행복을 책임지는 주역으로서 모두 함께 힘차게 나아갑시다.

새해에도 임직원 여러분의 가정에 건강과 행복이 늘 함께하길 기원합니다. 감사합니다.

─송년사(2020.12.31.)

K-water에
최초와 최고의 가치를 더한 해

　사랑하는 K-water 가족 여러분!

　희망차게 시작했던 신축년辛丑年 한 해도 이제는 저물어 가고 있습니다.

　여러분에게 2021년은 어떤 시간이었는지요?

　인생의 모든 순간이 소중하고 아름답겠지만 저에게는 여러분과 함께했기에 더욱 행복하고 기억에 남을 한 해였습니다.

　행복은 이어가고 슬픔은 덜어낼 때 삶이 온전해진다고 합니다.

　여러분에게도 행복한 기억만 남는 한 해였기를 바랍니다.

　올해는 코로나19 장기화와 기후위기로 세상의 근본이 뒤바뀌는 대전환의 시기였습니다.

　전 지구적 차원에서 기존의 규범과 질서가 흔들렸고 정치·경제·사회·문화 그리고 환경에 이르기까지 모든 영역에서 변화의 물결이 범람했던 한 해였습니다.

　그러나 K-water는 흔들리지 않았습니다. 누구보다 빠르게 위기에 대응했고, 과감한 혁신과 도전을 선택했습니다.

　이를 통해 변화에 이끌리기를 거부하고 변화를 이끄는 기업으로 체질을 바꿔낸 한 해였다고 자부합니다.

　54년간 임직원 모두의 희생과 헌신으로 쌓아 올린 저력과 눈부신

혁신이 있었기에 과감한 도전과 변화는 가능했습니다.

전국 각지에서 최선을 다해주신 모든 임직원 여러분께 진심으로 감사의 마음을 전합니다.

존경하는 K-water 가족 여러분!

2021년은 World Top을 향한 K-water의 여정에 역사적 족적足跡을 남긴 한 해였습니다. 무엇보다, K-water에 최초와 최고의 가치를 더하였습니다.

공기업 1군 최초로 ESG경영을 선언했고, 수도사업자와 공공부문에서 처음으로 글로벌 RE100에 가입했습니다.

화성정수장 식품안전경영시스템(ISO 22000)을 최초로 획득하였으며, 7년 만에 정부경영평가 최고 등급(A등급) 달성에 이어 2년 연속 역대 최고 수준의 재무성과를 거두었습니다.

다음으로, 디지털 DNA 확산으로 물 안전·물 복지 혁신을 이어갔습니다. 스마트 댐 안전관리 플랫폼부터 광역·지방상수도 SWM 구축까지 물 분야 한국판(디지털·그린) 뉴딜사업을 성공적으로 이끌었습니다.

섬진강 디지털 트윈으로 유역 물관리에 놀라운 혁신을 이뤘고, AI 연구센터와 AI 정수장(화성) 시범사업으로 물 분야의 AI 시대를 개막하였습니다.

또한 국가 댐 안전관리센터 개소와 분산형 물공급시스템 추진으로 선제적 물 재해 예방과 수돗물 신뢰도 제고의 기반을 마련하였습니다. 이와 함께 경계를 허물고 생각이 순환하는 K-water가 되었습니다.

대통령께서 함께 하신 주민참여형 합천댐 수상태양광의 꽃을 피웠고, 수공법 개정을 통해 신재생에너지의 영역을 확대하였습니다.

초순수 국가 R&D 과제 수탁과 그린수소 실증화 추진 등을 통해 뉴노멀 시대를 준비하는 K-water로 위상을 드높였습니다.

나아가 플레이스·라운지 이공과 문화갤러리를 국민에게 개방하였고, 톡톡수렴 운영으로 생각이 순환하는 공간을 확장하였습니다.

노사가 함께 근무시간 총량 관리 정착을 위해 노력하였고, 일과 가정이 균형을 이루는 품격있는 조직문화로 변화를 이끌었습니다.

특히 문화와 쉼이 최적화된 거점형 원룸 합숙소의 첫발을 내딛으며, 직원이 최우선이 되는 기업문화의 계기를 마련하였습니다.

마지막으로, 글로벌 ESG K-water의 서막을 열었습니다.

국정과제인 낙동강하굿둑 시범 개방을 성공적으로 수행하고, 반구대 암각화 보존 방안 마련을 통해 반세기의 갈등을 협력으로 전환하는 한편, 친환경 가치를 창출하였습니다.

70조 원의 경제 효과가 있는 화성 국제테마파크 본계약을 체결하였고, 지역뉴딜 펀드 조성과 함께 K-테스트베드 운영기관으로 선정되었습니다.

또한 도시의 미래 방향을 개척하는 부산 에코델타스마트시티 내 스마트빌리지에 첫 입주가 이루어지는 역사적인 순간도 맞이했습니다.

2021년은 참으로 숨 가쁘게 달려온 한 해였습니다.

함께 마음을 모아 주신 노철민 위원장님과 노동조합이 있었기에 의미 있는 결실을 맺을 수 있었습니다. 깊은 감사의 말씀을 드립니다.

존경하는 K-water 가족 여러분!

2022년 검은 호랑이 해인 임인년壬寅年이 우리를 기다리고 있습니다. 대선 등 사회적·정치적 흐름을 거치면서 공공부문과 물 정책 역시 큰 변화의 물결을 맞이할 것입니다.

국민의 안전과 행복을 책임지는 참된 주인공이 되고자 하는 결심으로 범과 같이 용맹하게 새 시대를 맞이해 주시길 부탁드립니다.

새해에도 임직원 여러분의 가정에 건강과 행복이 늘 함께하길 기원합니다. 감사합니다.

—송년사(2021.12.31.)

공감·소통·배려,
협력 중심의 건강한 조직문화

다사다난한 2021년이 지나고 임인년壬寅年 새해가 밝았습니다.

전국 각지와 해외 각국에서 최선을 다하고 계시는 모든 임직원 여러분께 새해 인사드립니다.

사랑하는 K-water 가족 여러분!

지난해 K-water는 새로운 세계를 창조하기 위해 도전과 혁신을 이뤄왔습니다. 하지만 올해는 '아무도 모르는 시대'로 표현될 만큼, 위기와 도전이 더욱 거세질 것으로 전망됩니다.

기후변화와 팬데믹이라는 전대미문의 위기와 함께 글로벌 인플레이션과 패권경쟁 격화, 가치사슬 붕괴, 양극화에 이르기까지 한 치 앞이 보이지 않을 정도로 불확실성이 커지고 있습니다.

그동안 K-water는 모든 분야에 있어 내·외적인 위기 극복과 새로운 미래로 나가기 위한 축의 전환을 성실히 추진해 왔습니다.

올해는 그동안 이뤘던 결실을 나침반 삼아 '물-에너지-도시 그리고 ESG' 넥서스를 실질적으로 구현하는 원년으로 삼아야 합니다. 이를 위해 우리가 함께 추진해야 할 중점사항을 말씀드리고자 합니다.

첫째, 우리의 핵심적 미션인 물관리에서 최고의 전문성을 발휘해야 합니다. 다목적댐과 강을 디지털로 연결해 친환경 물길을 열고, 국민이 감동할 수 있는 고품질 물을 생산하고 공급합시다.

이상기후의 불확실성에 대응하기 위해 섬진강 유역에서 시작한 디지털 트윈 구축을 5대 강으로 확대하고, 하천관리일원화에 걸맞은 댐-하천 통합관리체계를 마련해야 합니다.

이에 더하여 생태, 문화, 안전을 아우르는 댐 종합 리노베이션과 함께 기후위기 시대에 국민의 안전과 행복을 지킬 수 있는 통합물관리를 실현해 나가야 합니다.

또한 댐 상류의 물환경 개선을 본격적으로 추진하고, 댐 유역 생태계 복원, 수변생태벨트 조성 등 유역 전반의 수질 개선과 생태 복원에 더욱 힘을 쏟아야 합니다.

아울러 인간과 자연의 공존 시대를 열기 위한 시험무대인 낙동강 하굿둑의 기수생태계 복원을 성공적으로 완수해야 합니다. 그리고 국민 누구나 물 걱정 없는 일상을 위해 국가상수도 전반의 혁신과 선진화를 이끌어 가야 합니다.

화성정수장이 출발이 된 식품안전경영시스템을 전국 광역정수장으로 확대해 나가고, AI 시스템을 비롯한 디지털 혁신기술을 활용하여 차세대 상수도 체계로의 신속한 전환에 박차를 가해야 합니다.

스마트물관리, 현대화사업, 유역수도지원센터 등을 통해 지방상수도의 선진화를 위해 노력하고, 중소지자체의 상수도 통합을 적극적으로 지원하여 지역 간 물 서비스 격차도 해소해야 합니다.

그리고 물의 산업적 가치가 어느 때보다 높아지고 있는 지금, 물전문기관으로서 초순수 분야에 도전적인 첫걸음을 내딛어야 합니다. 이를 통해 국가 반도체 산업의 경쟁력 강화에 기여해야 합니다.

둘째, K-water가 주도하는 물로 특화된 신재생에너지가 탄소중립 시대의 주축이 될 수 있도록 과감하게 확대해 나갑시다.

'2050 탄소중립'은 기후위기 극복을 위한 주요한 방법이자 정부의 핵심 정책입니다. K-water는 대한민국 대표 물 전문 공기업으로서 신재생에너지의 비중을 높이고 탄소중립 시나리오를 선도해야 합니다.

수상태양광은 '신재생에너지의 꽃'으로 키워갈 수 있도록 다목적댐을 거점으로 대규모 신규 사업을 속도감 있게 추진하고, 수열에너지는 강원도 수열클러스터 조성을 중심으로 하여 민간과 지자체로 확산시켜 나가야 합니다.

수력·조력 등 우리가 가진 풍부한 신재생에너지 시설을 기반으로, K-water만의 차별화된 그린수소의 생산과 유통에도 앞장서야 합니다.

셋째, K-water의 물-에너지-도시 넥서스를 기반으로 글로벌 물관리 리더십 강화를 위한 교두보를 확보해 나갑시다.

물안심도시, 도시홍수 통합관리, 환경재생 등 기후위기와 환경문제에 대응하는 도시 솔루션을 제시하여 K-water의 "기후탄력 환경도시" 브랜드를 특화해 나가야 합니다.

디지털워터플랫폼 확장, 지역 뉴딜 펀드투자 확대 등으로 국내 물산업 생태계를 획기적으로 바꾸어 나가고, 소재·부품·장비 산업의 국산화와 대외 경쟁력을 키우기 위한 기술개발 지원을 강화하여 함께 동반성장을 해나가야 합니다.

또한 동남아, 중앙아시아 등 해외 거점본부를 중심으로 해외사업을 발굴해 글로벌 물관리플랫폼 기업으로 도약해야 합니다.

넷째, ESG경영을 고도화하여 환경과 사회적 책임을 강화하고, 국민 중심의 물관리를 실현하는 공기업이 되도록 노력합시다.

모든 업무 과정에서 국민과의 소통으로 공감대를 만들고, 경영 전반에 ESG의 가치를 녹여내야 합니다. 좋은 일자리 창출과 공정계약의 실천, 안전경영 강화 등 사회적 가치 실현을 기업이 추구하는 핵심가치로 확장해야 합니다.

아울러 다양한 이해관계자와의 협력적 관계를 유지하고, 국민이 직접 정책을 제안할 수 있는 소통 채널을 확대하여 모든 국민이 체감할 수 있는 성과를 만들어 가야 합니다.

끝으로, 강도 높은 청렴윤리경영과 조직문화 개선으로 직원 모두가 자부심을 느끼는 '즐거운 일터'를 만들어 갑시다.

내부적으로는 청렴하고 건강한 조직문화를 만들어가야 합니다. 전년에 비해 청렴도가 상승하기는 하였으나 여전히 국민적 요구 수준에 비해 많이 부족한 실정입니다. 국민이 신뢰하고 내부 구성원 모두가 공감할 수 있는 투명한 K-water를 위해 우리 모두 함께 노력합시다.

세대를 넘어 모두가 공감할 수 있는 소통과 배려 그리고 협력 중심의 건강한 조직문화를 만들어 갑시다.

존경하는 K-water 가족 여러분!

미래는 우리 안에 있습니다. 스스로를 믿고 서로를 의지하여 올해의 중점사항들을 이루어 낸다면, K-water는 해법을 제시하고 시대의 표준을 창조하는 기업으로 도약할 것이라 믿어 의심치 않습니다.

항상 동반자로서 함께 위기를 극복해 온 노동조합과 어려운 여건에서도 최선을 다해 주시는 임직원 여러분이 있기에, 2022년에도 우리의 도전은 성공의 결실을 맺을 것이라 확신합니다.

다시 한번 K-water 가족 여러분의 건강과 행복을 진심으로 기원합니다. 감사합니다.

—2022년 신년사(2022.1.3.)

시작하고, 도전하고, 부딪쳐라

사랑하는 K-water 가족 여러분!

오늘은 K-water가 창립 55주년을 맞은 기쁜 날입니다.

반세기 역사 속에서 끊임없는 도전과 헌신으로 지금의 K-water를 만들어 주신 선배님들, 항상 든든한 동반자가 되어 준 노동조합에 먼저 감사의 말씀을 드립니다.

무엇보다 전국 각지, 세계 곳곳에서 묵묵히 땀 흘리며 K-water의 현재와 미래를 열어 나가고 있는 우리 K-water 가족 여러분, 진심으로 자랑스럽고 감사합니다.

임직원 여러분!

K-water가 국가와 국민을 바라보며 걸어온 반세기는 세계 최고의 물 전문 공기업이라는 자부심이자 도전과 응전의 자랑스러운 전통이 되었습니다.

기후변화와 디지털 전환이라는 달라진 시대의 요구에 우리는 퀀텀 점프로 응답했고, 2년 연속 공공기관 경영평가 최고 등급 달성으로 새로운 시대에 부합하는 역량을 증명하였습니다.

그러나 불안정한 경제 여건, 세계 경제의 블록화, 여기에 정책환경의 변화와 과학기술의 혁명에 이르기까지 세상은 가속을 넘어 초고

속으로 바뀌고 있습니다.

불확실한 시대를 헤쳐 나가기 위해 우리가 나아가야 할 세 가지 방향을 지금부터 말씀드리겠습니다.

첫째, 시대가 원하는 솔루션 기업으로 발전해야 합니다.

남부지방이 가뭄으로 신음할 때 수도권에는 100년 만의 폭우가 쏟아졌고, 도시홍수는 이제 특정 부처 또는 지자체 만의 문제가 아닌 국가적 이슈가 되었습니다.

기후변화 시대에 맞게 물관리도 진화해야 합니다.

디지털 기술을 기반으로 하는 물-에너지-도시 그리고 ESG 넥서스를 통해 우리의 진화는 시작되었습니다.

세계 최초로 구현한 댐 유역 디지털 트윈 물관리 기술은 서울시 홍수예보체계 시범사업 등 도시홍수까지 영역을 넓혀나가고 있습니다.

또한 세계 최초로 시작해 전사 확대 중인 AI 정수장은 국내뿐 아니라 미국 등 세계 각국의 관심을 받으며, 수돗물 신뢰를 높이고 탄소 저감도 실현하고 있습니다.

수상태양광, 수열 등 친환경 물 에너지와 부산EDC 스마트 시티와 강원수열 클러스터 등 첨단 물관리와 친환경 기술이 융합된 환경도시 모델은 기후변화에 대응하는 새로운 물관리 솔루션입니다.

K-water의 솔루션은 외부에서도 인정받고 있습니다.

스마트빌리지 등 친환경 기술이 집약된 부산EDC의 성공은 제2EDC 사업 참여라는 성과로 이어졌고, 대전, 제주, 전북도 등과도 물-에너지-도시를 연계한 솔루션을 적용하기 위한 협력이 진행되고 있습니다.

앞으로 디지털워터플랫폼을 통한 정보와 기술의 공유·확산을 통

해 기후위기 솔루션을 더욱 고도화하고, 해외 거점 네트워크와 국제 환경협력센터를 통해 우리의 기술과 사업 역량을 해외로 확산하여 대한민국의 국격을 높이는 데 기여해야 할 것입니다.

또한 사업수행 방식과 경영 프로세스 구석구석까지 ESG를 내재화하여 국내 최고 수준의 ESG경영을 실현하고, K-water의 협력사들, 더 나아가 물 분야 민간기업의 ESG 역량 강화를 적극 지원하여 대한민국의 물산업의 지속가능한 성장을 선도해 나갑시다.

둘째, 협력과 상생의 물관리로 지역과 사회와 함께하는 서비스 기업이 되어야 합니다.

유역 내, 나아가 유역 간 물관리 시설의 연계를 통해 극한 가뭄에도 안정적으로 물을 공급해야 합니다.

수돗물 생산공급 과정은 식품위생 수준으로 혁신하는 한편 지방상수도 SWM과 현대화사업은 성공적으로 마무리하고, 유역수도지원센터를 통해 취약한 지자체에 관한 기술 서비스도 확대해 나가야 합니다.

이처럼 수원부터 수도꼭지까지 책임감을 느끼고 혁신적인 노력을 경주할 때 수돗물에 대한 국민 불신을 해소할 수 있을 것입니다.

아울러 본격적인 발걸음을 시작하는 낙동강 통합물관리사업의 원활한 추진을 위해 지역과 소통하며 정부를 적극 지원해야 할 것입니다.

국가 산업의 경쟁력 제고와 민간 주도 경제성장을 위해 산업계가 필요로 하는 용수는 충분히 공급하고, 초순수 기술의 국산화를 조속히 이루어 내야 합니다.

지역상생형 수상태양광 및 수열에너지의 활성화와 그린수소 상용화 기술개발을 통해 국가 탄소중립을 선도하기 위한 모멘텀을 확보하고, 내년 국내 최초 달성이 전망되는 RE100을 넘어 직접전력구매계약(PPA) 참여 등 변화하는 전력시장에 선제적으로 대응하여 국내 민간기업들의 탄소 저감을 지원해야 할 것입니다.

마지막으로, 끊임없는 혁신을 통해 국가와 국민의 공기업으로 거듭나야 합니다.

정부의 공공기관 혁신 정책은 위기가 아닙니다.

그간 지속해 온 우리의 혁신 성과를 보여주고 미래로 성장해 나갈 수 있는 기회입니다. 건전한 재무구조를 바탕으로 최근의 경제적 불확실성에 대응하면서도 최고 품질의 공공서비스를 제공하고 정부의 국정과제를 선도적으로 이행해 나갑시다.

무엇보다 국민의 신뢰를 되찾는 것이 중요합니다. 내부 통제 프로세스의 전면 혁신을 통해 리스크를 사전에 차단하고 성 비위 등 모든 비위 행위는 무관용 원칙을 견지할 것입니다.

아울러 높아진 국민의 기대 수준에 걸맞게 소극 행정, 갑질, 이해

충돌 등에 대해서도 우리의 제도와 인식을 혁신해 나갑시다.

최근 잇따라 발생한 안타까운 사고에서 보듯이 직원과 국민의 안전에 '완벽', '완성', '완료'는 없습니다.

개인 안전의식의 '씨줄'과 제도와 시스템의 '날줄'을 보다 촘촘히 엮어 일터와 일상에서 견고한 안전망을 갖춰주길 바랍니다.

또한 디지털 기술을 활용한 업무처리 방식의 혁신, 각자의 다름은 인정하면서 서로를 격려하는 소통 방식의 혁신을 통해 건강하고 생산성 높은 조직문화를 만들어 가야 할 것입니다.

사랑하는 K-water 가족 여러분!

불확실한 시대를 헤쳐 나가는 가장 좋은 방법은 시작하고, 도전하고, 부딪쳐 보는 것입니다.

모두가 인정하는 최고의 공기업이라는 자부심은 지난 55년간 불확실성 속에서 머무르지 않고 끊임없이 도전하고 앞으로 나아가는 담금질과 벼름질이 있었기에 가능했습니다.

최고의 자리를 지키는 것에 그치지 않고 위기 속에서도 기회를 찾아 더 높이 도약하는 세계 최고의 물종합플랫폼 기업, World Top 100년 K-water를 함께 만들어 갑시다.

감사합니다.

—K-water 창립 55주년 기념사(2022.11.16.)

물로 미래를 만들고,
물로 행복을 나눈 멋진 동행

그 매섭던 겨울도 이제는 힘을 잃어버리고 봄의 기운이 온 세상에 차오르는 시간입니다.

떠나고 돌아오는 게 계절의 순리라면, 만나고 헤어지는 것은 또 사람의 이치인 듯합니다.

어느새 퇴임의 시간이 다가왔습니다. 여러분과 처음 만났던 순간의 설렘과 각오가 바로 어제 일처럼 또렷한데, 벌써 이별을 고하려 하니 헤아릴 수 없을 정도로 아쉬움이 깊어집니다. 그러나 끝이 있기에 잠시 머물렀던 모든 순간이 더욱 소중해지는 것이 아닌가 생각됩니다.

그동안 저는 여러분과 같은 꿈을 꿀 수 있어서 행복했습니다.

물로 미래를 만들고, 물로 행복을 나누는 여러분의 멋진 여정에 함께 동행했던 영광스러운 날들이었습니다. 맡은 직무도 여러분이 보내주신 온정과 배려 덕분에 무탈하게 수행할 수 있었습니다.

내 속에 있는 단어와 문장들이 빈곤해서 감사하다는 말 외에는 동료 여러분께 고마운 마음을 표할 길이 없는 것 같습니다. 과분할 정도로 믿음과 힘을 모아주신 여러분 모두 감사하고 또 감사합니다.

K-water 동료 여러분!

여러분과 인연을 맺으며 저는 "참으로 운이 좋은 사람"이라는 생각을 정말 많이 했습니다. 무엇보다 높은 수준의 역량을 지닌 여러분을 만난 것은 저 일생의 가장 큰 행운이었습니다.

"성공하려면 기수보다 경주마가 더 중요하다"고 합니다. 경마에 있어 경주마의 혈통과 이력 관리가 핵심을 이루는 이유입니다. 제가 기수 역할을 했던 지난 3년 동안 우리는 눈부신 진전을 이뤘습니다.

이러한 결과는 K-water라는 조직이 정말 훌륭한 역사와 혈통을 갖고 있는 준마였기에 가능했습니다. 그래서 우리는 더 멀고 더 높은 목표를 향해 힘차게 달려갈 수 있었습니다. 쉽지 않은 길들이었지만, 여러분이었기에 남들보다 앞서나갈 수 있었다고 확신합니다. 정말 고마운 마음뿐입니다.

코로나19가 확산되던 2020년 2월, K-water와의 첫 인연이 시작

됐습니다. 취임부터 여러분과 함께 마주한 시간은 녹록지 않았습니다. 세계 질서가 근원적으로 변하는 격동기였습니다.

팬데믹과 기후변화로 산업문명은 흔들리기 시작했고, 디지털 전환과 산업구조의 재편, 글로벌 밸류체인의 붕괴, 글로벌 패권 변동 등으로 우리가 믿었던 가치와 토대들이 무너지는 혼란을 겪어야만 했습니다.

동시에 글로벌 물산업이 신성장동력으로 떠올랐고, 혁신기술 중심으로 기업 경쟁력의 승패가 갈라지는 시기이기도 했습니다.

제도적으로는 탄소중립과 RE100, ESG 등이 글로벌 표준으로 등장하였고, 우리가 믿어왔던 규범과 가치판단의 기준을 새롭게 갈아치울 것을 요구하기도 하였습니다.

너무나 짧은 시간 안에, 우리가 정답이라 생각했던 20세기의 해법들은 더는 통하지 않는 낡은 것이 되어버렸습니다. 새로운 질문과 해답을 찾는, 시대가 요구하는 역량을 키우는 것이 가장 절박한 과제였습니다.

"어떻게 전환의 시대를 대비하고 어떠한 미래로 나갈 것인가." 이것이 경영 전반을 관통했던 문제의식이었습니다.

현명하고 탁월한 K-water 여러분은 위기에 맞서 변화와 혁신의 길을 선택하였습니다. 모두 하나가 되어 힘을 모은 덕분에, 우리는 위기를 기회로 만들고 빠르게 미래로 전환하는 데 성공했습니다.

이제 K-water의 위상이 달라졌습니다.

전통적 물관리를 넘어 환경도시와 물 에너지, 디지털워터플랫폼에 이르기까지 K-water의 존재감을 넓혔고, 우리가 제시한 물-에너지-도시 그리고 ESG 넥서스는 인류가 당면한 기후위기 문제를 해결

하는 새로운 물관리 패러다임으로 주목받게 되었습니다.

우리는 세상이 직면한 문제를 해결하는 세계 최고의 기업으로 거듭났다고 감히 자부할 수 있습니다. 선진국의 기술과 지식을 배우던 기업에서 우리만의 기술과 지식을 생산하는 기업으로 성장했고, 선진국이 만든 어젠다를 쫓아가던 Fast Follower에서 이제는 글로벌 어젠다를 제시하는 First Mover로 도약하였습니다.

주도적으로 새로운 질서를 창조하는 시대를 우리가 열었다는 것은 정말 놀라운 일이 아닐 수 없습니다. 다시 한번 자랑스러운 선택과 성취를 보여주신 K-water 동료 여러분에게 존경과 감사의 마음을 표합니다.

자랑스러운 K-water 동료 여러분!

이 모든 성취와 도약이 가능했던 것은 변화와 혁신을 기꺼이 수용한 여러분들의 위대한 결단과 각오가 있었기 때문입니다.

모두 잘 알고 계신 것처럼, K-water는 성공한 경험이 풍부한 기업입니다. 역사의 마디마다 주어진 과업을 완수했습니다. 하지만 우리는 현재에 만족하거나 자만하지 않았습니다.

기존의 방식대로 가는 쉬운 길이 있지만, 그 길을 가지 않았습니다. 우리는 시선을 과거가 아닌 미래로 던졌습니다. 그동안의 방식으로는 풀리지 않는 문제들이 물밀듯이 발생하고, 시대 전환이 너무 빠르다는 사실을 잘 알고 있었기 때문입니다.

모두가 뉴노멀의 시대라 하지 않았습니까?

이것은 고정된 것이 사라졌음을 의미합니다. 세계는 매순간 변하고 날마다 새로워져야 하기에 변화와 혁신의 과정 그 자체가 가장 중요한 목표가 되었습니다. 경직되고 일사불란한 시스템으로는 이러한 목표를 따라잡을 수 없다는 것은 이제 자명한 사실입니다.

그래서 우리는 지난 3년간 민첩하고 유연하며 수평적인 조직으로 거듭나는 길을 선택했습니다. 시시각각 변화하는 환경에 대응하여 스스로 개념을 설계하고 정의를 내리는 조직이 되고자 노력했습니다.

익숙하고 획일적인 생각과 관성을 벗어나 다양한 생각과 가치들이 경합하고, 기업의 정체성과 지향점을 함께 만들기 위해 소통에 힘을 모았습니다.

제가 취임사를 통해 밝혔듯이 '세이공청洗耳恭聽'은 가장 중요한 경영원리였습니다.

무엇보다 소통을 제일 중요하게 생각했습니다. 소통만이 서로의 마음을 드러내고 차이와 다름을 수용할 수 있는 조직문화로 나가는 유일한 통로이기 때문입니다.

다면평가와 톡톡수렴 등은 소통을 위한 방편이었습니다. 다면평가는 우리가 지향하는 가치와 목표에 대해 스스로 정의를 내려보자는 도전이었습니다.

또한 변화된 근무 환경에 따라 조직의 공정과 신뢰를 높여보자는 의지의 표현이기도 합니다. 다면평가를 통해 서로 응시하고 점검하며 평가하는 과정을 거쳤습니다. 무엇이 유익하고 공정하며 합당하고 아름다운지에 대한 우리만의 가치와 기준을 형성하고 합의하는 내적인 힘을 키우기 위해 노력했습니다.

톡톡수렴은 침묵하는 다수를 끌어내는 무대였습니다. 부정적으로 의견과 감정을 배출하는 것이 아니라 긍정적이고 생산적으로 조직의 에너지를 전환한 성과이기도 합니다.

또한 기업 운영에 있어 경영진 못지않게 직원들의 목소리도 중요하다는 사실을 알려준 기회였다고 자부합니다. 익숙하지 않은 제도인 만큼 불편한 부분도 있었습니다. 하지만 확실한 변화와 성과를 이뤄야 하는 중요한 시기이기에 여러분은 기꺼이 소통에 나섰습니다.

덕분에 우리는 보다 효과적으로 시대의 흐름을 조직에 반영하고, 모두가 동등하고 의미 있는 동료로서 함께 설 수 있는 토대를 마련할 수 있었다고 생각합니다. 그동안 실천해 온 우리의 소통 경험을 바로미터 삼아 더 나은 조직으로 진화하시길 기대합니다.

존경하는 K-water 동료 여러분!

기업을 경영하는 리더로서 직원들의 마음을 읽기 위해 부단히 노력했습니다. 취임 후 '수탈지순'이라는 이야기를 들은 후부터 이러한 저의 마음은 더욱 절실해졌습니다.

다들 알다시피 '수탈지순'이란 "수자원공사를 탈출하는 것은 지능순서"라는 의미이지요. 그 이야기를 듣고 저는 마음이 무척 아팠습니다. 얼마나 조직에 대해 답답했으면 이런 이야기가 나왔을지 가늠하기 어려웠습니다. 이 생각을 바꾸고 싶었습니다.

단언컨대 K-water는 충분히 자신감을 가져도 좋을 정도로 훌륭한 조직입니다. 정부에서도 우리를 훌륭한 기업으로 손꼽고 있습니다. 2년 연속 공기업 평가에 1등을 할 정도로 K-water는 탁월한 기업입니다.

정부가 K-water를 최고의 공기업으로 인정한 것은, 지금까지 우리가 이뤄온 성과와 현재 시도하고 있는 미래를 향한 도전이 틀리지 않았다는 것을 확인해 주는 증거입니다.

물의 가치를 발견하고 높이는 것은 굉장히 중요하며, 한 사회의 생존과 번영을 위해서는 반드시 누군가는 해야만 하는 뜻깊은 일입니다. 그래서 우리가 하는 일은 단순히 돈벌이를 위한 직업이라는 의미를 초월하고 있습니다.

국가의 경제를 일구고, 국민의 행복을 증진시키며, 우리 공동체 나아가 세계 공동체의 번영을 꾀하는 의미 있는 직업입니다. 특히 기후위기 시대에 K-water는 세계의 물, 에네지, 도시 문제를 해결하는 글로벌 기업이자 세계 공영을 이루는 더 큰 존재로 성장할 것이 분명합니다.

이러한 사실을 떠올릴 때마다 저 자신이 K-water의 구성원이라는 생각에 가슴이 뜨거워집니다.

저에게 있어 지난 3년은 K-water 구성원들과 함께 큰 꿈을 현실로 만들어간, 정말로 벅차고 영광스러운 순간이었습니다. 저를 더 의미 있는 존재로 만들어준 시간이기도 합니다.

여러분도 저와 다르지 않다고 생각합니다. 저의 임기는 순간이지만, 여러분은 일생을 걸고 수자원공사와 함께 해온 분들입니다. 저보다 더 많은 열정과 애정이 가득할 것으로 확신합니다. 누구보다 더 큰 자부심을 품고 K-water를 세계에서 가장 탁월한 기업, World Top! K-water로 이끌어 주시길 당부드립니다.

이제 여러분과 함께한 여정을 마칠 시간이 된 것 같습니다.

한 사람의 존재는 만나는 이들과의 인연으로 구성된다고 합니다. 내 안에는 나만 있는 게 아니라 희로애락을 함께 한 여러분들의 흔적이 함께 쌓여 있는 것 같습니다.

덕분에 취임할 때는 혼자였지만, 퇴임할 때는 혼자가 아니라 동료 여러분과 함께라 생각합니다. 부족한 저에게 따뜻한 배려와 믿음을 주시고 힘을 몰아주신 여러분에게 큰 빚과 고마움을 지고 떠납니다.

아름답고 훌륭한 여러분과 맺은 인연을 소중히 간직하겠습니다.

언제 어디에 있더라도 K-water와 여러분의 앞날에 영광이 가득하기를 응원하겠습니다.

지금까지 그래오셨던 것처럼 '바람을 거슬러 나는 새처럼, 물살을 거슬러 오르는 물고기처럼' 힘찬 비상이 언제나 함께하시길 기원합니다. 감사합니다.

—퇴임사(2023.2.27.)

2022 K-water

03
CHAPTER

똑똑한 미래 도시, 스마트 시티

앞으로 10년, 50년 후의 미래 도시는 어떤 세상이 펼쳐질까?

인공지능과 로봇과 사람들이 함께 어우러져 살아가고,

우리가 버린 쓰레기를 스마트발전소가 탄소 제로의

신재생에너지를 만들고,

도로에는 자율주행차가 다니고,

하늘에는 드론카가 날아다녀 교통 체증이 없고,

스마트 식물공장 스마트팜에서는 인공지능이

신선한 채소를 키워주니 땅이 부족해

농사를 지을 수 없다는 걱정이 사라져

더욱 똑똑하게 윤택한 삶을 살아갈 수 있다.

나는 스마트 시티에 산다

전 세계의 도심은 인구가 계속 증가하면서 그 어느 때보다 많은 요구 사항과 복잡성 높은 과제에 직면한 현대사회는 빠른 변화와 혁신의 시대를 맞이하고 있다.

따라서 중앙정부와 지방정부 도시 관리자와 경영자는 세상이 디지털화 되어 가는 환경에서 주민과 기업에 빠르고 효과적이며, 비용 효율적인 서비스를 제공해야 한다는 압박을 받고 있다.

이러한 요구를 충족하기 위해 전 세계의 도시는 디지털 변환을 가속화하여 안전하고 안정적인 커넥티드 서비스를 제공하기 위해 노력하고 있다. 주민의 안전을 유지하고, 중요한 서비스를 제공하고, 삶의 질을 개선하고, 경제성장을 지원할 책임도 져야 한다.

무엇보다도 가장 중요한 것은 도시 정부가 물, 전기, 도로 및 교량, 교통 신호등, 대중교통 등 도시를 운영하는 인프라를 계속 지원해야 하는 스마트 시티는 거주하고 일하기에 가장 이상적인 장소로 빠르게 변모하고 있는 미래의 도시이다.

이처럼 전 세계적으로도 스마트 시티가 유행하면서 뉴스에 자주 등장하고, 세계 도시들과 정부 부처들이 이 스마트 시티에 관심을 갖고 투자하고 있는 스마트 시티에 대해 우리는 얼마나 알고 있을까?

'스마트 시티'란, 4차 산업혁명 시대의 혁신기술을 활용한 미래의 도시를 말한다. 도시 속에서 유발되는 교통 문제, 환경 문제, 주거 문제, 시설 비효율 등을 해결하여 삶의 질을 높여 시민들이 편리하고 쾌적한 삶을 누릴 수 있도록 하고, 도시 인프라와 접근성 개선, 정부 기관 서비스 현대화를 통해 도시의 지속가능성을 촉진, 경제 개발을 가속화하기 위해 첨단 정보통신기술(ICT) 등 다양한 디지털 기술을 사용하는 똑똑한 도시를 말한다.

 '사람'이 중심이 되는 스마트 시티는 인간을 행복하게 하는 도시로, 첨단 정보통신기술로 도시 곳곳에서 다양한 유형의 데이터 수집 센서로 정보를 취득해 이를 효율적인 실시간 서비스를 제공하는 기술 적용은 도시의 문제를 해소할 수 있을 뿐만 아니라 4차 산업혁명의 새로운 성장동력 대안으로 떠오르며 세계 각국에서 스마트 시티 구축에 나서고 있다.

 이러한 많은 스마트 시티의 정부는 IoT(사물인터넷), 클라우드 컴퓨팅, AI(인공지능), AR(증강현실), 에지, 블록체인 및 기타 최첨단 스마트 시티 솔루션의 조합을 활용하여 새로운 산업을 육성하기 위한 플랫폼이다.

 이러한 환경에서 스마트 시티는 미래 도시의 핵심으로 떠오르고 있다. 안전하고 지속가능한 환경을 조성하며, 생활의 편의성을 높이는 도시개발 모델이다. 이러한 미래 도시를 만들기 위해 다양한 소프트웨어(SW) 기술이 스마트 시티의 발전을 촉진하고 있다.

 그럼, 앞으로 10년, 50년 후의 미래 도시는 어떤 세상이 펼쳐질까?

 인공지능과 로봇과 사람들이 함께 어우러져 살아가고, 우리가 버린 쓰레기를 스마트발전소가 탄소 제로의 신재생에너지를 만들고, 도로에는 자율주행차가 다니고 하늘에는 드론카가 날아다녀 교통 체증이 없고, 스마트 식물공장 스마트팜에서는 인공지능이 신선한 채소를 키워주니 땅이 부족해 농사를 지을 수 없다는 걱정이 사라져 더욱 똑똑하게 윤택한 삶을 살아갈 수 있다.

또 도로 옆 가로등은 사람과 사물의 움직임, 시간대별 밝기 및 통행량을 감지해 자동 또는 원격으로 밝기와 동작을 제어하고, 병원에서는 도시 내 모든 병원이 네트워크로 연결되어 진료 가능 시간, 전문 의료진 상황, 예상 대기시간 등을 관리하는 플랫폼을 통해 신속하게 의료정보를 제공받을 수 있다.

또 미세먼지 모니터링 장비 제어시스템으로 공기 질이 건강하게 관리되고, 하늘에서는 에어 택시가 날아다니고 드론이 택배 물품을 가져다준다. 마치 공상과학 영화 속에나 존재할 것 같은 스마트 시티 이야기가 현실로 다가오고 있는 것이다.

그럼 스마트 시티는 과연 어떤 모습으로 우리에게 다가올까? 얼마나 똑똑하길래 '스마트' 시티일까? 우리가 주인공이 되는 스마트 시티, 미래의 내 스마트 시티의 하루는 어떨까? 내 삶을 바꾸는 2030년 미래 도시를 가보자.

미래 도시의 삶

2030년 어느 날 오전 7시 30분. 서울에 살고 있는 나는 무인전기 자동차로 출근을 한다. 온난화의 주범인 탄소배출 없이 한 번 충전으로 장거리 운전이 가능하며, GPS시스템과 관성항법장치 등이 차량의 위치를 확인하고, 레이저 레인지 파인더 장치로 주변 사물들의 위치와 거리를 확인하면서 안전하게 거리를 주행한다.

스마트 도시 정보시스템에 접속하여 실시간 교통정보를 확인하면서 시속 160km 주행이 가능한 미래지능형 고속도로 시스템 스마트

출처: 사람과 도시가 함께 성장하는 공간, 스마트 시티-수자원공사 공식블로그

하이웨이를 이용한다.

오전 8시 50분. 회사 로비에서 목에 건 사원증 대신 손목에 이식한 생체 ID카드로 신원 확인과 동시에 출근 기록을 자동 저장한 뒤 사무실로 올라간다. 생체 ID카드를 이용하면 신분 도용이나 분실의 위험이 없고 위조가 불가능해 범죄에 악용될 우려가 없으며, 실종이나 유괴시 생체 ID카드 위치를 추적해 범죄를 차단 및 예방을 할 수 있다.

오전 10시. 미국 거래처 바이어와 홀로그램 영상회의를 통해 계약 진행한다.

바이어와의 홀로그램 영상회의를 통해 직접 미팅을 하는 생생한 현장감을 느낀다. 의견 조율을 위해 실시간 번역 기술을 활용하여 언어의 장벽 없이 회의가 가능한 웨어러블 디바이스Wearable Device 손으로 쥐지 않고도 신체에 밀착해 사용자의 정보를 실시간으로 데이터화 하고 저장·활용할 수 있는 기기)를 통화한다.

오후 12시 10분. 개인의 식성과 체질을 고려한 맞춤형 급식으로 점심을 먹는다. 자신의 건강관리 서버에서 최근 유전자 정보 검사 결과 암 발전 가능, 유전자가 발견되었을 경우 해당 결과는 자동으로 건강관리 서버에 저장이 되며, 어느 식당을 방문하던지 건강관리 프로그램에 따른 맞춤형 식사 제공이 가능하다.

오후 1시 30분. 맛있는 점심을 먹고 달콤한 낮잠을 자기 위해 수면캡슐로 향한다. 빛과 소리의 조합으로 최적의 낮잠을 잘 수 있게 만들어졌으며, 15~20분 정도의 낮잠으로 피로회복이 가능하다. 최근 수면의 모든 단계를 포함하여 약 2시간 낮잠이 인간의 몸에 가장 좋다는 연구 결과에 따라 회사에서도 점심시간 이후 낮잠을 권하고 있다.

오후 3시. 국회의원을 뽑는 총선투표를 알리는 메시지 도착하면 생체 인식 투표로 투표를 완료한다. 2030년에는 생체 ID카드를 통한 본인 인증 및 모바일이나 웨어러블 기기로 시간과 장소에 구애받지 않고 투표가 가능하기에 직접 투표소에 갈 필요가 없다.

오후 6시. 가상현실 퇴근을 한 후 평소 좋아하던 비틀즈의 홀로그램 콘서트를 즐기기 위해 이동한다. 가상현실과 홀로그램 재생 기술이 발달해 죽은 사람들까지 완벽히 복원되어 실제 공연을 보는 듯한 체험이 가능해졌기 때문이다.

오후 9시 30분. 집으로 돌아오는 길에는 24시간 방범 정찰을 다니는 무인 드론이 있어 범죄 예방은 물론 응급상황 시 신속한 조치를 받을 수 있다.

오후 10시. 프랑스 파리로의 장거리 여름휴가 계획을 세운다. 진공 상태의 튜브 속을 시속 3,000㎞ 이상으로 달리는 진공 튜브 열차로 이동할지, 마하 10의 속도를 내며 지구 어디든 2시간 안에 갈 수 있는 극초음속 비행기로 이동할지, 아니면 돈을 조금 더 모아 지구 궤도까지 다녀오는 개인 우주 비행을 떠날 것인지를 고민한다.

* 이 글은 「2030 미래 도시를 가다!」에서 발췌 정리함(디자인그룹아침: https://blog.naver.com/ d_achim/222073586577).

우리나라도 국민 삶의 질 향상을 위한 미래 도시 선도모델을 만들고, 창의적 비즈니스 중심의 혁신산업 생태계를 조성하고자 '스마트 시티 국가 시범도시' 사업을 추진하고, 2018년 부산EDC를 사업 대상지로 지정했다.

물관리와 도시개발 분야 역량과 경험을 보유한 K-water는 첨단 기술을 활용한 자연친화적 개발을 수변도시 조성의 목표로 설정하고, '물로 특화된 스마트 시티 모델'을 세계로 확산할 첫걸음을 부산 EDC에서 떼었다. 사람, 자연 그리고 기술이 공존하는 우리나라 최초의 친환경 수변도시 부산EDC. K-water의 과거 56년 역량과 미래 100년 기술을 담아낼 부산EDC가 대한민국의 미래 도시의 표본이 될 것이다.

K-water는 물 분야 글로벌 리딩기업으로서 K-water의 정책·기술적 노력이 국내에 한정되지 않고, 진정한 의미의 '친수도시' 모델인 '물로 특화된 스마트 시티 조성'과 함께 미래성장과 해외 진출의 동력을 확보하기 위해 물로 특화되고 기후위기에 강한 K-water형 도시 모델을 정립함으로써 미래 수변도시의 글로벌 스탠더드 선점에 한 걸음 더 다가섰다.

기후위기의 해법 '기후환경 탄력도시'

도시는 인간의 가장 위대한 발명품이다. 최초의 도시 우루크Uruk

를 시작으로 로마, 런던, 뉴욕에 이르기까지 인류는 도시를 통해 재난에 맞서고 성장했다. 18세기에는 화석연료에 기반한 새로운 유형의 도시가 출현했다. 에너지 혁명으로 도시 규모와 인구는 폭증했고 유례없는 수준의 생산과 소비가 일었다.

그러나 산업화 후 막대한 양의 탄소 배출로 도시는 기후위기의 가해자가 됐다. 유엔에 따르면 도시는 전 세계 면적의 2%이지만 에너지의 66%를 소비하고 전체 탄소배출량의 75%를 내뿜는다. 그 결과 도시는 기후변화의 피해자가 됐다. 온난화로 상승한 해수면이 도시를 위협하고, 폭염 등 재해의 강도는 심해지고 있다.

우리나라도 예외가 아니다. 국민 90% 이상이 도시에 살고, 압축성장으로 탄소 배출은 급증했다. 도시화로 인한 불투수면적도 늘었다. 이는 열섬현상과 물 재해의 원인이 된다. 패러다임 전환 없이 도시는 지속할 수 없다. 기후·환경 변화에 강한 도시로 전환해야 한다.

이에 K-water는 정부 정책에 따라 물-에너지-도시 기술이 접목된 '기후환경 탄력도시'를 특화하고 있다. 디지털과 물특화기술을 융합한 스마트그린도시와 탄소중립그린도시, 스마트 시티 조성으로 도시의 녹색전환 해법을 모색 중이다.

그린도시는 도시 회복력을 위한 출발점이다. 온실가스 배출 분석과 도심 정화 및 녹지화, 생태 복원에 이르기까지 스마트 기술을 적용해 기존 도시를 그린 인프라로 전환하고 있다. 특히 홍수와 빗물 관리 등에는 스마트물관리가 활용된다. 향후 그린도시에 적용된 다양한 스마트 기술들은 현재의 도심을 물과 자원이 순환하는 녹색 공간으로 변화시키는 마중물이 될 것이다.

물순환을 중심에 둔 도시 전환은 중요하다. 도시는 불투수면적 증가와 열섬효과로 주변보다 기온이 높고, 수분 증발과 사막화 등 각종 환경리스크에 취약하다. 물순환을 중심으로 현재 도시를 점검하고 재배치해야 쾌적한 삶을 지킬 수 있다.

부산에코델타시티 내에 조성 중인 스마트 시티는 물순환 도시의 해답이다. 강우-하천-정수 과정에 K-water 고유의 스마트물관리 기술이 적용되며, 강우레이더를 활용한 홍수 예측과 도시물재해관리시스템, 저영향개발 등 물특화기술이 총망라된다. 또한 수열 등을 활용해 100% 에너지 자립을 이루는 새로운 유형의 도시로 탄생하게 된다.

물과 자원이 순환할 때 도시는 기후위기 가해자라는 오명에서 벗어날 수 있다. '기후환경 탄력도시'의 성공적 조성으로 새로운 미래를 열어가야겠다.

스마트 시티의 혁신성장,
디지털플랫폼, 디지털 트윈

    정부는 4차 산업혁명에 선제적으로 대응하고 미래를 위한 신성장 동력 발굴을 위해 8대 혁신성장 선도사업 중 하나로 스마트 시티를 선정(2017.12)했다. 이러한 미래사회 변화 트렌드 배경의 국·내외 여건으로 세 가지를 꼽고 있다.

    첫 번째로 '저출산·고령화 심화, 저성장·공유경제 등 산업구조 변화' 인구·경제의 문제이다. 저출산·고령화로 인해 2028년 이후 총 인구감소 등 인구증가가 둔화되어 대규모 개발 수요 감소로 도시 쇠퇴의 원인을 들고 있다.

    '제3차 스마트 도시 종합계획(2019~2023, 국토교통부)에 따르면, 2040년 기준 거주지역 중 인구감소지역 52.9%, 인구증가지역 29.8% 전망하면서 인구감소는 생활 인프라 수요 감소로 이어지고, 공급이 줄어들면서 생활사막Life Desert으로 고착화된다는 것이다. 따라서 저성장 추세는 신규 투자 감소 및 인프라의 노후화를 초래하고, 공유경제 등 새로운 패러다임으로의 이행을 촉진하고 있다.

    두 번째는 기후·환경의 변화이다. '기후변화 및 환경오염으로 지속가능한 도시모델에 관심'이 높아지고 있다는 사실을 여건으로 들고 있다.

    지구온난화 등 기후변화로 도시홍수 같은 재난·재해의 위험성이 점차 증가하는 가운데, 미세먼지 등 환경 문제도 국민 안전을 크게 위협하는 요소로 작용하고 있다. 또한 지구온난화의 주원인인 온실가스의 80%는 도시에서 발생하고 있다. 특히 교통·주택 등 도시 생활과 관련된 부문이 전체 온실가스 배출의 절반 가까이를 차지하고 있다. 이에 유럽 등 선진국은 노후화와 기후변화에 대응하는 지속가능 모델인 스마트 시티 활용을 들고 있다.

세 번째는 4차 산업혁명으로 초연결·지능사회가 출현하면서 신산업으로 대두하고 있다는 것이다. 빅데이터와 인공지능, IoT, 모바일, 네트워크, 블록체인 등 디지털 기술이 경제·사회 전반에 융합되어 도시 내 초연결 및 초지능화의 가속화를 들고 있다.

주거·이동·경제활동 등에서도 유연성과 연계성, 지능화 확대 전망에 따라 자율자동차, 지능형 로봇, 드론, 신재생에너지, 수소경제 등 다양한 신산업이 출현하고 산업구조 혁신과 함께 일자리 수요도 변화하고 있다. 즉 자동화·지능화로 단순 제조업 일자리는 줄고 창의적이고 고숙련의 일자리가 늘어날 전망이다.

이러한 미래 도시, 스마트 시티는 도시 혁신을 위한 새로운 모델이다. ICT 기술을 활용하여 도시의 문제를 해결하고, 미래 혁신성장의 원동력으로 4차 산업혁명에 대한 선제적 대응으로 주목받고 있다.

우리는 이미 혁신적인 기술의 발전과 함께 새로운 삶의 형태를 경험하고 있다. 이러한 기술이 발전하면서 도시들은 더욱 혁신적이고 지능적인 형태로 변화하고 있다.

스마트 시티는 도시 전반에 걸쳐 인터넷으로 연결된 센서 네트워크는 우리의 환경과 상호작용하여 보다 효율적인 에너지 사용과 교통의 흐름 및 공공시설 관리 등을 가능하게 해 주었다.

인공지능, 빅데이터, 사물인터넷 등의 기술은 지능적이고 효율적인 도시 인프라의 구축은 우리의 삶을 보다 편리하고 효율적으로 만들어 주는 혁신적인 변화이며, 앞으로의 도시개발에 있어서 지속가능한 환경을 추구하는 미래 도시는 지금 살고 있는 도시와는 완전히 다른 새로운 모습이 된다.

이 스마트 시티는 모든 상황을 고려하여 다양한 유형의 전자 데이터 수집 센서를 사용하여 자산과 자원 등을 효율적으로 관리하는데 필요한 정보를 제공하는 도시 지역을 의미한다.

정보통신기술을 이용하여 도시에서 발생할 수 있는 교통 문제, 주거 문제, 환경 문제, 시설 문제 등 비효율적인 부분을 해결하고 시민들이 보다 편리하고 쾌적하게 삶을 누리는데 모든 중점을 맞춘 똑똑한 도시다.

이 똑똑한 도시에 첨단정보통신기술을 접목하여 도시 문제를 해결하고 삶의 질을 높이며, 지속가능성 등을 추구하는 스마트 시티의 핵심 기술이 바로 디지털 트윈이다.

디지털 트윈Digital Twin은 현실공간을 그대로 재현해 내서 시뮬레이션화 할 수 있게 만든 데이터 공간이다. 현실 세계의 물리적인 개체나 프로세스를 디지털적으로 모델링하고 시뮬레이션 하는 개념이다.

스마트 시티에서 디지털 트윈의 역할은 일반적인 디지털 트윈과 달리 스마트 시티의 디지털 트윈은 3차원 공간 정보일 뿐만 아니라 살아 움직이는 도시를 반영할 수 있어야 하므로 세 가지 측면의 역할이 필요하다.

스마트 시티의 핵심 공통 플랫폼으로서 디지털 트윈은 기술자, 시민 등의 이해관계자가 함께 논의할 수 있고, 시설물의 현황, 교통 상황 등을 모니터링하고 통제할 수 있을 뿐 아니라 현실과 동일한 3D 모델링을 기반으로 축적된 데이터를 통해 현실의 데이터를 가상공간에서 분석·시뮬레이션, 예측함으로써 스마트 시티 운영의 의사결정 오류를 최소화하고, 그 결과를 피드백하여 스마트 시티의 문제를 해결하는 기술이다.

다시 말해 현실 세계와 디지털 세계 간 거의 실시간에 가까운 종합적인 연결을 제공하는 데 있다. 지속적으로 수집되는 데이터를 디지털 트윈으로 전송하고 실시간 분석을 수행하여 비즈니스 프로세스를 최적화한다.

주로 인공지능, 사물인터넷(IoT), 데이터 분석, 컴퓨터 모델링 등의 기술을 사용해 구현되는 디지털 트윈은 물리적 개체나 프로세스의 상태를 실시간으로 모니터링하고, 문제를 예측하고 해결하기 위한 도구로 사용하는 등 다양한 분야에서 활용되고 있다.

제조업의 경우, 제품을 생산하거나 설비를 운영하는 동안 실제 시스템을 디지털 트윈으로 복제하여 생산과정을 최적화하고 유지 보수를 예측할 수 있다. 또한 도시계획에서는 도시의 인프라와 교통 시스템을 디지털 트윈으로 만들어 도시의 효율성을 향상시키고, 환경 문제를 해결하기 위해 사용될 수 있다.

사실 디지털 트윈은 2002년 미시간대학교의 마이클 크리브스 교수가 이 용어를 처음 사용해 개념적으로만 존재하다가 2016년 GE가 현실과 가상이 연결된 디지털 트윈을 실현하면서 이슈화가 되었다.

우리나라의 경우는 '2018년 대한민국 혁신성장 보고대회'에서, 대통령 직속 '4차 산업혁명위원회' 산하 '스마트시티 특별위원회' 스마트 시티 국가 시범도시인 부산에코델타시티 등에 대한 추진 현황을 보고하면서 시민과 기업, 전문가 참여를 촉진하기 위한 가상도시인 '디지털 트윈'의 중요성을 강조했다.

그리고 2020년 발표한 '한국판 뉴딜 종합계획'에서 디지털 트윈을 10대 대표 과제 중 하나로 선정하고, 2021년에는 '디지털 트윈'을 체계적으로 더욱 발전시키기 위한 활성화 전략을 발표했다 이 활성화 전략에는 '디지털 트윈' 기술이 어떤 영역에서, 어떻게 활용될 수 있는지를 밝혔다.

성공적인 디지털 트윈을 위해서는 대상에 대한 3D 모델링, 현실 데이터의 수집, 수집된 데이터의 분석, 분석 결과에 기반한 현실제어 방법이 필요하다.

3D 모델링 기법의 발전으로 대상에 대한 모델링이 가능하고, IoT의 발전으로 현실 데이터의 실시간 수집과 제공, 빅데이터와 인공지능 등의 기술은 수집된 데이터를 더욱 고도화하여 분석할 수 있는 환경을 제공해야 한다.

우리가 공상과학 영화에서 체험했던 것처럼, 가상의 공간에서 실제 공간에서 상호작용하게 되면 점차 공간의 용도는 복합적으로 융합된다.

집에서도 안경을 쓰거나 특정 디바이스를 활용하면 다른 공간에 간 것 같은 느낌이 들 수 있다. 이로 인해 주거나 상업, 업무 등의 기존 용도 개념은 점차 혼재될 것이고, 집이라는 공간이 때로는 상업 공간, 업무 공간, 녹지 공간으로 변화하게 된다.

다가오는 미래 공간 디지털 트윈 시대는 운전자가 없는 자동차를 타고, 로봇이 배달해 주는 음식을 먹고, 가로등이 나를 보고 밝아지는가 하면 세탁기가 말을 듣고 세탁하는 것이 더 이상 공상과학 속의 이야기가 아니다.

미래를 향한 새로운 기술은 끊임없이 쏟아지고 지속적으로 진화하고 있지만, 디지털 트윈이 현실 세계의 현재 상태를 반영하도록 지속적으로 업데이트해 인간의 의사결정을 지원하거나 의사결정을 자동화할 수 있는 그 데이터를 비즈니스 규칙, 최적화 알고리즘 또는 분석 기술과 결합시켜야 한다.

그 대표적인 스마트 시티 모델이 부산의 서쪽에 위치한 에코델타 시티이다. 지난 2018년 '물특화 스마트 시티'라는 컨셉을 가지고 스마트 시티 국가 시범도시로 지정된 후, 2022년 스마트빌리지에 입주가 시작되었다.

도시 중심을 흐르는 세 갈래 물길을 기반으로 수변공간이 가진 잠재력을 활용한 부산 에코델타스마트시티는 국내 유일의 물환경 전문기업인 K-water의 스마트 물관리 특화 기술이 집약된 스마트 시티이다. K-water가 물순환 및 소형 강우레이더 등 수자원 관리를 차별화한 국가 시범도시로, 도시 내 물순환 전 과정(강우-하천-정수-하수-재이용)에 친환경·첨단 스마트물관리 기술을 적용해 기후변화에 대응하는 '한국형 물특화도시모델'이다.

도시에 국지적으로 내리는 비의 양을 실시간으로 분석해 홍수를 사전에 예측·대응하기 위한 최첨단 고정밀소형 강우레이더를 설치·운영하고, 하천의 수위와 수문, 배수시설 등 물관리 인프라를 상시 감시하는 도시 물 재해 통합관리시스템을 운영한다.

아울러 고품질 생활용수를 공급하기 위해 분산형 수직 정수처리 용수공급시스템을 갖추고, 물 공급 전 과정에 실시간으로 수질·수량을 관리할 수 있는 스마트물관리시스템(SWM, Smart Water

Management) 기술을 적용해 실시간으로 수질 정보를 제공하는 소비자 중심의 서비스를 제공한다.

또한 빗물을 땅으로 침투시켜 여과, 저류, 증발산 등을 통해 직접 유출량을 분산형으로 관리하는 저영향개발(LID, Low Impact Development) 기술을 도입해 스마트 시티 내 도로나 공원 등 공공시설 부지 및 건축물에 옥상 녹화, 식생수로, 빗물 조경, 투수성 포장 등 도시 물순환을 회복하기 위한 맞춤형 그린 인프라를 구축함으로써 물순환 도시로 특화한다.

이처럼 K-water는 시대의 대전환에 대응하여 물-에너지-도시가 서로 조화된 넥서스Nexus를 실현해 나가고자 하며, 물과 도시가 결합된 스마트워터시티는 기존의 도시 문제를 해결하는 핵심 열쇠가 되어 스마트 시티의 표준 모델이 되어 가고 있다.

또한 섬진강 유역 디지털 트윈 플랫폼 런칭 행사(2022.3.11.)에서 최첨단 IT 기술을 물관리에 접목한 디지털 중심의 물관리 체계로의 전환 준비를 알렸다. 이러한 세계적 흐름 속에서 K-water는 2021년부터 섬진강 유역을 중심으로 디지털 트윈 물관리플랫폼을 구축하고자 노력했다.

디지털 전환을 통해 의사결정의 속도를 실시간 수준으로 끌어올려 민첩히 대응하고, 판단의 기준도 관리자의 경험이 아닌 데이터에 기반하여 이루어지는 디지털 트윈 물관리플랫폼 '디지털가람 플러스 Digital GARAM+'를 세상에 소개했다.

기존의 물관리 대응체계의 한계를 넘어 기후위기로부터 국민의 안전을 더욱 잘 지킬 수 있는 새로운 토대를 마련한 것이다. 가상 세계에 복제된 섬진강 유역은 현실 세계의 섬진강 유역을 지키는 든든한 쌍둥이가 될 것이라고 확신한다.

이처럼 디지털 트윈은 대전환의 시대를 대비하는 새로운 해법으로 전 세계가 주목하고 있다. 글로벌 기업들은 앞다퉈 다양한 분야의 현장을 가상공간으로 복제하고 있다. 날로 커지는 불확실성에 대응하고 현실에서 발생하는 기회비용을 획기적으로 줄이기 위해서이다.

특히 미국 반도체업체인 엔비디아NVIDIA는 지구 자체를 복제하여 기후위기를 예방하겠다는 포부를 밝히기도 했다.

앞으로 디지털 트윈 물관리플랫폼을 5대강 유역으로 확대하여 국민의 안전을 확보하고, 여기에 더 나아가 민간기업과 핵심 기술의 공동개발을 통해 디지털 물산업 생태계를 조성할 계획이다.

이를 바탕으로 신산업동력을 이끌고 대한민국이 디지털 물산업 분야의 선도국으로 도약할 수 있는 계기를 마련하기 위해서는 물 분야의 디지털 트윈이 대한민국 뉴딜과 환경부의 댐-하천 물관리 정책을 지원하는 성과로 이어질 수 있도록 힘을 모아야 한다.

부울경 메가시티의 중심, 부산에코델타시티, 상상이 현실이 되다!

　세계 4대 문명의 발상지는 모두 큰 강 유역에서 시작되었으며, 인간의 정주환경에는 항상 물이 존재해왔다. 농경문화가 중심이던 때의 하천은 도시의 경제적 기반과 공간적 토대를 제공하는 중요한 역할을 해왔다.

　이처럼 수변공간은 역사적으로 도시의 발전과 문화의 형성을 담당해 온 중요한 도시공간으로 시민들의 일상과 밀접한 관계를 가지고 발전해 왔다. 그러나 우리나라의 경우 수변공간은 치수治水와 이수利水 등 기능적인 목적을 위주로 관리되고 사용되어 왔다. 그러다 보니 친수親水 기능으로의 활용이 부족했고, 접근성이 떨어지면서 도시공간과는 단절되어 왔다.

　근본적으로는 수변공간을 시민들이 사용하고 즐기는 도시공간의 일부로 활용하지 못하고 도시의 경계로 인식해 왔다는 사실이다. 그러나 산업화 시대 이후 현대에 이르러 도시공간에서 멀어진 수변공간은 다양한 도시 문제를 해결할 수 있는 도시 성장의 새로운 동력으로 등장하게 된 것이다.

　이제 기후변화에 대응하기 위해서는 저탄소 녹색도시의 전환과 시민의식 향상으로 인한 공공 공간에 대한 인식 등은 경제성장에 따른 삶의 질 향상에 대한 기대 등 수변공간이 가진 기후적·사회적·경제적 잠재력은 도시공간에서 물과 수변공간의 가치에 대한 새로운 패러다임의 모색을 요구하고 있다.

지속적인 도시화와 급격한 기후의 변화 등으로 교통, 에너지, 사회안전, 환경오염, 수자원, 쓰레기의 증가 등 도시 전반에 걸친 심각한 문제 해결의 한계치에 직면해 있다.

이런 도시 문제로 일자리, 복지, 환경, 안전 문화, 여가 분야의 삶의 질이 점점 저하되어 만족도가 낮아지고 있다. 또한 인구고령화의 가속화로 일부 소도시들이 소멸되어 사라질 위기에 직면해 있다.

이제 4차 산업혁명, 평균수명 증가 및 기후변화가 미치는 영향으로 인해 새로운 변화의 시대가 도래하여 이에 대한 준비가 필요하다. 과거 인프라 확보 중심의 도시 문제 해결 방식에서 벗어나 시민 중심 스마트 서비스를 통한 도시 문제 해결로 패러다임이 전환이 필요하다.

정부는 한계에 이른 도시 문제를 해결하고 지속가능성을 확보하기 위해 공공 주도로 첨단 인프라를 구축하는 사업을 시행하고 있다. 도시의 경제적 발전을 넘어 포용적 성장과 시민 삶의 질을 향상하는 시민 중심의 스마트 시티 조성이다.

이는 세계적으로 스마트 시티의 가치가 높아지고 경쟁적인 투자가 확대되는 가운데 우리나라도 스마트 시티 조성과 확산을 추진하는 중이다.

국내에서 스마트 시티라는 개념은 2000년대 초반 U-CITY(유비쿼터스 도시)라는 이름으로 화성 동탄, 파주 운정, 대전 도안, 인천 송도 등 신도시를 중심으로 시작되었다.

사람들이 스마트 시티에 주목하는 이유는 거주하고 일하기에 좋은

출처: K-water. 부산에코델타시티 상업지구 조성 예시도

장소이기 때문이다. 스마트 시티 지역은 혁신적인 기술을 사용하여 인프라와 서비스를 개선하기 때문에 더 안전한 거리, 더 나은 이동성, 더 짧은 통근 시간, 배출량 감소, 주민 서비스 간소화 및 비즈니스 발전을 제공한다. 이러한 스마트 시티 이점은 도시인구의 삶의 질 향상으로 이어진다.

도시를 효율적으로 관리하고 개선하기 위한 사업으로 최근에는 4차 산업혁명 시대의 혁신기술인 사물인터넷, 빅데이터, 드론, 자율주행차, 머신러닝, 로봇 등을 활용하여 도시의 지속가능성 제고 및 새로운 산업 육성을 위한 플랫폼으로 발전하였다.

2016년 다보스포럼에서 제4차 산업혁명의 개념이 태동한 이후, 스마트 시티는 지속가능한 발전의 실현 방안으로 각광받으며 도시의 '특이점'이 되고 있다. 정부는 국민 삶의 질 향상을 위한 미래 도시 선도모델을 만들고 창의적 비즈니스 중심의 혁신산업 생태계를 조성하고자 '스마트시티 국가시범도시' 사업을 추진하고 2018년 부산EDC를 사업 대상지로 지정했다.

부산에코델타시티(EDC, Eco Delta City)는 낙동강 삼각주의 유구한 역사와 천혜의 수변환경을 바탕으로 사람과 자연이 어우러져 살고 싶은 수변생태도시, 물길을 따라 문화와 즐거움이 있는 국제친수문화도시로 건설된다.

삼각주를 뜻하는 델타는 '서낙동강, 맥도강, 평강천' 세 강이 흐르는 낙동강 하류의 삼각주이다. 계절의 변화에도 안정적인 친수환경을 보여준다.

이처럼 다양한 장점과 최적의 사업 여건과 부산시에서 용지 부족 문제를 해결하고자 '그린벨트 해제 및 물류도시 조성'을 시작하면서 국가 시범도시로 선정되면서 에코델타시티는 출발했다.

물관리와 도시개발 분야 역량과 경험을 보유한 K-water는 '물로 특화된 스마트 시티 모델'을 세계로 확산할 첫걸음을 부산EDC에서 첫 발을 떼었다. 사람, 자연 그리고 기술이 공존하는 우리나라 최초의 친환경 수변도시 부산EDC는 K-water의 역량과 미래 100년 기술을 담아낼 대한민국 미래 도시의 표본이 될 것이다.

K-water의 물-에너지-도시 역량을 접목한 부산EDC는 탄소중립을 이행하고, 도시의 새로운 미래를 만들어 나가는 출발점이 될 것이다.

4차 산업혁명 기술을 기반으로 '스마트워터, 스마트 헬스케어, 지능화된 행정·관리 시스템'으로 미래 도시를 구현한다. 환경과 함께하는 수변생태도시, 글로벌 비즈니스를 위한 미래산업 물류도시로 자연, 사람, 기술이 만나 미래의 생활을 앞당기는 글로벌 혁신성장도시로 나아가는 게 에코델타시티의 비전이다.

'자연과 사람과 첨단기술이 만나 미래의 생활을 앞당기는 글로벌 혁신성장 도시'라는 철학 아래, 4차 산업혁명 기술 육성과 삶의 질 향상을 위한 프로세스, 기술, 거버넌스의 3대 혁신에 공공자율혁신, 헬스케어와 로봇, 수열에너지, 워터에너지사이언스, VR/AR 클러스터 조성을 통해 양질의 일자리 창출로 도시의 경제적 지속가능성 확보한다는 혁신 산업이다.

그리고 시민의 삶에 가치를 더하는 10대 혁신 첨단 서비스를 제공해 미래 도시를 구축한다는 계획이다.

부산 에코델타스마트시티는 4차 산업혁명 기술을 도입해 미래 산업의 메카로 조성한다. 육아·교육·의료 등 일상생활을 지원하기 위해 가정용 비서 로봇, 배송 로봇, 재활 로봇 등 로봇 테스트베드를 제공한다. 로봇 외에도 다양한 혁신 서비스를 제공하기 때문에 시민들은 교육, 문화, 안전, 환경 등에서 균형 있는 혜택을 누릴 수 있다.

로봇 기반 생활 혁신, 배움·일·놀이 융합사회, 도시 행정·관리 지능화, 스마트 워터, 제로 에너지 도시, 스마트 교육&리빙, 스마트 헬스케어, 스마트 모빌리티, 스마트 안전, 스마트 공원 등을 추진해 시민의 삶에 가치를 더할 예정이다.

또한 기존 발주 방식에서 탈피해 민간이 계획 초기부터 운영 단계까지 참여할 수 있도록 민관 협력 체제를 운영한다. 스마트 시티 특수목적법인(SPC)을 설립해 공간 계획과 서비스 로드맵을 바탕으로 향후 15년 이상의 기간 동안 부산 시범 도시의 혁신 서비스 등을 구축해 운영하도록 하고 있다.

K-water 2021년 말에 스마트 시티 리빙랩, 스마트빌리지 56세대를 조성해 시민에게 임대했다. 물, 에너지 특화기술을 집약한 특화단지인 스마트빌리지에 입주한 시민들은 5년간 다양한 프로토타입

제품 등을 직접 사용해 보고 피드백하며, 더 나은 스마트 시티를 조성하는 데 일조하게 된다.

K-water가 국가 시범도시로 추진 중인 부산EDC 스마트 시티에는 도시 물 재해관리시스템과 분산형 고도정수시설, 저영향개발(LID), 수열에너지 등 물특화기술이 총망라되어 있다. 이 기술을 적극적으로 활용한다면 세계 스마트 시티 시장에서 더 차별화된 경쟁력을 확보할 수 있다.

데이터 수집·관리·활용이 자유로운 디지털도시플랫폼, 디지털 트윈을 넘어 현실공간에 데이터가 실시간으로 융합되는 증강도시플랫폼, 로봇 기술을 개발·활용하는 데 최적화된 로봇도시플랫폼을 구축해 신속한 의사결정을 지원하고, 시민에게 혜택이 돌아가는 플랫폼 생태계를 조성해 혁신적이면서 지속적인 미래 도시로 운영한다는 계획이다.

이처럼 4차 산업혁명 관련 기술을 자유롭게 실증 및 접목하고, 혁신산업 생태계를 조성하여 미래 스마트 시티 선도모델을 제시하는 것을 목표로 스마트 시티 국가시범도시 사업인 에코델타시티는 K-water에서 '물로 특화된 스마트 시티 조성'을 앞세우며 대한민국의 새로운 '특이점'을 만들고 있다.

부산에코델타시티는 낙동강하구에 조성되고 있는 수변도시로서 수자원·환경·신재생에너지 등 관련 다양한 혁신기술 도입에 적합하고, 서부산 개발계획 및 동남권 산업 벨트의 중심지로서 향후 주변 지역(울산광역시 및 경남지역)과의 산업 연계 효과가 기대된다.

특히 지난 2018년 지방선거 때 김경수 경남도지사는 부울경 메가 시티 공약을 내걸었다. 부울경을 아우르는 경제권을 구성해 수도권 일극체계를 완화, 국가 균형 발전을 꾀하도록 준비하였다.

이를 위해 동남권 관문 공항으로 '가덕신공항 건설을 위한 특별법'이 제정되기도 하였다. 부산에코델타시티는 부울경 메가시티의 중심이 될 것이며, 특히 부울경 메가시티의 중심이 되어 부울경이 미래 스마트 시티로 확장 발전해 나갈 핵이 될 것이다.

부산에코델타시티 주변에는 건설될 가덕신공항, 김해국제공항, 부산역, 부산항, 부산신항 등이 인접하고 있어 글로벌 기업 유치가 유리하고, 미래 부울경 동서 광역교통의 중심이 될 동해남부선과 연결된 경전선이 에코델타시티를 통과하고 있어 그 발전 가능성은 매우 높으며, 실증이 완료된 스마트 시티 모델은 해외로 수출이 유리할 것이다.

이를 통해 한국형 스마트 시티를 수출할 뿐 아니라 이와 연관된 스마트 시티 부품산업, 디지털 트윈, 플랫폼, 빅데이터 등을 포함하는 스마트 시티 시스템 산업, 스마트 시티 운영 산업 등이 발전하며 우리나라의 새로운 신성장동력을 창출하는 중심이 될 것이다.

부산EDC가 가지는 장점은 첫째, 도시 문제 솔루션 검증을 위한 최적의 테스트베드Test-bed라는 점이다. 낙동강 하류의 고질적 물 문제를 해소할 뿐아니라 친수공간 조성에 필요한 기술 실증에 적합하고, 산업, 주거, 상업, 문화·레저 등 도시 기능이 한 공간에 위치하여 다양한 도시 문제 솔루션을 적용하고 검증할 수 있다는 점이다.

둘째는 다양한 스마트산업 생태계 구축이 용이하다는 점이다.

R&D, 상업시설, 산업단지, 친수문화·레저시설, 교통·물류 인프라 등을 통해 스마트 기술, 제조, 금융, 물류, 관광 및 레저산업 등 다양한 스마트산업 육성이 용이하다.

셋째는 국·내외 스마트 시티 성과 확산에 용이한 최상의 입지 조건을 갖췄다는 점이다. 동북아 국제도시이자 350만 인구를 보유한 부산시에 조성되어 국내 성과 확산에 최적적이며, 국제 비즈니스에 적합한 최상의 인프라를 갖추고 있어 글로벌 성과 확산에 용이하는 점이다.

이러한 점을 활용해 부산에코델타시티는 혁신산업생태계 도시, 친환경물특화도시, 상상이 현실이 되는 스마트디지털시티로 추진한다는 계획이다.

혁신산업생태계 도시는 사업 시행자 중심의 도시 계획에서 탈피하여 혁신기업 육성 및 지원 프로그램을 통해 가능성을 인정받은 기업을 대상으로 부산EDC 스마트 시티 조성 참여 기회를 부여하는 오픈 테크샌드박스의 경쟁 속에서 양질의 스마트 기술과 서비스 구현 및 일자리를 창출한다.

또한 혁신기업을 위해 실험 및 생산 장비, 즉 디지털 기기, 소프트웨어, 3D프린터 등을 지원하는 오픈 팩토리 역할을 담당하게 한다는 전략이다.

친환경 물특화 도시는 수변(세물머리)에 사람과 자연이 연결되도록 거점 휴식공간을 조성하고, 도시와 하천의 연결하는 인공 물길을 조성해 수변공간에 사람이 머물고 문화가 흐르는 도시공간 계획과 연계 및 스마트 물관리 기술 적용을 통해 물순환체계 개선해 수재해를 예방하는 도시를 조성한다는 계획이다.

상상이 현실이 되는 스마트디지털시티는 실제 조성될 전체의 도시공간을 디지털 트윈 가상공간으로 옮겨 계획 단계부터 시민과 전문가가 직접 참여하여 경험과 시뮬레이션 등을 통해 시행착오 없는 도시로 조성한다는 전략이다,

여기에 '사람과 도시가 함께 성장하는 공간'으로 4차 산업혁명, 고

령화, 일자리 부족 등 미래 문제에 대응하는 5대 혁신산업 클러스터를 조성한다.

첫 번째가 부산시 산하·관련 기관이 집적된 공공자율혁신 클러스터, 두 번째가 의료·헬스·연구·주거 기능을 담는 첨단 의료 거점인 헬스케어·로봇 클러스터, 세 번째가 하천수를 활용한 수열에너지 인프라를 제공하는 수열에너지 클러스터, 네 번째가 물·환경·에너지 기술을 접목한 단독주택 단지인 스마트빌리지 클러스터이고, 마지막이 엔터테인먼트·식음료·쇼핑 등 한류 복합문화 공간인 신한류 증강현실·가상현실 클러스터이다.

이처럼 K-water는 50여 년 축적된 물관리 기술을 적용한 K-water형 스마트 시티 사업 모델을 창출하여 지속가능한 미래 신성장동력 확보하고, 타 기관에서 조성하는 스마트 시티 및 도시 재생 뉴딜사업에 물로 특화된 스마트 기술을 반영하기 위한 선제적 기술을 확보하고, 4차 산업혁명과 연계한 물산업 육성, 일자리 창출 및

부산EDC 스마트 시티 스마트빌리지

국민의 삶의 질 향상에 기여하여 사회적 가치를 실현할 것이다.

부산EDC 스마트빌리지에서 체험하는 디지털 트윈 미래 도시

    부산 에코델타스마트시티는 2021년 12월, 스마트빌리지(에코델타스마트시티 첫마을)을 통해 처음 그 모습을 선보였다. 스마트빌리지는 총 56세대로 구성되는 미래형 주거공간인 동시에 다양한 혁신 기술을 적용하고 실증하는 리빙랩이다. 이곳에서 검증된 기술을 도시 전역으로 확대 적용하고, 실증 데이터는 혁신산업생태계 구축을 위한 기초 자료로 제공된다. 이를 기반으로 기존의 도시가 가진 문제를 해결하고, 혁신산업생태계 구축을 위한 마중물 역할도 하게 된다.

    스마트빌리지는 K-water가 50년간 쌓아온 물 기술과 도시 조성 경험 그리고 4차 산업혁명 혁신기술이 유기적으로 융합되었으며, 특히 스마트 물관리, 스마트 에너지관리, 스마트 방재 등 물특화 기술이 적극 도입되어 국가시범 도시를 '물'로 특화된 스마트워터시티로

분산형 스마트 정수장

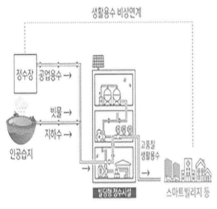

스마트빌리지 제로에너지 하우스

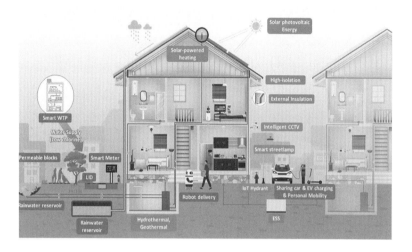

조성하기 위한 기반을 마련한 것으로 평가받고 있다.

먼저, 스마트 물관리 분야는 국내 최초로 신도시 내 분산형 스마트 정수장을 설치하여 주민들에게 안전하고 깨끗한 물을 365일 안정적으로 공급한다. 빗물과 지하수, 공업용수 등 다양한 수원에 최적화된 수처리공법을 도입하여 미래 기후위기와 지역별 물수급 상황에 대비할 수 있는 실증시설도 함께 운영된다.

AI 기술과 디지털 트윈 기술을 적용하여 완전 자율운전이 가능한 미래 정수장 운영모델을 테스트하고, 정수장에서부터 가정의 수도 꼭지까지 물공급 전 과정에 ICT 기술을 접목하여 실시간으로 수량과 수질을 감시관찰함으로써 체계적이고 과학적인 관리가 가능한 스마트물관리(SWM) 기술을 도입하여 운영하게 된다.

스마트 에너지 관리 분야로 스마트빌리지는 세대별 옥상 및 공용부에 태양광 패널을 설치하여 에너지를 스스로 생산하고, 고효율 건

스마트 방재 분야 적용 기술 사례

도심형 강우 예측 레이더	물 재해관리 시스템
도시에 국지적으로 내리는 비의 양을 실시간으로 분석하여 홍수를 사전 예측·대응하기 위한 고정밀 소형 강우레이더 설치·운영	하천 수위, 수문, 배수시설 등 물관리 인프라를 상시 감시하는 도시 물재해 통합 관리 시스템 구축

축 기술을 적용하여 에너지 사용량을 줄이도록 하였다. 또한, 도시 가스 등 화석연료 없이 수열과 지열에너지를 활용하여 냉방, 난방, 급탕 에너지를 공급하는 친환경 저탄소 에너지 자립단지로 조성하였다.

스마트 방재 분야는 고정밀 소형 강우레이더를 통해 국지성 강우를 실시간으로 관측, 분석하고, 하천의 수위와 수문 조작 등 물관리 인프라를 상시 감시할 수 있는 도시 물 재해 대응 시스템을 구축·운영하였한다. 이를 통해 최근 도심 내 국지성 극한강우로 큰 인명과 재산피해를 남겼던 도림천 홍수와 같은 도시의 물 재해를 사전에 예측하여 선제적으로 예방과 대응을 할 수 있도록 하였다.

또한 기후변화로 인한 도시 문제 해결을 위한 최적의 대안으로 주목받고 있는 물순환 기술(LID)을 도로, 공원·녹지, 하천 등 공공시설부지 및 건축물 등 도시 전체에 적용하여 개발 전과 유사한 물순환성을 유지하도록 하였다.

송산그린스마트시티,
미래지향형 복합 관광·레저도시

시화호와 송산그린스마트시티

K-water는 1987년 착공해 1994년 시화방조제를 완성하였다. 간척을 통해 830만 평의 공단부지와 5300만 평 농지를 만들고, 이를 위한 담수호를 조성하기 위한 목적이었다.

이후 안산·시흥시의 도심과 공업지구를 조성하였고, 송산그린시티는 주거와 레저, 문화가 복합된 미래 지향형 관광·레저도시 조성을 목표로 시화호 남측 간석지에 조성되는 신도시다.

송산그린시티 사업 시행자인 K-water는 오는 2030년까지 송산그린시티를 '주거와 레저, 문화가 복합된 미래 지향형 관광·레저도시', '물, 자연 그리고 사람이 공존하는 생태도시', '시화호를 활용한 아름다운 수상도시'로 조성할 계획이다.

6만 가구에 인구 15만 명 규모로 공동주택과 함께 마린리조트(해양 휴양지), 테마파크, 골프장, 에듀타운 등이 들어설 예정이다. 송산그린시티는 산학연계, 창업, 연구 등의 산실로서 화성시 서부권 테크노 폴의 거점이다.

수도권 대규모 스마트 시티로 영종국제공항과 함께 스마트 인프라 구축과 풍부한 휴식 공간을 확보한 미래지향적 도시로 조성해 일자리를 창출할 수 있는 산업단지와 테마파크로 조성할 계획이다.

기후위기와 도시 적응, 물순환 도시

기후위기 극복과 탄소중립 달성을 위한 '건전한 물순환 체계 구축'을 위한 '국회물포럼-한국물순환협회 토론회'(2021.12.17)에서 K-water의 물특화 기술을 부산에코델타스마트시티, 송산그린시티에 적용하여 도시의 물 공급 전 과정을 총괄·관리하는 스마트워터시티 사업을 내실 있게 수행할 예정이라고 밝혔다.

오늘날 우리는 기후변화라는 유례없는 위기에 직면해 있을 뿐 아니라 한 번도 경험하지 못했던 기후위기로 인해 인류 문명의 전반을 위협하는 수준에 이르렀고, 현대인의 삶의 터전인 도시공간도 안심할 수 없게 되었다. 이상기후와 그로 인한 환경 변화는 산업화와 효율화, 인간 중심으로 설계된 도시공간의 지속가능한 적응을 위한 새로운 전환을 요구하고 있다.

최근에는 홍수와 가뭄의 빈도가 급증하면서 전 세계는 위태로운 상황을 맞이하고 있다. 특히 도시지역은 개발에 따른 불투수면적의 증가로 물순환 구조가 왜곡되면서 그 피해는 날로 커지고 있다.

물순환에 어려움을 겪으며 도시는 폭염과 국지성 집중호우에 더욱 취약한 공간이 되고 있다. 물이 지반에 스며들지 못하여 내수 침수 피해와 지하수위 저하, 하천의 건천화 등 다양한 문제가 발생하고 있다.

기후위기로부터 지속가능한 삶과 안전을 지켜내려면 도시는 다시 탄생해야 한다. 자연과 인간의 균형을 회복하고, 환경과 도시가 조화를 이루는 새로운 관계로 나가야 할 때이다.

이를 위해 K-water는 '부산에코델타시티 스마트 시티'와 '송산그린시티' 등 물순환 특화 도시의 조성과 기존 도시의 물순환 회복을 위해 다양한 노력을 기울여 왔다.

지속가능한 물 이용과 자원화를 선도하는 물로 행복한 도시를 그리는 시화지구 송산그린시티(경기 화성시 송산면 일원)는 생태환경과 관광·레저, 주거가 어우러진 친환경 복합 도시로 2030년까지 완공할 예정이다.

　특히 저영향개발(LID) 기법을 적용해 물로 행복한 도시 건설을 목표로 하고 있다. LID 기반의 자연형 시설을 계획하고 있을 뿐 아니라 물 확보와 재이용이 가능한 물순환 에코 도시로 조성 중이다.

　지하수 침투·지체·저류 효과를 극대화하고 우수 발생원을 자체 분산 관리하도록 하며, 자원 확보와 이용을 위해 빗물 이용 특화 시범지구도 계획하고 있다. 아울러 빗물·지하수·하수 재이용 등 수원을 다원화할 수 있도록 설계되었다.

송산그린스마트 시티 조성 방향

　미래에는 가족화·전문화를 바탕으로 한 목적 지향형 관광이 여행의 패턴으로 자리매김할 것이며, 이러한 흐름에 대응하기 위해 단순 경유형이 아닌 체류 지향적인 주거와 레저, 문화가 복합된 미래 지향형 관광·레저도시로 개발이 필요해졌다.

　시화호를 이용한 활동적인 해양 스포츠에서 정적인 자연생태 관찰까지 야외 생활Out Door Life에 대응할 수 있는 다양한 관광·레저 기능을 도입해 물, 자연 그리고 사람이 공존하는 생태도시를 조성할 것이다.

　과거 방조제 건설로 인해 발생한 생태계의 급격한 변화와 같은 환경 관련 문제가 다시 발생하지 않도록 생태환경을 최우선으로 고려한 생태네트워크를 구축하고, 예전의 자연 생태계를 적극적으로 복원함으로 자연생태계와 사람이 공존할 수 있는 도시 계획이다.

출처: K-water. 송산그린시티 도심운하 조성 예시도

또한 시화호를 활용한 아름다운 수상도시를 만들어 풍부한 수자원 환경을 활용해 기존 내륙형 도시와 차별화되고, 수변 휴식과 관광 기능 등 다양한 라이프 스타일Life style을 향유할 수 있는 물을 주제로 한 도시를 건설한다는 계획이다.

도시 내 어디에서든지 접근이 쉽도록 물이 흐르는 가로형 수변공원River Walk을 조성하여, 유체의 흐름을 타고 도시로 들어서는 여유롭고 온화함을 느낄 수 있는 도시 건설이다.

첫째는 주거와 레저, 문화가 복합된 미래 지향형 관광·레저도시이다.

주거와 관광·레저 기능이 자연스럽게 어우러지도록 서측 형도 주변을 마린리조트로, 남측 자동차 성능시험장 인근을 자동차 및 문화 테마파크로, 공룡알 화석지를 생태체험 공간으로 이용함으로써 지속적인 관광·레저 수요 발생을 유도한다.

또한 관광용 소형 선박 운행이 가능하도록 도시를 가로질러 수로를 건설하고, 그 주변을 리버워크로 개발, 레저와 더불어 쇼핑·문화 기능이 복합되도록 계획하여 도시의 활력을 고취하고, 공룡알 화석지는 문화재 관광자원으로, 철새 서식지 및 갈대습지공원은 시화호의 생태환경 보전을 주제로 한 관광자원으로 활용한다.

둘째는 물, 자연 그리고 사람이 공존하는 생태도시이다.

현재의 생태환경을 최대한 보전하고 사업지구 인접 지역 생태계와의 지속적인 교류를 위해 도시 전체를 녹지 축으로 연결하는 생태네트워크 구축해 철새 등 조류 서식 환경 보전을 위해 인간 활동에 의한 간섭이 적은 지역에 대규모 철새 서식지Bird Zone를 조성한다.

또한 기존 육상동물 보호를 위해 육상동물 서식지를 토지이용계획에 반영하며, 그 밖에 개발에 따른 육상동물 이동의 간섭을 최소화할 수 있도록 에코로드Eco-road 등을 도입하며, 친환경적인 도시 생활이 가능한 생태 주거단지 도입, 생활 오수는 고도처리 과정을 거쳐 하천유지용수로 사용하는 등 자원순환형 도시로 만든다.

셋째는 시화호를 활용한 아름다운 수상도시이다.

시화호 수변을 따라 산책로, 인라인 도로 등을 계획하여 여유롭고 아름다운 호반의 도시로 조성한다. 도시를 가로지르는 도심 운하 주변을 리버워크를 조성하여 도시 어디에서든지 접근이 용이하고, 일상생활 속에 물과 공원이 함께 할 수 있도록 계획해 리버워크를 따라 일반상업 기능을 배치하여 노상 카페 등과 같은 주제가 있는 시설이 도입된다.

넷째는 녹색 교통도시이다.

화석연료 소비를 줄일 수 있도록 자동차 중심의 교통시스템을 지양하고, 신교통시스템(BRT) 등 대중교통 중심의 교통 체계를 통한 녹색 교통도시를 만든다. 평지라는 지형적 특성을 살려 보행과 자전거 중심의 도로를 네트워크화해 도시민들이 자전거도로를 지속해서 활용할 수 있도록 자전거 관련 서비스 시설을 자전거도로 주요 지점에 설치한다.

다섯째는 자족도시이다.

마린리조트, 자동차 및 문화 테마파크, 공룡알 화석지 등 관광·레저 기능과 더불어 R&D, 첨단산업 등 연구·개발 기능을 강화하여 자족도시를 만든다. 도시 개발 및 관리의 경제성이 확보되고, 도시의 활력이 창출될 수 있는 범위 내에서 주거 기능을 확보하되 과도한 주거 기능의 도입에 따른 베드타운화를 지양한다.

물-에너지-도시 넥서스

순환 전 과정에 정보통신기술(ICT)과 저영향개발 기법을 적용해 물 공급, 물 재이용, 수질, 수생생태계, 친수공간, 수방재 능력을 최적화한 스마트 물관리 체계를 구현하는 것이다. 이것이 '스마트 워터 시티'이다.

이들 도시와 도시를 연계하면 넓은 영역을 아우르는 '스마트 워터 벨트'로 확장되며, 나아가 유역 차원까지 확장한다면 유역 중심의 통합물관리 완성도와 기후변화 대응력을 한층 높일 수 있을 것이다.

도시 속에서 기후위기 시대 온실가스 저감을 위한 신재생에너지를 중심으로하는 에너지 전환과 극단적인 재해, 재난을 극복하기 위한 적응정책은 '물-에너지-도시 넥서스'로 설명되어질 수 있다.

K-water는 지난 50년간 축적된 물 관련 기술과 도시 조성 노하우를 바탕으로 친환경, 관광, 레저를 콘셉트로 하는 친환경 수변도시를 조성해 오고 있다.

경기도 송산그린시티와 시화 MTV, 부산에코델타시티, 구미 확장단지와 구미 하이테크밸리 등이다.

K-water는 현재 추진 중인 물순환 선도 도시 조성사업을 자연 친화적인 환경 치수治水를 포함하는 사업으로 확장하고, 국정 과제인 스마트 시티 사업과 연계하여 건강한 물순환 서비스를 구현해 나가고 있다. 이것이 바로 '스마트 워터 시티'인 것이다.

나아가 기후변화 대응 및 완화에 적합한 스마트워터시티를 확대하여 도시와 도시를 연계하는 워터벨트, 유역 차원까지 확장하여 지속 가능한 통합물관리의 완성도를 높이고자 한다.

이를 위해서는 기후변화에 최적화된 스마트워터시티의 물관리 솔루션과 글로벌 평가 기준 정립을 통해 국·내외 성과 확산의 기반으로 활용해야 한다.

특히 '부산 에코델타스마트시티'는 최신 스마트 기술을 물 환경, 교통, 친환경에너지, 교육 및 문화시설까지 적용한 최적화된 도시 모델로 국·내외 스마트워터 도시의 표준 플랫폼이 될 수 있다.

스마트워터시티사업은 신남방정책, 남북 수자원 협력 등 해외사업에 적극적으로 참여할 수 있는 국가 신성장동력으로 육성하여야 한다.

이를 위해 '절전지훈折箭之訓'의 가르침으로 정부, 전문가, 시민 모두가 합심하여 건전한 도시 물순환의 체계적 실행과 확산에 집중할 필요가 있으며, 그 중심에서 공기업으로서 K-water가 책임감과 사명감을 가지고 중추적 역할을 다해야 할 것이다.

여기에 더하여 송산 글로벌교육연구센터를 개관(2022.4.28.)했다. 물 분야 교육과 인재 육성의 새로운 시대를 여는 매우 큰 의미로 기후위기 대응을 위한 미래 핵심역량이자 국가 경쟁력의 원천이기 때문이다.

수도권 거점 물환경 전문교육플랫폼으로서 공직자와 국민을 위한 물 교육을 활성화하여 환경의 중요성을 환기시키고, 시화호 조력발전소와 화성정수장 등 현장 학습과 연계한 직무교육 시설로의 역할 수행과 함께 도시 물순환 실증과 물 재이용, 수생태 등 지역 인프라와 연계한 연구를 병행할 수 있게 되었다.

　아울러 인근 주요 대학과 산학연 협력으로 교육 및 연구 기능의 시너지를 창출하고, 더 나아가 지리적 이점을 활용하여 국제 심포지엄과 포럼에 이르기까지 국·내외 중요 행사를 위한 공간 확보 의미도 있다.

　또한 K-water가 역점을 두고 추진하고 있는 유네스코 카테고리 1 국제교육기관을 유치하게 된다면, 송산 글로벌교육연구센터는 세계적인 물 전문교육의 중심지로 도약할 수 있을 것이다.

대구·경북 메가시티와 구미산단

메가시티

"로마의 가도街道는 제국의 동맥이었다. 수도 로마에서 12갈래로 갈라져 출발하는 가도는 추운 북해에서 뜨거운 사하라까지, 대서양에서 유프라테스 강까지 뻗어나가는 동안 375개의 간선도로로 늘어난다. 이 거대한 도로망은 지금의 유럽연합(EU)보다 넓었던 제국의 영역을 통제하는 핏줄 역할을 했다."

시오노 나나미의 〈로마인 이야기〉 제10권에서 설명되는 '로마의 하드 인프라(도로와 수도)'에 대한 이야기다.

로마인들은 기원전 3세기부터 500년 동안 쉬지 않고 길을 만들었다. 유명한 격언은 로마를 둘러싸고 있는 1~8번 국도는 지금도 대부분 그대로 사용되고 있을 정도로 견고하고 합리적으로 만들어졌다.

오늘날 '모든 길은 로마로 통한다'는 말은 '걷는 길은 달라도 최종 목적지는 하나' 또는 '선택할 방법은 많지만 최종 목표는 동일'이라는 의미로 사용되고 있다. .

과거 '팍스 로마나Pax Romana(로마의 평화)' 시대를 열었던 로마는 현재 메가시티megacity라는 초광역도시의 모델이 되고 있다. 유엔 보고서(2018, 2019)에 의하면 세계 경제는 거대 도시권을 중심으로 성장이 지속되고, 인구 1,000만이 넘는 메가시티는 계속 증가할 것으로 예상된다고 했다.

메가시티는 학문적으로 명확하게 정의된 개념이 아니다. 정책적으로 접근되고 있는 개념으로, '인구 규모가 1,000만 명을 넘는 단일의 도시를 의미한다'고 위키백과사전(2020)은 정의하고 있다.

그러나 보통은 각 도시의 생활권 인구까지 포함하고 있으며, 최근에는 메가시티를 메가시티 리전Mega City Region의 개념으로 사용하며 대부분 정책적 관점에서 접근한다. 즉 핵심도시를 중심으로 일일생활이 가능한 기능적으로 연결된 대도시권을 말한다.

행정구역이 명확히 구분되지만 핵심도시를 중심으로 일일생활이 가능하고 기능적으로 연결된 인구 1,000만 명 이상의 광역경제권으로 정의하고 있다. 광역권이나 광역도시권, 대도시 지역을 메가시티에 포함된 개념으로 사용된다.

메가시티는 1,000만 명에 이르는 다수의 인구가 집중된 공간으로 교통이나 환경, 상하수도 등 대도시의 생활편의에 관련된 생활편의 수요를 효과적으로 관리하는 전략이 지배적이었다. 그러나 세계적으로 메가시티의 규모가 증가하면서 국가별로 메가시티를 통한 국가 발전의 전략을 극대화하는 적극적 관리 전략으로 전환되고 있다.

메가시티는 각 나라별 산업경제와 지역개발 및 문화관광 등 사회전 분야에 걸쳐 핵심적 발전 특성이 있어 국가 발전의 동력으로 활용되고 있다. 경쟁력 있는 초광역권 메가시티는 수많은 일자리와 서비스를 통해 경제성장을 견인한다.

이처럼 세계 선진국들과 개도국 모두 국제 경쟁력을 갖춘 메가시티를 정책으로 채택하면서 경제활동의 중심이 되는 대도시권을 나타내는 '메가시티'가 증가하는 추세이다.

이러한 추세에 따라 전 세계라는 거대한 단일시장에서 경쟁의 주체가 국가 단위에서 지역단위로 변화하고 있다. 이에 단일국가 내 도시 간의 경쟁이 아닌 국가의 장벽을 넘어 세계 도시 간의 경쟁에서 경쟁 능력을 갖춘 지역 육성이 필요하다. 이러한 관점에서 정부의 신북방·신남방 정책을 발판으로 글로벌 경쟁력을 갖춘 국내 대도시의 규모와 기능을 확대할 필요성이 있다.

우리나라는 한국전쟁 이후 국민의 땀과 눈물로 산업화와 민주주의를 이룩한 모범적 국가이다. 그러나 집약적 압축성장은 수도권 1극 중심의 현상을 초래했고, 경쟁과 속도 지상주의 성장 전략의 부작용을 앓고 있는 것도 사실이다.

수도권 인구는 우리나라 전체 인구의 50%를 넘어서면서 수도권은 수도권대로 부동산과 생활환경 등에서, 지역은 지역대로 저출산·고령화 추세와 맞물리면서 생존 기반이 무너지고 있다.

전문가들은 '서울공화국'을 중심으로 수도권과 지방 간에 격차가 더 확대되는 시점에, 지방 소멸을 막기 위해선 각 지자체가 일자리, 보육 등의 기능을 모두 갖춰야 한다는 생각에서 벗어나 메가시티(초광역도시)를 중심으로 경제협력권을 만들 필요가 있다고 말한다.

메가시티를 만들어 지자체 간 협업의 틀을 만들고, 제대로 구축한 광역교통망을 중심으로 혁신 공간을 만들어야 한다. 지자체들의 협업을 통해 수도권과 맞먹는 경쟁력을 키울 수 있도록 단일생활권이나 경제권을 구축하는 것이다.

각 사업을 지자체들이 각각 하는 게 아니라 권역화해서 국토의 종합개발이라는 측면에서 설계도를 그릴 필요가 있으며, 광역단위 행정구역의 경계를 넘어선 연계·협력·공유를 통해 경쟁력을 확보함으로써 지역이 주도하는 다극多極사회를 실현하기 위해 초광역 협력이 필요하다. 우리나라에서 처음으로 전략적 관점에서 접근한 메가시티는 부산광역시와 울산광역시 및 경상남도가 추진하고 있는 부울경 메가시티이다.

이는 수도권과 비수도권의 불균형이라는 구조적 문제를 해결하는 것에서 출발하고 있다. '부울경 메가시티'는 2018년 지방선거 때 이슈가 되었는데, 서울 중심의 수도권으로 경제 규모, 인구가 집중되는 일극화 현상의 부작용을 해소하자는 방안으로 국토 균형발전을 위해 다극화 하자는 논리이다.

우선 부울경메가시티를 필두로 전국을 수도권 일극화에서 다극화로 전환해 지방을 활성화 시키고 국가 균형발전을 꾀하자는 정책이었다. 지방선거에서 부산시 오거돈 시장, 울산시 송철호 시장, 경남도 김경수 지사가 선출된 이후 부울경 메가시티를 위한 노력을 시작해 결국 2021년 7월 '부울경 특별연합'을 출범하게 된다.

하지만 2022년 지방선거에서 부산시 박형준 시장, 울산시 김두겸 시장, 경남도 박완수 지사가 선출되면서 부울경 메가시티는 무산되었다. 신임 단체장들은 실익이 없다는 이유로 발을 뺐기 때문이다.

현재 수도권에 인구, 경제, 산업 등의 집중이 가속화됨에 따라 비수도권 지역과의 불균형 또한 심화되고 있다. 특히 수도권 일극을 중심으로 공간적 편중 현상이 심화된 상태로, 이를 해소하기 위한 다양한 균형 전략들을 수립해 왔으나 긍정적인 효과는 얻지 못하고 있다.

수도권에 인구와 경제 인프라 등이 집중되어 있고, 지방 인재가 수도권으로 이동하면서 기업의 수도권 입지 선호가 지속되고, 수도권 일자리가 늘어나면서 우수한 인재를 기업이 유치하고 있는 구조 때문이다.

이 같은 국가 비균형발전을 해소하기 위한 대안이 비수도권을 중심으로 다수의 권역별 메가시티를 구축하는 것이고, 메가시티의 구축을 통해서 수도권 중심의 일극현상을 해소하여 대한민국 전체의 공간적 균형 수준을 맞추는 것이다. 특히 대구광역시와 경상북도는 2020년에 행정구역 통합을 시도하였으나, 2021년에는 대경권의 메가시티 추진의 움직임을 보여주고 있었다.

우리나라 산업화의 산실이었던 대구·경북 경제가 침체되면서 대구시와 경북도가 미래 먹거리산업 육성을 책임질 산업단지 구축과 함께 대경메가시티 개발사업이 완료되면 대구경북지역의 산업 지형도가 바뀔 것이다. 대구 달성과 경북 안동·경주·울진 등 대구경북 4곳은 국가산업단지 후보지로 신규 지정되어 미래 신산업 육성의 토대를 갖추게 됐다.

대구시는 K2(대구 군공항) 후적지, 금호강 활용 수변공간 조성 랜드마크 건립, 제 국가산단·수성 알파시티, 지식서비스 산단에 박차를 가하고, 경북은 구미 반도체·포항 2차전지 특화단지를 선정해 경쟁력을 강화시키고, 경주 SMR·안동 바이오·울진 수소산단도 새 성장엔진으로 키운다는 계획이다.

대구경북신공항 및 K2 공항 후적지는 신개념의 글로벌 미래 신성장도시로 '대구 연구개발특구', '포항 2차전지 특화단지'로 조성되는 새로운 대경 메가시티 시작점으로 한국수자원공사도 개발사업에 참여가 예상된다.

금호강 물길을 활용한 글로벌 수변도시를 조성하고, 반도체·로봇·ABB(인공지능·블록체인·빅데이터) 등 첨단산업과 수변공간을 중심으로 세계적인 랜드마크 건축물과 상업·문화·컨벤션·엔터테인먼트·호텔을 유치한다는 밑그림이다.

대구경북신공항 개항 시기(2030년)에 맞춰 대구 도심~신공항을 20분 이내에 오가는 하늘길을 여는 도심항공교통(UAM) 서비스를 도입해 공항 주변을 배후지원단지로 개발한다. 대구 제2국가산단은 글로벌 미래모빌리티 산업 거점으로 육성해 서비스 로봇 및 전기차·자율주행차 등 미래 모빌리티, 빅데이터·AI(인공지능) 관련 기업들이 둥지를 트는 '지식서비스업 집적단지'로 개발된다.

또 구미국가산단 반도체 특화단지 지정을 통해 반도체 기업들의 상생 협업 중심 및 인재 양성, 시스템 반도체(차량용, 센서) 중심 등을 통해 반도체 성장 환경을 구축해 나간다는 계획이다.

구미는 대구경북통합신공항 예정지로부터 20분 거리에 위치해 수출 물류비용 절감뿐만 아니라 반도체 관련 소·부·장에 가장 특화되고 발전된 지역이다. 또한 반도체 산업의 핵심 요소인 부지, 풍부한 전력공급, 풍부한 용수 공급 모두를 갖추고 있고, 반도체 후방산업인 반도체 소재·부품·장비에 유리한 장점을 갖추고 있다.

구미국가산단은 수자원공사가 오랫동안 개발해 온 국가산단이다. 취임 당시만 해도 구미국가산단 5-1단지 분양에 어려움이 있었다. 하지만 대구경북통합신공항을 중심으로 하는 메가시티 활성화에 대한 기대로, 2017년 분양 시작 이후 6년 만인 2023년에 분양을 완료하였다. 이처럼 미래 신기술을 매개로 하는 메가시티 전략은 침체에 빠졌던 대구·구미 지역을 활성화시키는 주요 정책이 되고 있다. 대한민국 산업화의 주요 거점이었던 구미국가산단 개발을 주도해 온 수자원공사가 이제 국가 균형발전을 주도하는 중요한 역할자로 기대해 본다.

04
CHAPTER

세이공청洗耳恭聽
경영의 길을
가다

K-water의 위상이 세계적으로 크게 높아졌습니다.

2021년도 공공기관 경영평가에서 2년 연속 A등급을 달성

했습니다. 이제 윤리가 자산이 되는 시대가 도래합니다.

국민의 눈높이가 높아지면서 신뢰와 청렴은

시대정신이 된 지 오래입니다. 아무리 좋은 성과를

창출하는 기관이라도 신뢰가 한 번 무너지면 다시는

회복하기가 어렵습니다.

공기업이 존속하기 위해서는 반드시 청렴도를

높여내야만 합니다. 청렴은 법과 제도만으로 이루기에는

한계가 있습니다. 구성원들의 자부심을 높이는

조직문화를 함께 만들어 가야 합니다..

공공기관 경영평가
2년 연속 A등급 달성

K-water의 위상이 세계적으로 크게 높아졌습니다. 2021년도 공공기관 경영평가에서 2년 연속 A등급을 달성했습니다.

탁월한 재무성과를 바탕으로 국책사업으로 인한 재무건전성 위기를 완전히 극복하고, ESG경영 선언에 이은 최초 RE100 가입 등으로 탄소중립을 선도했다는 평가를 받았습니다.

또한 디지털 트윈, AI 정수장으로 물관리 전반을 디지털화하는 등 경영 및 주요 사업 전반에 걸쳐 탁월한 성과를 낸 점을 인정받았습니다. 이는 전 임직원의 내 몸을 돌보지 않는 헌신으로 종합·경영 관리 및 주요 사업 모든 분야에서 'A등급'을 달성하는 쾌거를 이뤘습니다.

모든 분야에서 A등급을 달성한 공기업 Ⅰ군 중 K-water가 유일합니다. A등급 중에서도 압도적인 1위인 만큼 자긍심을 갖고 업무에 임해주시기를 부탁드립니다.

임직원 여러분께 다시 한번 감사드리며, 올해 성과가 더 나은 내일을 만드는 상승 에너지로 이어지기를 기대합니다.

이제 윤리가 자산이 되는 시대가 도래합니다.

국민의 눈높이가 높아지면서 신뢰와 청렴은 시대정신이 된 지 오

래입니다. 아무리 좋은 성과를 창출하는 기관이라도 신뢰가 한 번 무너지면 다시는 회복하기가 어렵습니다.

공기업이 존속하기 위해서는 반드시 청렴도를 높여내야만 합니다. 청렴은 법과 제도만으로 이루기에는 한계가 있습니다. 구성원들의 자부심을 높이는 조직문화를 함께 만들어 가야 합니다.

부서장들께서 지속적인 의사소통을 통해 직원들의 자긍심과 자부심을 높여 청렴이 피부처럼 붙어있는 K-water를 만들어 주시기를 당부드립니다. 동시에 악의적 목적의 투서 등 네거티브를 배제할 수 있는 자체 정화 역량을 강화하는 것도 주요한 과제입니다.

명백한 허위 사실이나 왜곡된 내용의 무분별한 유포로 조직문화를 저해하는 행위에 대해서는 반드시 신상필벌을 통해 청렴도를 높여야 합니다. 올해 경영평가에 더해 조직문화와 청렴도를 한층 높여낸다면, 내년에는 S등급도 가능할 것이라 확신합니다.

올 상반기에는 새로운 도전과 성과를 향해 앞만 보고 열심히 달려왔습니다.

K-water는 글로벌 RE100 가입과 ESG경영 선언 등 새로운 시대를 열어가기 위한 발걸음을 힘차게 내디뎠습니다.

국제테마파크 본격화와 초순수 국가 R&D 수탁 등 국가적으로 중대한 사업도 이끌어 가고 있습니다.

쉽지 않은 도전임에도 국민이 체감할 수 있는 성과를 창출하기 위해 모든 임직원이 최선을 다해주셨습니다. 우리의 성공은 곧 국민과 국가의 성공입니다. 이러한 자긍심으로 올 하반기에도 목표한 바 성과를 낼 수 있도록 모두가 노력해 주시기를 당부드립니다.

내년에는 새로운 정부를 대비한 정책 제안을 준비할 시기입니다.

국내 최고 물 전문기관으로써 정부와 국민 눈높이에서 신뢰하고 공감할 수 있는 물관리 혁신 과제를 선제적으로 발굴해 정책에 반영될 수 있도록 당부드립니다.

이번 회의는 K-water의 상반기 계획을 점검하고 하반기 계획을 충실하게 실행할 수 있도록 하기 위한 논의의 자리입니다. 다양한 의견이 역동적으로 제시되고, 다른 생각과 의견이 서로 경쟁할 때 가장 건강한 관계로 나갈 수 있습니다.

부서장들께서 적극적으로 참여하고 자유롭게 의견을 개진하시어 더 건강한 K-water를 만들어 주시기를 바랍니다.

—전사경영회의 인사말(2021.6.28.)

4대강 자연성 회복,
지속적 모니터링 관리 필요

4대강(한강, 낙동강, 금강, 영산강) 자연성 회복은 새로운 시대의 패러다임을 여는 국정과제인 동시에 전 국민의 관심이 집중되는 매우 중요한 과업입니다.

K-water가 정부와 국민에게 신뢰받는 최고의 물 전문기관으로 거듭나기 위해서는 반드시 이 과업을 성공적으로 추진해야만 합니다.

무엇보다도 정치와 환경, 경제와 자원 등 복잡하고 민감한 요인들이 얽혀 있는 만큼, 사업의 당위성을 입증하는 객관적이고 합리적인 실증 자료의 구축이 매우 중요합니다.

2022년 대통령선거에서 4대강 자연성 회복에 대한 정치적 논란이 재점화될 수 있습니다. 따라서 모니터링 자료를 지속해서 축적하고 관리해 선제적이고 객관적인 대응을 빈틈없이 준비해야 하겠습니다.

보 개방에 대한 사회적 합의를 높이기 위해 수질·수생 생태계의 개선 효과와 지하수 등 물 이용 영향에 대한 신뢰도 높은 조사 분석이 중요합니다.

보 개방 진행 상황에 따라 주기적으로 분석하여 TF회의 시 보고할 수 있도록 하고, 환경부와도 관련 내용을 공유하면서 유기적인 협조를 하기 바랍니다.

또 4대강의 공익 감사와 관련해 환경부와 긴밀히 협조하여 동향을 지속해서 파악하고, 선제적으로 대응하여 보 개방에 차질 없이 추진될 수 있도록 집중을 당부드립니다.

자연성 회복은 미래 하천관리의 방향을 설정하는 매우 중요한 전환점입니다. 따라서 적극적이고 성실한 자세로 실효적인 성과를 도출하고, 긍정적인 여론을 조성해 나가야 합니다.

본 TF 반원들의 역할이 매우 중요합니다. 무거운 책임감으로 업무를 수행하여 주시고 유기적인 협업을 당부드립니다.

-4대강 자연성 회복 TF(2021.7.8)

2022년 대선과 관련하여 4대강 자연성 회복에 대한 정치적 논란이 재점화될 수 있습니다.

보 개방에 따른 취·양수장, 친수시설 등 제약사항에 대한 철저한 모니터링과 함께 긴급 지원 대책의 수립이 필요합니다.

보 개방 효과에 대한 객관적 조사평가를 위해 수량·수질·수생태·지하수 등의 영향에 대한 신뢰도 높은 모니터링 자료를 축적하고 이를 관리하는 것이 매우 중요합니다.

보 개방 진행 상황에 따라 주기적으로 분석하여 TF회의 시 보고할 수 있도록 하고, 필요시에는 환경부와도 공유했으면 합니다.

4대강 자연성 회복은 국정과제이자 공사 경영에도 매우 중요한 부분이며, 하천관리의 미래상에 대한 고민입니다.

자연성 회복 선도사업, 금강·영산강 보 처리 방안 실행계획 마련 등은 미래 하천관리의 방향 설정을 위한 개념입니다.

적극적인 역할을 수행하고 실효적인 성과를 도출하여 긍정적인 여론이 조성될 수 있도록 추진하는 것이 필요합니다. 이를 위해 본 TF 반원들의 역할이 그 어느 때보다 중요합니다.

오늘 회의에서 논의된 사항들을 차질 없이 추진하여 목표한 결과물을 도출할 수 있도록 부서별 책임 있고 주도적인 역할을 수행하여 주시고, 유기적으로 협조하여 주시기를 당부드립니다.

—4대강 자연성 회복 TF 5차 회의(2021.9.24.)

부산 에코델타스마트시티,
미래이자 초연결 공간의 시험무대

　오늘 혁신기술로 새로운 도시의 가능성을 만들어 가는 스마트빌리지 사업 참여자 여러분들과 만나게 되어 반가운 마음입니다.

　새로운 도시 문명 건설이 전 세계의 화두가 되고 있습니다. 현재 도시구조로는 기후변화와 4차산업 혁명 시대로 인한 문명사적인 변화를 담아내지 못하기 때문입니다.

　스마트 시티로의 전환은 피할 수 없는 흐름입니다. 디지털 시대와 에너지 전환으로 모든 삶의 조건이 바뀌었고, 이에 따른 공간의 재편은 반드시 필요합니다.

　특히 기후위기 극복을 위한 도시의 재편을 서둘러야 합니다. 혁신기술로 에너지 낭비를 막고 생산과 소비의 최적화를 이룬다면, 도시의 지속가능성은 커질 것으로 기대됩니다.

　부산 에코델타스마트시티는 우리의 미래이며, 새로운 공간으로 나가는 중요한 시험무대입니다. 정부는 스마트 시티를 국가 중심 사업으로 추진하며 심혈을 기울이고 있습니다.

　부산 에코델타스마트시티는 미래세대를 위한 유산이자 4차산업을 활용한 신성장동력을 창출하는 테스트베드의 의미도 있습니다. 우리가 반드시 성공해야 하는 시대적 과업입니다.

　K-water는 부산 에코델타스마트시티를 기후변화에 최적화된 한

국형 물특화 도시로 조성하고자 합니다. 스마트 시티의 물순환 전 영역에는 인공지능과 빅데이터, 디지털 트윈의 4차 산업혁명 기술이 적용됩니다. 이 과정에는 시민사회의 지원과 혁신기업의 창의적 기술력이 함께 하고 있습니다.

스마트 시티는 초연결 공간입니다. 도시 내의 모든 사물과 사람이 실시간으로 연동되며 무한한 가능성을 만들어 냅니다. 이러한 연결들이 어떠한 시너지 효과로 이어질지 가늠할 수 없습니다.

우리는 이러한 도시의 무한한 가능성을 현실의 가치로 이끌어야 합니다. 이를 위해 준비할 일이 많이 있습니다.

먼저 데이터를 생산하는 시민들에게 신뢰를 줘야 합니다. 또한 생산된 데이터를 현실의 가치로 만들기 위한 창조적 역량도 높여야 합니다.

이러한 의미에서 K-water와 혁신기업이 만나는 오늘 간담회는 매우 중요한 자리라고 생각합니다. 창조적 역량은 반드시 연결로부터 만들어집니다. K-water와 혁신기업이 함께 고민한다면 스마트 시티의 가능성은 극대화될 것이라고 확신합니다.

우리의 책임 있는 자세도 중요합니다. 투명하고 열린 자세로 각자의 목표에 매진한다면, 데이터를 믿고 맡길 수 있는 신뢰가 형성될 것이라고 생각합니다.

이 자리가 다양한 의견과 생각이 연결되는 교류의 장이 되었으면 합니다. 상호 공감과 이해를 바탕으로 스마트 시트의 성공을 이끌어 가기를 희망합니다.

K-water는 스마트 시티의 혁신기업 생태계 구축을 위해 최선의 노력을 다하도록 하겠습니다.

—스마트빌리지 혁신기업 간담회(2021.10.1.)

국민 소통과 참여에 기반한
지역 거버넌스 강화

낙동강 유역은 국민 물 안전과 물 행복의 최전선입니다.

낙동강은 우리 K-water가 관리 중인 댐의 절반 이상이 위치해 있고, 국가 물관리 현안과 경영전략이 다수 연계된 핵심 지역입니다.

2021년 한 해 어려운 여건에서도 유역본부 직원들이 하나로 힘을 모아 의미 있고 소중한 결실을 맺어준 데 대해 깊은 감사를 드립니다.

특히 낙동강 통합물관리 방안 수립, 하굿둑 개방 시범운영, 합천 수상태양광 준공 등은 2021년 우리 공사를 대표하는 사업으로, 국민이 직접 체감할 수 있는 성과입니다.

올해는 새로운 도약이 시작되는 시기로, 낙동강유역본부의 역할이 그 어느 때보다도 더욱 중요해졌습니다.

2022년은 모든 역량을 하나로 모아 '물-에너지-도시 그리고 ESG' 넥서스 구현에 집중해야 하는 중요한 전환기입니다.

기존의 성과에 안주하지 않고 유역본부의 실행 과제를 치밀하게 계획하여 경영 방향을 성공적으로 이끌어가야 합니다.

이를 위해 부서장들께서는 전략적 긴장감을 유지하시고, 직원과의 긴밀한 소통을 통해 혁신 역량과 도전 의지를 하나로 결집시키는 것이 중요하다고 생각합니다.

2022년은 대내·외적으로 변화의 물결이 더욱 거세질 것으로 전망됩니다.

포스트 코로나 시작과 글로벌 경쟁 심화 그리고 대통령 선거 등으로 불확실성은 더욱 커질 것으로 우려됩니다.

급변하는 시대에는 방향을 잃고 자칫 길을 잃을 수 있습니다. 이럴 때일수록 함께 소통하고 대화하여 K-water의 소명을 매순간 되새기는 일은 더욱 중요합니다.

오늘 이 자리가 시대의 흐름을 바로 읽고, 미래로 도약할 수 있는 근본적인 변화를 이루는 소중한 시간이 되기를 기대합니다.

낙동강 통합물관리 사업의 적기 추진을 위해 지원을 아끼지 않겠습니다.

2021년 '낙동강 통합물관리 방안'을 수립하여 30년 물 갈등을 해결할 수 있는 단초를 마련하였으나 예비타당성 통과를 시작으로 사업타당성 조사, 지역상생방안 지자체 합의 등 본격적인 사업 실행까지는 아직도 해결할 과제가 많이 남아 있습니다.

본사와 유역본부, 현장지사가 유기적인 협업체계를 구축하여 원활한 사업 추진을 지원하는 것이 중요합니다. 특히 신속한 지자체 합의를 위해 지역사회에 사업 공감대를 확산할 수 있는 본부 차원의 다양한 활동과 노력을 당부드립니다.

국민의 생명과 재산을 보호하는 완벽한 물 재해에 대응해야 합니다.

극단적인 기후위기는 언제든 예측을 뛰어넘는 물 재해를 낳을 수 있으므로, 올해도 긴장의 끈을 놓아서는 절대 안 됩니다.

2022년, 올해는 하천관리 일원화 실행의 원년인 만큼 국민의 물 안전을 보장할 수 있는 완벽한 재해 대비 태세를 갖추어야 합니다.

물관리 디지털화를 차질 없이 이행하는 한편, 관계기관 협업과 주민 참여 협의체 운영을 내실화하는데 힘써 주시길 바랍니다.

마지막으로 국민 소통과 참여에 기반한 지역 거버넌스를 강화해야 합니다.

다양한 의견으로 이해관계가 엇갈리는 사업은 능동적으로 주민과 관계기관의 의견 청취 및 전문가들과 정책 대안을 탐색하고, 정확한 정보 공유와 상호 신뢰를 바탕으로 절충과 합의를 이끌어내는 노력이 무엇보다 중요합니다.

─낙동강유역본부 업무보고(2022.1.26.)

송산테마파크,
물-에너지-도시 넥서스

　시화사업본부 업무보고를 끝으로 전 지역본부 업무보고가 마무리 됩니다. 실행력 있는 업무 계획을 공유하는 의미 있는 시간이 되었으면 합니다.

　시화사업본부는 지난해 많은 성과가 있었습니다. 그렇지만 무엇보다도 송산테마파크의 토지 공급 계약 체결이 이뤄진 것이 가장 의미 있는 성과로 생각됩니다.

　사업을 추진한 지 15년 만에 처음으로 실질적인 진척이 이루어졌고, 이에 힘입어 시화사업본부에서 역대 최대 분양 실적(1.2조 원)을 달성하여 K-water의 재무성 개선에 큰 기여를 했습니다.

　이 외에도 각자 맡은 바 자리에서 임무에 충실하고, 사업 추진에 최선을 다해 성과를 창출해 준 시화사업본부 직원 여러분의 노력에 감사드립니다

　2022년은 지구 기온 상승에 의한 기후변화와 디지털 전환, 포스트 코로나 시대 대비, 대통령선거 등 올해 경영 환경은 그 어느 때보다 불확실합니다.

　그러나 경영 방향에서 제시한 물-에너지-도시 넥서스를 통해 우리는 또 한 번의 위기를 기회로 만드는 저력을 보여줄 수 있을 것입

니다.

시화사업을 통해 우리는 물-에너지-도시 넥서스의 밑그림을 그릴 수 있었고, 앞으로는 대표 사례로 발전시켜 더 많은 시너지를 창출해야 합니다.

과거 수질문제로 인한 갈등을 슬기롭게 해결함으로써 사람과 자연이 공존하는 친환경 모범사례가 되었고, 현재는 수변공간의 적극적 활용으로 공업도시라는 이미지에서 벗어나 수도권 시민들의 관광명소로 자리매김했습니다.

앞으로는 다양한 에너지원을 기반으로 탄소중립을 실현하고, 스마트·친환경 기술이 적용된 미래형 도시로 거듭나야 합니다.

오늘 이 업무보고가 시화지구를 물-에너지-도시 넥서스의 성공사례로 발전시켜 나가는 의미 있는 시간이 되었으면 합니다.

먼저 K-water 중장기 전략경영 계획 및 경영 방향과 충실히 연계한 업무 계획을 작성해 주신 본부 직원들의 노고에 감사를 드립니다. 오늘 이 자리에 참여한 모두가 업무 계획을 충실히 공유해 발전적인 방향으로 계획을 추진할 수 있는 역량으로 이어졌으면 합니다.

앞서 얘기한 대로 경영 환경에 여러 가지 불확실성이 있지만, 우리나라뿐 아니라 세계 각국의 가장 큰 리스크는 기후변화일 것입니다.

우리나라가 온실가스 감축 목표를 달성하고, 2050 탄소중립 시나리오의 이행을 위해서는 신재생에너지 확대가 반드시 필요합니다. 이는 기후위기가 K-water에게 새로운 기회가 될 수 있음을 의미합니다.

우리는 물관리 뿐 아니라 물 에너지, 도시 조성에 대한 기술·경험·인프라를 통해 신기후체제를 주도할 수 있는 역량을 충분히 보유하고 있습니다.

　기후위기 대응을 본격적으로 이끌어나가야 할 부담이 있는 차기 정부에 우리의 역량을 보여주면 분명히 기회는 생길 것이고, 그 역할을 시화사업본부가 해주어야 합니다.

　시화사업본부는 조력, 수열, 그린수소, 환경에너지센터 등 다양한 신재생에너지 아이템을 보유하고 있으며, 미래 물산업의 선도적 과제들도 추진 중에 있습니다.

　오늘 업무를 공유한 대로 시화호를 중심으로 한 재생에너지 클러스터가 차질 없이 조성되도록 본부와 본사가 적극 협력하기를 바랍니다.

　나아가 시화호 일대를 도시환경재생, 신재생에너지, 스마트 기술·인프라 등이 융합된 기후탄력 환경도시 모델로 발전시키고, 이를 친환경·디지털 도시 플랫폼화하여 도시 문제 솔루션으로 제시한다면 우리의 융합 역량을 새로운 사업 기회로 만들 수 있을 것입니다.

　또한 안전과 청렴도는 우리 공사 조직의 존망까지 좌우합니다. 그동안 안전과 청렴도 향상을 위한 노력으로 일정 부분 성과는 있었으나 국민 눈높이에는 여전히 미치지 못하고 있습니다.

시화사업본부가 추진할 통합안전감리제도와 스마트 안전 체험장은 확산 가능성이 높은 좋은 과제라고 생각합니다. 본사와 본부가 적극 협업하여 전사 확산을 검토해 안전 청렴도에서 좋은 평가 결과를 기대해 봅니다.

안전과 청렴은 경영진뿐만 아니라 부서장부터 신입사원까지 모두 함께 노력하여야 할 공통 과제임을 명심하고, 모든 건설공사 및 시설물관리 업무에 있어 작업자 안전을 최우선으로 고려하고 안전의식을 철저히 내재화해야 합니다.

또한 국민이 신뢰하고 구성원 모두가 공감할 수 있는 투명한 K-water를 위해 청렴과 소통의 문화를 확산해 나가야 합니다

오늘 업무보고에서 발표해 주신 과제뿐만 아니라 시화사업본부 각 부서에서 추진하는 모든 업무들이 올해는 목표한 성과를 낼 수 있도록 모두 최선을 다하여 주시기를 당부합니다.

본사에서도 시화사업본부의 추진 과제들이 차질 없이 원활하게 실행될 수 있도록 적극적으로 행정지원을 할 것이며, 저 또한 열린 마음으로 소통하면서 최선을 다해 살피겠습니다.

올해는 외부 환경에 많은 변화와 위기가 있을 수 있습니다. 그렇지만 이 위기를 도약의 발판으로 삼아 더 높이 나아갈 수 있도록 함께 힘을 모았으면 합니다.

―시화사업본부 업무보고 인사말(2022.2.10.)

낙동강하굿둑 개방,
새 시대를 여는 역사적 출발점

　낙동강하굿둑은 1987년 준공된 이후 국가산업과 지역발전에 많은 역할을 하여 왔습니다.

　부산, 울산, 경남지역에 생활·공업·농업용수를 공급하였고, 해수 역류에 따른 염해피해 방지와 부산-서부경남 간 교통 개선에 이르기까지 지난 시대에 필요한 역할을 충실히 완수하였습니다.

　그러나 하굿둑이 건설된 지 34년이라는 세월이 지나며, 시대의 요구는 크게 바뀌고 있습니다.

　기후변화와 생태위기로 지구가 수용할 수 있는 성장의 한계가 드러났으며, 인간과 자연을 구분하고, 강과 바다를 막는 성장 방식으로는 더 나은 미래를 만들 수 없음이 점점 더 명확해지고 있습니다.

　자연성 회복은 새로운 시대의 정신이자 지속가능한 미래와 다음 세대를 위한 가장 중요한 투자입니다. 이런 의미에서 낙동강하구 기수생태계 복원은 21세기 대한민국 역사에서 가장 위대한 투자라 해도 과언이 아닙니다.

　2019년부터 3년간 일곱 번에 걸친 하굿둑 시험 개방의 성공적인 수행을 통해 기수역 수생태계 복원의 가능성을 확인하였습니다.

　시험 개방 성과를 바탕으로 사회적 합의를 거쳐 유역물관리위원회의 심의·의결을 이끌어 낸 직원들의 노고에 크게 감사드립니다.

다가올 '기수생태계 복원 비전 보고회'를 시작으로 낙동강 기수생태계 복원을 위한 본격적인 하굿둑의 상시 개방이 시행될 예정입니다.

시험 개방을 통해 얻은 경험과 성과를 활용하여 상시 개방이 차질 없이 진행되도록 면밀하게 준비하여 주시기기를 바랍니다.

낙동강하굿둑 개방은 새로운 시대를 여는 역사적인 출발점입니다. 하굿둑 개방은 그동안 단절되어 있던 강의 흐름을 되살려 수질을 개선하고, 수생태계를 복원하여 국민들께 돌려드리는 것입니다.

또한 환경의 한계를 극복하고 인간과 자연이 순환하는 생활방식을 복원하고 성장의 미래를 설계하는 의미도 담겨 있습니다.

이는 하굿둑 개방은 단순히 생태·기술적 변화에 그치는 것이 아니라 사회 전반의 변화를 유발할 것입니다.

하굿둑 개방은 생활 세계 전반의 변화를 이끄는 출발점인 만큼 국민과 지역, 시민사회로부터의 신뢰와 공감대 확산이 중요합니다. 체계적이고 다양한 홍보 방안에 대해서도 고민해 주기를 바랍니다.

하굿둑 개방의 성공 여부는 신뢰도가 높은 조사 분석에 달려 있습니다. 하굿둑 상류의 취·양수장, 지하수 등 물 이용 영향과 수생태 개선 효과에 대한 면밀한 분석이 매우 중요합니다.

분석 결과는 환경부, 부산시, 농어촌공사 등 적기에 관련 기관 및 주민 공유를 통해 물 이용에 대한 불안감 해소에 많은 도움이 됩니다.

부산EDC와 연계하여 서낙동강, 평강천, 맥도강 등 도심하천의 수질 개선, 물순환 실증도 차질 없이 수행하고, 모니터링 및 운영시스템에 서낙동강 등 지류까지 포함하여 낙동강 하류 통합물관리시스템을 구축해야 합니다.

상시 개방의 성공적인 안착과 기수역 확대에 대비하여 수문, 하상

보호공 등 기존 하굿둑 시설과 운하천, 취·양수장 등 상류 수리시설의 개선 방안에 대한 적극적인 검토가 필요합니다.

낙동강하굿둑 개방은 K-water에게 중대한 도전이자 기회입니다.

기후변화와 생태 위기에 대응하여 통합의 관점에서 미래 물관리 패러다임의 방향을 설계하는 중요한 출발점으로 삼아야 합니다.

또한 산업화 시대에 모두의 성장을 지원해 왔던 K-water의 역할이 이제는 모두의 성장을 이끄는 기업으로 변화해야 한다는 것을 알리는 신호인 만큼 엄정한 대응이 필요합니다.

낙동강하굿둑 개방 성과는 금강과 영산강 등 다른 유역으로 확대할 수 있는 방안에 대해서도 사전에 치밀한 검토와 완벽한 준비가 필요합니다.

나아가 국내뿐만 아니라 글로벌 차원에서도 기수역 수생태 복원의 표준이 될 수 있도록 만들어 주기를 바랍니다.

오늘 논의된 사항들을 차질 없이 추진하여 하굿둑 개방이 성공적으로 시행될 수 있도록 각 부서가 책임감을 갖고 주도적인 역할을 수행하면서 유기적으로 협조하여 주기를 당부드립니다.

낙동강의 자연성 회복은 생태적-기술적 변화를 넘어 경제적-사회적 영역에서 성장에 대한 인식을 바꾸고, 인간과 자연이 순환하는 생활방식을 복원하며, 생활 전반의 변화를 이끌어 갈 것이라 생각합니다.

―낙동강하굿둑 개방 TF 킥오프 회의 인사말(2022.2.14.)

2년 연속
'<nobr>A</nobr>등급 및 공기업 1위'를 달성

□ 경영평가

많은 어려움 속에서도 전 임직원들의 헌신이 있었기에 2년 연속 'A등급 및 공기업 1위'를 달성할 수 있었습니다.

K-water의 저력을 재확인했던 결과인 만큼 매사에 자긍심을 가지기 바라며, 묵묵히 최선을 다한 임직원분들께 진심으로 감사의 말씀을 드립니다.

□ 안전·윤리

다만 안전과 윤리경영 측면에서는 많은 아쉬움이 있었습니다.

132개 사업장에서 연간 1천 개 이상의 공사가 추진되는 등 여건이 녹록하지는 않으나, 안전에 있어서는 어떠한 변명도 허용되지 않습니다.

윤리 문제도 이번 LH 사례에서 보듯 비위사건 하나가 우리가 그동안 쌓아 올린 공든 탑을 한순간에 무너뜨릴 수 있음을 명심해야 합니다.

□ 국정과제

국내 유일의 물 전문기관으로서 물관리 혁신 정책을 선제적으로 제시하였고, 다수의 과제와 사업이 국정과제에 반영되었습니다.

디지털 전환, 저탄소, 민간주도 성장 등 신정부의 국정 기조와 철학은 우리가 그동안 지향하고 추진해왔던 방향과 큰 차이가 없습니다.

우리는 이미 한 발 먼저 준비해 왔고, 정부와 국민 입장에서 공감하고 신뢰할 수 있는 방향으로 흔들림 없이 나아가야 합니다.

□ 성과 창출

신정부 출범 후 코로나 확산 등 혼란스러운 여건에서도 낙동강하굿둑 기수생태계 복원 및 낙동강 통합물관리사업 예비타당성 통과, 부산 제2EDC 협약, 대수력 REC 확보 등 많은 성과를 이루었습니다.

하반기에도 성과 창출이 지속될 수 있도록 전사적 노력을 부탁드립니다.

□ 토론참여

오늘 회의를 통해 신정부 국정과제에 대해 명확히 이해하고, 하반기 계획을 충실히 이행하기 위해 적극적인 의견 개진을 부탁드립니다.

그리고 회의 준비와 좋은 의견을 고민하느라 수고 많으셨고, 토론 내용을 반영하여 하반기 계획을 보완해 적극적인 추진을 부탁드립니다.

□ 안전관리

안전에 대한 기본 인프라 구축과 투자는 경영진이 책임지고 준비할 수 있도록 하겠습니다. 다만 아무리 인프라를 잘 갖추어도 이것을 유지하는 "안전의식"이 부족하다면 안전관리는 절대 완성될 수 없습니다.

"No Safety, No Work"라는 안전 슬로건을 마음에 새기고, 매사에 조금의 소홀함도 없이 꼼꼼하게 챙겨주시길 당부드립니다.

□ 홍수기 대응

장마로 인한 피해는 아직 없었으나 홍수 상황은 언제든지 급변할 수 있기에 긴장감이 풀어지지 않도록 홍수기 대응에 만전을 기해야 합니다.

지난 2020년 수해 이후 준비한 풍수해 대책이 잘 이행되고 있는지 유역본부장 중심으로 다시 한번 철저한 점검과 대응을 부탁드립니다.

K-water는 지속가능한 미래성장을 위해서는 기존 사업을 공고히 하고, 과감한 축의 전환을 통해 새로운 영역에 도전도 마다하지 않겠습니다.

하반기에는 전문기관이 하천관리에 직접 참여하고, 지자체를 지원하는 모델로 댐-하천 원시스템One System을 실현하는 원년이 해가 될 수 있도록 철저한 준비기 필요합니다.

또한 상수도 통합이 신정부 핵심 정책으로 반영된 만큼 경남서부권과 같은 광역·수원 기반의 차별화된 수도 통합 성과도 선제적으로 준비해야 합니다.

또한 초순수, 그린수소, 디지털 전환 등 미래 성장동력사업 관련 부서의 협력을 당부드리며, 진행사항은 각 부서가 지속적으로 공유해 좋은 결과를 도출할 수 있도록 당부드립니다.

올해는 정부의 공공기관에 대한 질책과 함께 향후 강도 높은 경영 효율화 정책이 예상됩니다.

K-water는 재무적 측면에서 매우 건전한 기업이며, ESG경영, 민

간 성장지원 등 정부의 혁신 과제를 상당 부분을 리딩하고 있습니다.

　조직원들이 너무 염려하지 않도록 소통하여 주시고, K-water 혁신의 기회로 삼을 수 있도록 힘을 모아 주시기 바랍니다.

　마지막으로 일을 추진 함에 있어 휴식과 재충전도 매우 중요합니다. 일·가정이 양립할 수 있도록 부서장님들께서는 하계휴가 기간을 맞아 업무에 지장이 없는 범위 내에서 직원들이 자유롭게 휴가를 사용할 수 있도록 하여 충분한 재충전의 시간을 가질 수 있도록 해주기 바랍니다.

─상반기 전사경영회의 인사말(2022.7.6.)

도시홍수 통합관리기술
선제적 확보 필요

2022년 여름 수도권의 집중호우를 쏟아부었던 태풍 힌남노 HINNAMNOR로 인한 서울, 포항 등 도심지 침수 피해로 피해를 입었습니다.

이처럼 도시에서 발생하는 홍수가 국민의 안전을 위협하는 심각한 위험 요소로 부각되고 있습니다.

기존의 도시홍수 대책은 부처별 독립적으로 추진되었으나 이번 홍수 피해를 계기로 행안부가 주관한 범정부 TF, 환경부 도시침수대응 기획단 등 정부 차원의 종합대책이 마련 중에 있습니다.

도시홍수에 대한 대응은 국정과제이자 우리 공사 경영에도 중요한 부분입니다.

도시홍수 분야에서의 역할을 강화하고, 국내 최고 물순환 전문기관으로 도약할 수 있도록 전담반원들의 역할을 기대합니다.

그간 축적된 K-water의 홍수 대응 역량과 물순환, 디지털 기술을 활용하여 정부의 도시홍수 대응 정책을 적극적으로 지원하고, 도시 물순환 개선과 도림천 유역 도시홍수 DT 구축 등 시범사업의 적기 추진과 함께 유역·하천·도시를 연계한 통합형 사업모델을 구축할 수 있도록 당부드립니다.

오늘 이 회의를 통해 추진 도시홍수 예방을 위한 방향을 설정하고,

적기에 성과를 도출할 수 있도록 활발한 논의가 이루어지길 기대하면서 오늘 모신 전문가분들의 아낌없는 조언을 부탁드립니다.

도시홍수의 근본적 대응을 위해서는 유역 물순환 관점에서의 통합관리가 필수적이며, 도시 특성을 반영한 맞춤형 대책이 필요합니다.

도시에 발생하는 홍수 유형별 내·외수 대책을 조합한 맞춤형 통합사업 모델을 마련하여 정부 정책을 지원하고 사업화로 추진해야 합니다.

이번 수해 지역과 상습적인 침수 구역 등을 중심으로 물안심공간시범사업을 추진하여 효과를 입증하고, 전국 단위로 확대할 필요가 있습니다.

도림천 유역 도시홍수 디지털 전환(DT) 시범사업을 통해 유역-도시-하천을 아우르는 도시홍수 통합관리기술을 선제적으로 확보해야 합니다.

이 시범사업을 토대로 전국 지자체를 대상으로 도시홍수 통합관리 플랫폼 구축을 확대하고, 향후 운영관리 및 기술지원 분야까지 확장될 수 있도록 적극적인 추진을 당부드립니다.

도시홍수 사업은 기후위기에 대응하기 위한 종합 솔루션으로, 스마트 시티 등 추진 중인 도시사업에 실증·적용하여 물 재해로부터 안전한 K-water 도시사업의 강점을 부각하고 차별화해야 합니다.

오늘 논의된 이 사항들을 차질 없이 추진하여 도시홍수 분야에서의 입지를 공고히 할 수 있도록 각 부서별 책임 있고 주도적인 역할 수행을 당부드리며, 유기적으로 협조를 통한 성과 창출을 당부드립니다.

—도시홍수전담반 킥오프 회의 마무리 인사말(2022.10.17.)

K-반도체 용수, 초순수
기술 자립과 물산업 육성 견인

    한국초순수학회가 출범한 오늘은 매우 뜻깊은 날입니다.

    국제 질서가 새롭게 재편되면서 반도체는 국가 핵심 전략자원으로 부상했고, 우리에게 새로운 도전과 기회가 되고 있습니다.

    대한민국 반도체 자립의 핵심 축이 될 「한국초순수학회」가 머지않아 우리 손으로 초순수를 만들어 낼 수 있을 것이라는 생각에 가슴이 설렙니다.

    남에게 의지하지 않고 우리 기술로 초순수를 만든다는 것은 중요한 의미를 지니고 있습니다. 초순수의 자립은 반도체 자립의 전제조건이 되기 때문입니다.

    오늘날 세계 주요국들은 반도체 자립을 위해 사활을 걸고 있습니다.

    디지털 전환이 본격화되며 반도체 기술 격차가 국가 경쟁력의 격차로 이어지는 시대가 되었습니다.

    세계 선도국들은 자국 중심의 반도체 공급망 구축을 서두르고 있습니다. 반도체 공급망을 자국에 유리하게 확보하지 못하면 산업 패권 경쟁에서 밀릴 수밖에 없기 때문입니다.

    우리나라는 반도체 제조 강국입니다. 그러나 약점도 매우 큰 상황입니다. 특히 반도체 생산의 핵심 소재인 초순수의 대외 의존도가 높은 상황입니다. 초순수 기술 특허와 설계는 일본과 해외 기업이 독점하고 있습니다.

초순수의 자립 없이는 반도체 경쟁력을 유지하기란 쉽지 않은 일입니다.

미-중 기술 패권 전쟁으로 세계 공급망이 보호무역으로 후퇴하는 상황에서 가장 큰 리스크는 높은 대외 의존도입니다. 우리가 초순수 자립을 서둘러야 하는 이유입니다.

이에 정부는 K-반도체 전략을 발표하고 초순수 기술의 자립에 나섰습니다.

이번 K-반도체 전략 지원은 K-water의 백년대계를 만드는 중요한 사업으로 미래 고부가가치 산업인 초순수 분야에 대한 역량을 강화해 2025년까지 초순수 국산화를 이뤄내어 반도체 강국의 자존심을 지키겠다는 게 정부의 목표입니다.

최근 세계적인 대만 반도체 기업인 TSMC사가 가뭄에 따른 용수 불안으로 생산에 차질을 빚었습니다. 그만큼 반도체에 있어 안정적인 용수 공급은 필수적입니다.

K-water는 대한민국의 대표 물 분야 공기업으로써 정부와 함께 초순수 국산화를 서두르고 있습니다. 초순수 시장 활성화를 위한 민간기업의 기술개발과 시장개척 지원도 주요 과제로 추진하고 있습니다.

2025년 준공 예정인 용인 SK를 비롯하여 이천·청주 SK, 평택 삼성까지 주요 반도체 기업들과 전략적 관계를 형성하고, 다양한 사업 제안 등을 통해 초순수 기업으로 위상일 높일 것입니다.

초순수 자립이라는 목표에 있어 K-water와 「한국초순수학회」는 원팀입니다. 공공의 노력에 산-학-연의 지혜가 더해진다면, 초순수 국산화의 목표는 보다 빨리 달성될 것이라고 확신합니다.

이를 위해 현재 추진 중인 '플랜트 국산화 국가 R&D'와 '산학연 네트워크를 활용한 전문인력양성', '동반성장을 위한 초순수 사업 플랫폼 구축' 등의 계획을 차질없이 추진하고 있습니다..

나아가 초순수 자립을 넘어 대한민국을 수처리기술의 세계 최강국으로 함께 만들어 가기를 희망합니다. 초순수 사업을 성공적으로 이끌어 가기 위해서는 주요 반도체 기업들과도 파트너십을 긴밀히 만드는 것도 필수적입니다.

K-water와 「한국초순수학회」가 머리를 맞대고 지혜를 모아 간다면 충분히 가능한 일이리라 생각합니다.

다시 한번 한국초순수학회의 창립을 축하드리며, 학회와 회원 여러분 모두의 앞날에 무궁한 영광과 번영이 있기를 기원합니다.

대한민국이 초순수 선도국을 넘어 물 분야의 최강국이 되는 그날까지 K-water가 함께 하겠습니다.

—한국초순수학회 창립행사(2021.10.28.)

미래의
어려그를
노숙어 누

미래는 예측하는 것이 아니라 만들어 나가는 것이다.

미래는 어떻게 준비하느냐에 따라 필요한 길을

내어줄 것이다.

기후위기가 우리의 삶을 시시각각 위협하고

글로벌 경제 시장에서는 RE100, 탄소국경세 등

기후변화와 관련한 정책이 경쟁 수단으로까지

부상하고 있다.

기후위기 대응은 국가적 의제가 되지 않을 수 없는 상황이다.

지구 환경과 관련된 물관리 확장성을 충분히 반영해

기후위기 시대, 물관리 해법을 다각도로 모색해야 한다.

기후변화 대응을 위한
통합물관리

  올해 세계 물의 날(3월 22일) 주제는 바로 '물과 기후변화'다. 우리 정부도 '국가 기후변화 대응 기본계획'의 하나로 물관리를 선정해 관련 정책을 추진 중이다.

  그동안 우리의 물 관련 정책은 인프라 개발과 재해 복구 중심이었다. 분절되고 단편적이었다. 수량과 환경, 생태 분야 등을 함께 고려해야 하는 지금의 상황을 감안하면 부족한 부분이 많다.

  지금 필요한 건 지천에서 하구까지 유기적 선순환이 가능한 통합적 물관리다. 수질과 수량, 수생태, 재해 등 모든 요소를 종합적으로 다뤄야 피해를 최소화하면서 기후변화의 폭을 완화할 수 있다.

  피해를 최소화하기 위해선 안전한 수자원 확보 방안을 만들고 정책화하는 것이 중요하다. 기상자료와 물 정보를 연계한 지능형 홍수·가뭄 통합예측시스템 구축, 환경용수의 지속적 확보 및 활용, 다목적댐-저수지-수력발전댐 연계 등이 대표적이다.

  해수담수화, 하수 재이용, 지하수 저류지 등 대체 수자원을 늘리는 것도 대안이다. 국가 물관리 기본계획에 실효성 있는 수자원 확보 방안이 반영될 수 있도록 정책적인 관심도 필요하다.

  또 기후변화 속도를 늦추려면 물과 에너지 그리고 도시 기능을 혁신해야 한다. 기존 인프라를 융합할 수 있는 새로운 모델을 정립해 확산해야 한다.

수돗물 공급 전 과정에 정보통신기술(ICT)을 접목한 스마트 물관리가 좋은 예다. 누수 문제나 에너지 저감 등에 기여할 수 있다. 수도관과 하천을 흐르는 물의 온도 차를 냉난방에 활용하는 수열에너지, 호수나 댐 저수지 수면을 이용한 수상태양광도 재생에너지 확대를 위한 좋은 수단이다.

이런 기능을 융합한 '스마트 시티'가 이미 주목을 받고 있다. 인공지능(AI), 빅데이터, 5세대(5G) 등 첨단 기술을 집약해 조성하고 있는 부산의 에코델타시티는 기후변화를 막을 수 있고, 친환경에너지 생산 및 순환이 가능한 곳이다. 기후변화 완화를 위한 표준 플랫폼이 될 것으로 기대된다.

끝으로 물환경 회복에 최적화한 물관리 기술의 공유도 중요하다. 민관학民官學이 핵심 기술을 함께 개발해 물산업을 육성하고, 관련 중소기업의 창업과 해외 진출을 지원하는 시스템을 구축해야 한다.

물환경 회복을 위한 국민적 공감대 형성도 필요하다. 생활과 밀접하게 연계된 서비스를 제공하는 데이터 플랫폼을 구축해 신新데이터 경제로 확장할 필요가 있다.

―동아일보, 2020.3.20.

강자연성 회복을 위한
3가지 방향

4대강 자연성 회복은 국민적 관심사다. 못 본 체 외면한다거나 마냥 방치할 수 없는 시대적 해결 과제이기도 하다.

오랫동안 물 분야를 연구해 온 학자로서 이 문제에 많은 관심을 쏟아왔다. 국가 물관리 기관의 사장이 된 이후에는 무거운 책임감과 사명감을 가지고 '국민이 인정하는 슬기롭고 실질적인 자연성 회복'을 고민 중이다.

굳이 4대 문명이나 우禹임금 등을 꼽지 않아도 인류의 역사는 치자연治自然 또는 치수治水의 역사와 그 궤를 같이한다. 자연과 맞서며 자연을 개발하고 이용해 온 역사가 수천 년이 넘기 때문이다.

그러는 가운데 인간이 자연을 바라보는 시선은 하나로 굳어졌다. 자연을 관리할 수 있는 물리적 대상으로 보는 것이다. 과학과 기술은 이를 뒷받침한 가장 강력한 무기였다. 인류는 과학과 기술을 바탕으로 무수한 자연의 도전을 물리쳤고, 현대문명이라는 눈부신 성과를 거두었다.

자연은 그렇게 인류의 통제 범위 안으로 들어왔을까? 아니다. 우리의 산과 강은 무분별한 개발, 산업 발전, 인구증가, 생활 향상 등과 맞물려 여러 형태의 심각한 부작용을 내보였다.

산과 강이 오염되고, 환경이 파괴되고, 생태계가 훼손되었다. 자연성을 잃게 된 자연은 인간도 결국 자연의 일부이지 않냐 되물으면서 오히려 강력한 경고음을 울리기 시작했다. 대규모 홍수, 장기적 가뭄, 초강력 태풍, 지진, 산불, 신종 전염병 등이 그것이다.

4대강 사업으로 금강에서는 3개의 보가 생겼다. 2018년 1월부터 세종보·공주보 수문은 열렸지만, 하류 백제보의 수문은 닫혀 있다. 백제보의 영향을 받은 곳에서는 강 전역에 녹조가 발생하고 있다.

4대강 사업에서도 다양한 형태의 경고음을 들을 수 있다. 심각한 수준의 녹조, 습지 훼손, 생태계 단절 등 강에 남겨진 지울 수 없는 여러 상처가 이를 말해준다. 물론 개선된 부분이 전혀 없다고 잘라 말하기 어려울 수도 있지만, 분명한 것은 충분한 정도의 시간적 검토와 국민적 합의를 거치지 못한 사업이었고, 큰 상처를 남겼다는 점이다.

오늘날 많은 이들이 과학과 기술의 힘을 믿으면서도, 그 한계를 두루 인정한다. 자연과 분리된 노력만으론 지속가능한 발전이 불가능함을 뼈저리게 깨달았기 때문이다. 해답 혹은 정답을 어디에서 구할지는 자명해졌다. 조화 또는 어울림, 바로 자연과 사람의 공존 내지 상생이다. 개발에서 환경으로, 환경을 넘어 생태로의 가치 전환이다.

자연성은 자연 그대로의 성질을 뜻한다. 이 때문에 강의 자연성 회복을 말하면, 천렵을 즐기며 동무들과 멱 감고 놀던 예전의 맑은 물이 넘쳐흐르고 모래톱 곱던 금수강산 풍경을 떠올리는 이들이 많다.

기억 속의 그 강으로 되돌릴 수만 있으면 그 이상 좋을 수 없겠지만, 이는 매우 어려운 것도 현실이다. 세상이 너무 달라졌고, 산과 강의 변화가 돌이킬 수 없을 만큼 크기 때문이다.

따라서 우리와 강의 가치를 한 몸으로 여기는 마음가짐으로, 공존하고 또 상생할 수 있는 지속가능한 방향으로 자연성 회복에 힘쓰는 것이 옳다고 본다.

우리 정부에서 4대강 자연성 회복을 국가 정책 어젠다Agenda로 채택하고 추진 중에 있는 것은 매우 다행스러운 일이다. 생물과 사람이 강의 혜택을 공유하면서, 미래세대 역시 지속가능한 환경을 누릴 수 있도록 해야 한다는 국민과 시대의 요구에 적극 부응한 것으로 본다. 이에 국내 유일 물 전문기관의 경영을 책임진 입장에서 강의 자연성을 성공적으로 회복하고, 국민에게 그 혜택을 돌려주기 위한 몇 가지 방향을 제언하고자 한다.

우선 4대강 16개 보의 합리적인 처리 방안을 마련해 단절된 하천의 연결성을 회복해야 한다. 이를 위해서는 객관적, 과학적 데이터 확보가 특히 중요하다. 이후, 이를 근거로 환경성이나 활용성이 낮은 보는 재자연화하고, 활용성이 높은 보는 자연성을 복원하는 동시에 그 활용성을 유지토록 해야 한다.

후자의 경우에는 구체적인 활용 방안과 보완 대책을 마련하는 전략을 세울 필요가 있다. 가장 중요한 전제조건이 흐름이 살아 있는 하천이라는 점을 잊지 말아야 한다. 최근 참여와 소통에 기반한 사회적 논의가 한창으로, 합리적 대안 마련을 손꼽아 기다리고 있다.

또한 유역 단위 통합물관리로 수량-수질-생태-재해예방이 하나의 일관된 체계 안에서 균형 있게 결정되도록 해야 한다. 유역 내 댐과 저수지를 비롯한 기존 물그릇을 최대한 효율적으로 활용하고, 하수 재이용, 지하수 등 환경에 부담을 주지 않는 새로운 물 확보 대책을 세워 추진해야 한다.

유역 내의 오염원을 근본적으로 제거하는 등의 수량-수질 대책을 통합적으로 시행하고, 강의 생태계 연결성을 복원하는 동시에, 고유의 역사와 문화와 환경가치를 중심으로 수변공간을 새롭게 창조해내야 한다. 그래야만 우리의 4대강이 우리가 정말 바라는 모습으로 돌아갈 수 있다고 생각한다.

아울러, 유역 단위의 '물순환 스탠더드 플랫폼Standard Platform' 구축이 꼭 필요하다. 미래 지향적이고 지속가능한 통합물관리를 튼튼히 뒷받침할 수 있어서다. 스탠더드 플랫폼이란 AI, 빅데이터, 스마트 그리드 등 4차 산업혁명 요소 기술을 활용해 물순환 전 과정에서 객관적·정량적 데이터를 수집·분석하고 활용할 수 있는 통합적인 체계를 말한다.

이를 통해 유역 물 문제에 대한 합리적인 대안을 제시할 수 있으며, 물관리 정책에 대한 불신을 해소할 수 있다. 또한 물 분야 기업들과 협력을 통해 물산업을 육성하고, 해외에 진출하는 등 국가 경제 활력 제고에도 큰 역할을 할 수 있을 것이다.

끝으로, 소통을 통한 사회적 합의로 사람의 이용과 강의 자연성 회복 간에 서로 상충되는 부분을 조화롭게 만드는 일이다. 지역주민을 비롯해 하천 주변의 이해관계자 모두가 서로 적극적인 소통에 힘써야 한다. 그래야만 인간과 자연 간의 관계를 회복할 수 있고, 나아가 자연성 회복을 둘러싼 찬반 의견으로 갈등해 온 인간과 인간의 관계까지 회복할 수 있다. 이것이야말로 진정한 통합물관리이고, 4대강 자연성 회복의 최종 목표라고 믿는다.

강은 자연의 일부이면서 뭇 생명의 공유 공간이다. 사람 역시 자연의 일부다. 인간과 자연의 공생은 누구도 거역할 수 없는 시대적 가치가 되었다. 우리의 상처받은 강을 모든 생명이 함께 어우러지는 강으로 되돌리기 위해 최선을 다할 것을 다짐하며, 이에 대한 시민들의 깊은 관심과 응원을 부탁드린다.

—오마이뉴스, 2020.3.24.

미래세대에게
물순환 도시를

물은 생명의 원천이다. 인류는 물에서 태어나 물과 함께 번영했다. 물을 이용하는 법을 깨우친 인류는 유프라테스와 티그리스 두 강 사이, 나일강과 인더스강 주변에서 관개 영농을 시작하면서 문명을 탄생시켰다. 과학과 기술을 통해 물을 이용하고 통제함으로써 인류 문명을 발전시켜 온 것이다.

하지만 20세기 이후 산업화와 도시화가 진전되면서 개발 중심의 가치관은 산과 들을 도시와 공장지대로 바꾸었고, 에너지 소비 증가는 기후변화를 불러왔다. 인구가 늘면서 물 수요가 늘었고, 이는 다시 오수의 배출로 이어졌다.

도시는 아스팔트와 콘크리트로 뒤덮였으며, 풀이나 나무가 자랄 곳은 사라져갔다. 빗물은 땅속으로 스미는 대신 한꺼번에 유출되어 하수관거나 처리시설이 감당하기 버거울 정도다. 최근 빈발하는 도심 침수, 도시 하천 범람, 하수 월류 등이 이를 말해준다.

강수량이 적어도 문제다. 지하수 저장량이 부족해 지하수 고갈, 하천 건천화가 발생하고, 가뭄이나 물 부족이 심화된다. 증발산이 줄어들면서 도시 열섬, 열대야 등의 현상도 나타난다. 기후변화로 인한 국지적 집중호우와 가뭄, 기온 상승 등은 이 같은 문제를 증폭시킨다.

최근 한국은 저영향개발(LID, Low Impact Development) 기법을 도입한 '물순환 도시'에서 그 해결책을 찾고 있다. 자연의 자정력을 이용하여 수질오염과 기후변화에 강한 도시를 만들자는 것이다.

자연이 가진 수질 정화 기능과 수량 조절 기능을 되살려 기존의 하수관거와 수처리장치 등 인프라 시설이 맡았던 역할을 일부 대신하게 한다.

빗물을 소규모로 분산해 저류, 침투, 증산, 발산시켜 자연의 물순환을 회복하려는 노력이다. 그린 인프라 조성, 빗물 유출 제로화, 물순환 선도 도시 조성 등도 그 일환이다.

하수처리장을 중상류에 분산 설치해 건천화를 예방하고, 유출 지하수 저감 등을 통해 도시공간의 친환경성을 높인다. 미국, 독일, 일본 등에서도 이미 저영향개발 기법을 도입해 수질개선, 빗물 유출 저감, 열섬 완화 등의 효과를 보고 있다.

한국에서도 이러한 노력이 결실을 맺기 위해서는 수량·수질·생태 모두를 아우르는 통합 관점의 협의 체계를 구성하고, 이를 통해 도시 물순환 종합계획을 수립해야 한다.

일부 도시에만 국한할 것이 아니라 전국의 모든 도시를 대상으로 취약 도시를 선정하고, 통합적 관점에서 물순환 도시를 확대해야 한다. 법적·제도적 장치가 뒷받침되어야 함은 당연하다.

아울러 국정과제인 부산EDC 스마트 시티와 송산그린시티 사업에서 물순환 도시 모델을 더욱 발전시켜야 한다.

물 공급 전 과정에 정보통신기술(ICT)과 저영향개발 기법을 적용해 물순환, 수질, 수생태, 친수공간, 수방재 능력을 최적화한 스마트 물관리 체계를 구현하는 것이다.

이를 도시와 도시를 연계하는 스마트 워터벨트로, 나아가 유역 차원까지 확장한다면 유역 중심의 통합물관리 완성도와 기후변화 대응력을 한층 높일 수 있다.

질 높고 지속가능한 시민 생활이 가능하려면 건강한 생태계와 아름다운 경관이 살아 있는 안전한 도시를 만들어야 한다.

스마트 물순환 도시는 4차 산업혁명을 통한 생활의 편리함과 함께 자연과 더불어 살아 숨 쉬고 공생하는 쾌적함을 얻을 수 있는 곳이다.

온고지신溫故知新의 마음으로 선조의 지혜를 오늘에 되살려 자연을 품은 최첨단 도시를 만들고 또 미래세대에게 물려주는 것이 우리가 해야 할 몫이다.

―경향신문, 2020.5.19.

안전은
산업현장의 생명줄

　안전은 중요하다. 아무리 강조해도 지나치지 않다. 안전을 위협하는 요소가 워낙 다양하고 많은 데다 때나 장소를 가리지 않기 때문이다.

　위기는 예고 없이 찾아오나 사전 대비는 어렵고 힘들다. 최근의 코로나19가 이를 잘 말해준다. 팬데믹, 즉 바이러스의 지구적 확산 속에서 78억 명 세계인이 혼란과 공포를 떨치지 못하고 있다.

　투명한 정보 공개와 선진 시민의식을 토대로 한 과학적이고 효율적인 대응으로 우리나라가 모범 사례가 된 것에 자부심을 느끼면서도 '정말 안전한 세상'에 이르는 길이 얼마나 멀고 어려운지 다시금 깨닫는다.

　안전한 세상은 저절로 이뤄지지 않는다. 정부의 앞장선 노력과 언론·공공기관 등 사회구성원 모두의 적극적인 관심과 동참이 어우러져야 가능하다.

　2018년 말 모 공공기관의 협력업체 비정규직 노동자 고故 김용균 님의 사고로 촉발된 국민의 공분은 28여 년 만에 유해·위험 작업의 도급 제한 등을 골자로 한 산업안전보건법을 전면 개정하는 계기가 됐다. 개현역철改弦易轍, 즉 '새로 악기 줄을 바꾸고 수레 길을 만드는' 전환점이 된 것이다.

정부도 지난해 3월 '공공기관 작업장 안전 강화 대책'을 마련하고 공공기관 경영의 최우선 가치가 '생명과 안전'임을 선언했다. 공공기관은 2022년까지 산업재해 사망자를 절반 이상(60%)으로 감축하기 위해 경영 방식에서부터 안전 인프라스트럭처까지 전면 개선에 돌입하고 있다.

안전 대한민국을 실현하기 위한 공공기관 역할과 책임은 막중하다. 안전의식 내재화와 안전 최우선 경영 체계를 기반으로 안전한 세상 만들기에 앞장서야 한다.

안전 전담 조직 확대와 안전 분야에 대한 투자는 필수다. 사후약방문이 아닌 예방 중심의 안전 대책을 세워 재해, 재난, 사고 등에 대한 취약 요소를 사전에 차단해야 한다.

필자가 몸담고 있는 한국수자원공사는 국가 물관리 전문기관으로서 기후변화로 인해 빈번해지는 가뭄, 홍수, 태풍, 지진 등 자연재해로부터 국민 생명과 재산을 보호하는 것이 기본 사명이다.

이를 위해 최첨단 정보통신기술(ICT) 기반의 과학적 댐 운영을 토대로 댐의 안전·수질·생태·친수경관 등 문제를 종합적으로 개선하는 댐 리노베이션 추진이 절실하다. 또 안전한 수돗물 공급을 위해 국가 상수도 전 과정에 걸쳐 디지털 기반의 스마트 관리체계를 구축하는 것도 시급하다.

전 작업장에서 무재해를 달성하기 위해 근로자 실수나 기계 오작동에 의한 사고까지 차단하는 이중·삼중 사고 방지 시스템을 도입해야 함은 말할 것도 없다.

안전한 대한민국에 대한 열망은 크고 뜨겁다. 하지만 아직도 우리는 안전을 남의 일로 여기며 안전에 무관심한 관행이 많이 남아 있다. 그러기에 안전한 대한민국을 위한 여정은 간단하지도 단순하지도 않다. 정부와 국민이 마음과 힘을 모아 함께 노력하되, 때로는 사회적 비용과 고통까지도 감내하면서 한 발 한 발 나아갈 때 도달할 수 있다.

우보만리牛步萬里라 했다. 중요한 것은 느릴지라도 쉼 없고 우직한 걸음이라고 믿는다. 생명과 안전은 그 무엇보다 소중하다. 그리고 이 소중한 가치를 지키기 위해 가장 먼저 필요한 것은 '반드시 지켜내겠다는 우리 모두의 마음'이다. 더욱 안전한 세상을 향한 행진에 국민 개개인 모두의 응원과 동참을 부탁드린다.

—매일경제, 2020.5.26.

그린뉴딜과
스마트 수돗물관리

포스트 코로나에 대비하는 세계 각국의 움직임이 부산하다. 비대면 문화 확산으로 정치·경제·사회·문화·생활 등 모든 영역에서 나타나는 변화를 기회로 삼기 위해서다.

저성장 기조가 전례 없는 감염병 사태와 맞물려 경기 침체가 우려되는 가운데, 우리 정부 역시 국난 극복과 선도형 경제 기반 구축을 목표로 한국판 뉴딜정책을 발표하고 본격적인 추진을 준비하고 있다.

이러한 상황에서 필자는 그린뉴딜을 주목하고 있다. 녹색 전환을 통해 그린 인프라를 확충하고 경제 성장을 견인한다는 점에서 과거 토목공사를 위주로 하던 경기부양 방식과 사뭇 다르다.

저탄소 친환경 경제 전환으로 일자리를 창출하고 지속가능한 성장 토대를 만들겠다는 것이 핵심 내용이다.

그 중 물관리는 기후변화에 대응하고 환경가치를 최우선으로 하는 그린뉴딜에서 빼놓을 수 없는 분야이다. 한국수자원공사는 '깨끗하고 지속가능한 환경 조성', '국민생활 개선', '미래지향 융복합', '경제 활력과 일자리 창출'이라는 4대 원칙 아래 물을 통한 저탄소 친환경 사업에 박차를 가하고 있다.

특히 정보기술(IT) 기반의 스마트 물관리를 통한 국민체감형 수도서비스 혁신이 대표적이다. 여기에는 '파주 스마트워터시티 시범사업'에서 거둔 성과가 큰 힘이 됐다. 상수도 공급 단계마다 IT를 접목한 과학적 수량 및 수질 관리, 실시간 수돗물 정보 제공 등을 통해 믿고 마실 수 있는 물 공급 체계를 구현했기 때문이다.

현재 환경부와 한국수자원공사는 전국 161개 지자체를 대상으로 정보기술, 빅데이터 등 4차 산업혁명 기술을 접목한 지방상수도 스마트 관리체계를 구축 중이다. 실시간 감시와 자동 관리가 가능한 시스템으로 2022년까지 구축을 완료할 예정이다.

아울러 현재 정부가 추진 중인 그린뉴딜에 전국 48개 광역상수도의 스마트화가 포함되면서 국가 전체의 상수도 스마트 관리체계 완성이 한 발 앞으로 다가왔다.

이는 국민들이 수돗물을 안심하고 먹을 수 있도록 하는 것은 물론이고 스마트 센서, 통신 설비 등 스마트 물관리 인프라 시스템 구축과 유지관리 과정에서 다양한 일자리를 창출한다.

스마트 물관리 기술 기반의 신시장 발굴과 스마트 미터링 등 기자재 판로 확대로 물산업 성장도 기대된다. 국가 스마트 상수도 관리체계 구축이 혁신성장과 포용 성장의 선도적 사례가 되도록 정부의 적극적 지원과 투자, 국민 여러분의 관심과 응원을 부탁드린다.

—서울신문, 2020.6.23.

디지털화와 빅데이터,
그리고 스마트 통합물관리

바야흐로 데이터의 시대다. 4차 산업혁명의 영향으로 사회 모든 분야가 '데이터'에 관심을 집중하고 있다.

유엔(국제연합), EU(유럽연합)와 같은 국제기구뿐만 아니라 독일 'Water 4.0', 네덜란드의 'Digital Delta 프로젝트' 등과 같이 물관리 선진국에서도 데이터 기반의 물관리 혁신을 내세운다.

최근 우리나라도 '한국판 뉴딜' 정책에 힘입어 정부, 공공기관을 비롯한 민간 기업까지 디지털 전환에 가속도를 내고 있다. 물산업 분야도 예외는 아니다.

필자가 몸담고 있는 물관리 분야에서도 디지털화는 꾸준히 이루어져 왔다. 데이터를 활용한 정확한 분석과 신뢰할 수 있는 결과를 바탕으로 과학적 물관리를 하기 위해서다.

이는 홍수 방어(치수), 용수 공급(이수)과 함께 수질, 수량, 수생태를 종합적으로 고려하는 통합물관리의 밑거름이 된다.

최근 기후변화로 인해 더욱 커지고 있는 수자원의 불확실성과 변동성에 보다 능동적으로 대처하기 위한 방법이기도 하다. 그간 한국수자원공사는 물관리 전 분야에 걸쳐 정보통신기술(ICT)을 적용하기 위한 다양한 노력을 기울여 왔다.

수자원, 수도, 가뭄, 홍수 등 각종 물 정보를 모니터링하고 분석하는 시스템을 구축해 시설 운영의 효율화를 꾀하고, 물 재해 대응 능력을 향상시켰다.

최근에는 빅데이터와 인공지능(AI), 사물인터넷(IoT), 디지털 트윈 등 4차 산업혁명 기술을 접목해 혁신적인 물 서비스를 제공하고자 온 힘을 다하고 있다.

모든 댐과 정수장에 디지털 트윈 기술을 활용한 안전관리 체계를 구축하고 인공지능 정수장을 조성하는 것이 그 일환이다. 최상의 물 관리는 얼마나 정확하고 신속하게 데이터를 수집하고, 분석해 적용하느냐에 달려 있다고 해도 과언이 아니다.

여기서 필자가 주목하는 것은 물순환 전체를 아우르는 정확하고 풍부한 빅데이터의 확보와 공유이다. 우리나라는 물 정보가 기관과 목적에 따라 분절되어 수집·관리되어 오고 있다.

제한된 데이터만으로는 국가 전체의 통합적 물관리와 물 문제 해결을 위한 사회적 합의 도출에 한계가 있기 마련이다.

국민 누구나 필요에 따라 정보를 선택해 사용할 수 있도록 해야 한다. 초연결·초지능의 디지털화로 국가 전체의 물 데이터들을 표준화하고, 빅데이터로 전환해야 하는 이유가 여기에 있다.

즉 분산되어 있는 국가 물 관련 시스템의 연계를 통해 빅데이터를 생성하고, 이를 공동으로 유통·활용할 수 있는 물관리 통합 정보 빅데이터 플랫폼을 구축하는 것은 시대적 사명이라 하겠다.

이것이 이루어진다면 과거에 비해 더욱 정확하고 신속하게 가치 있는 정보를 끌어낼 수 있을 것이다. 최적의 통합물관리 정책 결정을 지원하고 물관리의 효과성을 높일 수 있다.

안정적인 용수 공급과 재난예방 및 대응 능력이 한층 강화될 것이다. 데이터 취득을 위한 통신 장비와 인프라의 확충, 관련 솔루션 개발은 물산업의 새로운 성장동력이 될 것이다.

전문 인력을 채용하고, 이를 양성하는 교육 과정에서도 일자리 창출이 기대된다. 관계 기관과 기업, 국민이 필요로 하는 물 정보를 자유롭게 활용할 수 있게 된다면 더 큰 혁신과 경제적 가치를 유발할 것임은 자명하다. 이것이 바로 한국판 뉴딜이 추구하는 '데이터 댐'이 아닐까.

아직 넘어야 할 산이 많다. 법 제도 정비, 정부 정책, 정보 보호 및 보안 표준 마련 등이 그것이다. 고장난명孤掌難鳴이라 했다. 외손뼉만으로는 소리가 울리지 않듯이 정부, 지자체, 공공기관, 민간 기업 등이 함께 힘을 합친다면 빅데이터 기반의 스마트 통합물관리 실현을 앞당길 수 있을 것이다.

국민 누구나 '물 걱정 없는 세상! 물이 여는 미래, 물로 나누는 행복'을 누릴 수 있도록 여러분의 지속적인 관심과 응원을 부탁드린다.

―헤럴드경제, 2020.7.28.

기후위기경영, 지금은 행동할 때!

우리의 미래가 위태롭다. 이대로 가다간 우리의 후손이 마음 놓고 생활을 할 수 없을지도 모른다. 온실가스 배출량 증가로 인한 지구 온난화가 기후위기를 불러와 우리의 삶을 위협하고 있기 때문이다.

지난해 우리나라를 덮친 역대 최장 장마와 집중호우, 세계 각지에서 발생하는 가뭄과 홍수, 산불 등이 이를 증명한다. 아직도 끝나지 않은 코로나19 팬데믹도 기후위기와 무관하지 않다.

세계보건기구(WHO)는 지구의 평균 기온이 1℃ 올라갈 때마다 전염병이 4.7% 늘어난다고 분석했다. 지난 1월 세계경제포럼은 '2021 글로벌 리스크 보고서'에서 10년 내 세계적으로 영향을 미칠 위험 요소를 발표했다.

1위에 전염병과 2위에 기후변화 대응 실패가 올랐다. 발생 가능 측면에서는 기상이변이 1위를 차지했다. 기후위기가 인류의 생존과 직결된 문제임을 다시 한번 확인시켜 주었다. 이제는 지체할 시간이 없다. 행동해야 할 때다. 자연에 진 빚을 하루빨리 갚아야 한다.

올해는 신기후 체제가 적용되는 첫해이다. 이는 국제사회가 지구 평균 기온을 산업화 이전보다 2℃ 이상 올라가지 않도록 하자는 파리 협약에 따른 것이다. 유럽의회는 이미 2019년 기후·환경비상사태를 선언했고, 중국에서는 지난해 9월 2060 탄소중립 선언이 있었다. 우리 정부도 지난해 12월 2050 탄소중립 추진 전략을 발표하며 저탄소 정책을 가속화하고 있다. 반가운 일이다.

해외 기업들의 노력도 가속화되고 있다. 마이크로소프트는 지난해 1월 2050년 탄소중립을 초과하는 네거티브 달성 전략을 선언하는 한편, 애플, 구글, 아마존 등 세계적 기업들도 탄소중립 경영 방향을 발표했다. 우리 기업들도 서둘러 동참해야 한다. 모든 의사결정에 기후위기 대응을 최우선으로 하는 경영체제에 돌입해야 한다.

필자가 몸담고 있는 한국수자원공사는 지난해 11월 공기업 최초로 기후위기경영을 선언하며, 본격적인 기후위기 대응에 나섰다. 물관리 인프라의 디지털 전환으로 기후위기 대응 역량을 강화하고, 온실가스 저감과 극한 물 재해를 극복하려는 다짐이다.

이와 함께 사용 전력 100%를 재생에너지로 충당하는 RE100 캠페인에 참여를 선언했다. 2030년까지 탄소중립 물 생산과 저에너지형 물관리로 모든 광역정수장의 탄소중립을 실현할 것이다.

국내 기업들이 조속히 RE100에 동참할 수 있도록 수상태양광, 수열에너지와 같은 청정 물 에너지 보급을 확대한다. 속도감 있는 실행을 위해 관련 전략·제도·시스템 등을 구축하고 전 사업영역에서 신규 탄소 감축 방안을 발굴 중이다. 국가·지자체의 탄소 감축 의지를 지원할 수 있는 선도모델 마련에도 박차를 가하고 있다.

무엇보다 우리나라의 녹색 전환이 성공하기 위해서는 정부와 지자체, 기업, 시민사회 등과의 긴밀한 협업이 필요하다. 국민도 각자의 삶 속에서 에너지 절약, 플라스틱 사용 줄이기, 저공해차 이용 등 탄소 저감을 위한 노력을 실천해 나가야 할 것이다. 우보만리牛步萬里라 했다. 우리 모두가 신축년 새해를 맞아 소의 뚝심으로 탄소중립을 향해 지치지 않고 뚜벅뚜벅 걸어가기를 희망한다.

─경향신문, 2021.2.25.

물의 가치를 높일수록
우리의 미래는 밝아진다

바야흐로 봄이다. 바람이 제법 매서움을 감추긴 해도 마음껏 온기를 누리기가 쉽지 않다. 코로나19 탓이다. 범국민적 노력과 백신접종으로 안정적인 극복의 길을 향하게 된 것은 참으로 다행스럽긴 하나, 신종 바이러스의 출현 앞에 두려워해야 하는 현실은 많은 것을 생각하게 한다.

노자는 도덕경에서 천지불인天地不仁이라 했다. 자연은 어질지 아니하고 그대로 행할 뿐 뿌린 대로 거둔다는 뜻이다. 기후변화로 극한 물 재해와 생태계 교란이 일어나는 것도, 신종 전염병이 확산되는 것도 자연의 섭리를 거스르고 훼손한 대가라는 생각에 이르니 마음이 더욱 무거워진다.

마침 올해 세계 물의 날 주제가 물의 가치, 미래의 가치다. 자연과 생명의 근간이 되는 "물"의 가치를 지키고 살리는 것이 우리의 지속가능한 미래를 만드는 길임을 또다시 일깨워 준다.

이미 국제사회는 2015년 제70차 UN 총회에서 2030년까지 달성할 17개의 지속가능 발전 목표를 의결했다. 그 중 3개가 "깨끗한 물과 위생, 깨끗한 에너지, 기후 행동"으로 물과 관련되어 있다.

인구증가, 물 부족, 수질오염 그리고 악화되는 기후변화의 영향으로 물은 엄청난 위협을 받고 있음을 말해준다. 이러한 상황 속에서 물의 역할과 가치를 바로 알고 지키는 것이 지속가능한 미래를 위한 노력의 시작일 것이다. 물의 가치를 실현하고 누구나 평등하게 물의 혜택을 누리게 하는 것이야말로 우리의 밝은 미래를 보장해 줄 것이다.

물은 생존을 위한 본질적 가치와 수많은 생명체의 삶의 터전을 제공하는 생태적 가치가 있다. 농업용수, 산업용수 등 사회·경제적 활동에 필수 불가결한 자원으로서 가치도 배놓을 수 없다.

최근에는 여행과 레저, 여가를 위한 문화적 가치도 내재하고 있다. 즉 물은 토양, 대기, 에너지와 상호작용하여 생명, 사회, 경제의 토대가 된다. 생태계뿐만 아니라 인류의 생존과 건강, 식량 생산, 에너지 공급, 도시 기능 유지 등에 필수적이다.

그럼에도 불구하고 우리는 물의 소중함을 제대로 인식하지 못하는 경향이 있다. 환경부의 2019년 상수도 통계에 따르면, 우리나라 전국 상수도 보급률이 99.3%이다.

그만큼 주변에서 쉽게 물을 공급받을 수 있기 때문일 것이다. 하지만 대한민국도 물 스트레스 국가인 것은 주지의 사실이다. 아직도 세계 곳곳에서는 수십억 명의 사람들이 오염된 물을 마시고 가뭄과 홍수를 겪고 있다.

깨끗하고 안전한 물의 수요가 증가하는 상황에서 자연과 물, 인류 사회가 어떻게 서로의 가치를 높이면서 조화를 이루느냐가 숙제이다.

그 점에서 한국수자원공사가 물관리 전문기관으로서 해야 할 역할이 크다. 모든 국민에게 깨끗하고 안전한 물을 공급하고 물 재해로부터 국민의 생명과 재산을 보호해야 하는 일은 기본 사명이다.

수량-수질-수생태를 아우르는 통합물관리와 물환경 개선을 통해 물 인권을 수호해야 한다. 물의 혜택에서 소외되는 국민이 없도록 공공성 강화와 물 복지를 실현해야 할 것이다. 나아가 물의 가치를 더하는 노력으로 물-에너지-도시의 융합 서비스를 확대해야 한다.

물산업 육성, 청정 물 에너지 확대, 친환경 스마트 수변도시 조성이 그 일환이다. 기후변화 대응과 물을 통한 탄소중립 실현은 물론이다. 이 모든 것이 물의 가치 인식과 올바른 이해를 바탕으로 한 국민적 공감대 속에 추진되어야 할 것이다. ESG경영기반의 국민 소통과 거버넌스가 더욱 활발해져야 하는 이유다.

구구소한九九消寒이라 했다. 봄을 만나는데 81번의 추위를 견뎌야 한다. 결실을 맺기 위해서는 인내심을 가지고 많은 정성을 기울여야 한다는 뜻이다.

세계 물의 날을 맞아 깨끗하고 안전한 물환경을 미래세대에 물려주는 일에 쉬거나 지치지 않고 걸어가리라 다시 한번 되새겨 본다.

—매일경제, 2021.3.22.

ESG경영,
지구를 살리는 물관리를

4월 22일은 지구의 날이다. 지구의 환경오염 문제를 일깨우기 위해 민간 차원에서 환경보호자들이 제정하였다.

우리나라는 2009년부터 이날을 전후해 기후변화의 심각성과 저탄소 생활의 필요성을 알려왔다. SF 영화에서는 인간이 외계인의 침공으로부터 지구를 구해내는 내용이 많지만, 현실은 오히려 기후를 해치는 인간으로부터 지구를 지켜내야 하는 실정이 되었다는 사실에 마음 한구석이 씁쓸해진다.

지구 살리기는 전 인류가 함께 노력해야 가능하다. 단순히 어느 개인이나 환경보호자들만의 몫이 아니다. 특히 지구로부터 많은 자원을 얻어 이익을 창출하는 과정에서 탄소를 배출해 온 기업의 역할이 중요하다.

다행인 것은 최근 전 세계적으로 새로운 기업 경영 패러다임인 ESG가 확산되고 있다는 점이다. ESG는 환경Environment, 사회 Social, 지배구조Governance의 앞 글자를 딴 약자다.

"환경(E)"은 온실가스 감축으로 기후변화 대응을, "사회(S)"는 인권 존중과 사회 양극화 해소 등으로 공정하고 안전한 사회 구현을, "지배구조(G)"는 법과 윤리의 준수 및 투명하고 민주적인 기업 운영을 주요 내용으로 한다.

재무적인 이익보다 장기적 관점에서 기업의 지속가능성에 영향을 주는 비재무적 요소를 강조한다. 환경 관점에서 지구를 살리는 것뿐만 아니라 인류가 지구상에서 인간다운 삶을 영위할 수 있게 하는 넓은 의미의 지구 살리기로 볼 수 있겠다.

ESG경영은 비재무적인 이슈를 기업의 가치 평가에 반영하는 투자자의 관점에서 시작되었다. 사회에 긍정적인 영향을 줄 수 있는 투자를 선택하는 경향이 강화된 것이다.

이는 세계 주요 국가의 친환경 정책과 기업의 ESG 정보 공시 의무화 등으로 더욱 탄력을 받고 있다. 최근 코로나19 팬데믹과 기후변화의 위기 속에서 기업이 환경과 사회, 이해관계자를 포용해야 존속할 수 있다는 범세계적 공감대로 가속화되는 추세다.

"물"을 통해 공공의 가치 실현을 최우선으로 하는 한국수자원공사야말로 ESG경영이 필수다. 기후변화에 대응하는 물관리와 수상태양광, 수열 등 청정 물 에너지를 통한 녹색 전환, 국민 모두에게 공평한 물 복지 실현, 녹색채권 발행 등은 ESG경영의 좋은 사례들이다.

이미 지난해 11월 RE100을 향한 기후위기경영을 선포하고, 올해 3월 ESG경영을 약속하며 지속가능한 대한민국을 위한 힘찬 걸음을 내딛고 있다. 물환경 회복, 탄소중립 등 친환경 사업 기반을 강화하고, 혁신기업 창업 플랫폼 구축 등 동반성장과 상생협력으로 사회적 책임을 다하고 있다.

내·외부 이해관계자들과 더욱 적극적으로 소통하여 투명한 의사결정 체계로 공정한 기업을 추구해 나간다. 이를 통해 ESG경영의 내재화 단계인 ESG 3.0 도약으로 국민에게 행복을 주는 물의 미래를 만들어 간다는 목표다.

리처드 바크의 소설 『갈매기의 꿈』에는 "높이 나는 새가 멀리 본다"라는 구절이 있다. 하나뿐인 지구를 살리기 위해서 눈앞의 이익이 아닌 멀리 내다보는 혜안이 필요한 때이다.

우리나라 정부와 입법기관도 ESG 기업이 우대받을 수 있는 법과 제도를 정착시켜야 할 것이다. 국민께도 ESG 기업에 많은 관심과 지지를 부탁드린다.

ESG경영이 우리 사회에 뿌리내릴 수 있도록 정부와 기업, 개인이 함께 힘을 모으는 새로운 시대가 열리기를 희망한다.

—한국경제, 2021.4.22.

세계가 손잡고
탄소중립 물관리 실현해야

　기후위기 극복을 위한 탄소중립은 선택이 아닌 필수다. 최근 유럽 연합과 중국, 일본 등 세계 주요 국가가 탄소중립 선언을 이어 가고 있다. 우리나라도 한국판 뉴딜정책과 2050 탄소중립 추진 전략을 통해 저탄소 경제구조로의 전환에 본격적으로 나섰다.

　기후위기는 국경을 초월한다. 탄소중립 실현을 위해서 정부와 기업, 시민사회의 협업뿐만 아니라 국제 네트워크를 통한 전 세계 공공·민간이 모두 참여하는 협력체계 마련이 절실한 이유다. 이러한 측면에서 오는 30~31일 우리나라에서 개최되는 제2차 P4G 정상회의가 주목된다.

　P4G는 '녹색성장 및 글로벌 목표 2030을 위한 연대'로서 대한민국, 덴마크 등 12개국이 회원국으로 참여하고 있다.

　물, 에너지, 순환경제, 도시, 식량·농업 등 주요 분야에서 민관 파트너십을 통한 녹색성장 이행, 기후변화 대응과 지속가능개발목표(SDGs) 달성을 지원한다.

　이번 정상회의의 주제는 '포용적인 녹색 회복을 통한 탄소중립 비전 실현'이다. 분야별 기본 세션이 함께 진행되는데, 그중 물 세션은 '기후위기 극복을 위한 탄소중립 스마트 물관리'를 주제로 한다.

　물 분야에서의 기후변화 대응과 탄소중립을 위한 물 기술 혁신, 물

정책 및 거버넌스 개선 등이 논의될 예정이다. 국제적 협력으로 탄소중립 물관리 실현을 앞당기는 기회가 될 것이다.

물 세션에 참여하는 한국수자원공사는 글로벌 탄소중립을 선도하기 위해 그동안 다각적인 노력을 기울여 왔다.

환경·사회책임·지배구조(ESG) 경영과 함께 물관리 인프라의 디지털 전환으로 온실가스 저감과 물 재해 극복을 위한 역량을 강화하고 있다.

더불어 수상태양광, 수열에너지와 같은 청정 물 에너지의 보급 확대와 저에너지형 물관리를 통한 탄소중립 실현에 매진 중이다.

지난 4월에는 국내 공공기관 최초로 '글로벌 RE100' 가입을 완료하고, 2050년까지 사용 전력의 100%를 재생에너지로 충당할 계획이다.

이를 통해 물 분야의 탄소중립 의제를 주도하고, 국내 물관리 기술의 해외 진출을 지원하는 데도 최선을 다할 것이다.

이번 P4G 정상회의는 각국 정부, 국제기구, 물기업이 함께 참여하는 국제 협력의 교두보가 될 것이다. 이를 발판으로 대한민국 주도로 세계 최초 물 분야 '탄소중립 협력 플랫폼'을 마련해 전 세계 역량이 집중될 수 있기를 기대한다.

대한민국이 기후변화 대응 선도 국가로 탄소중립의 중심에 설 수 있도록 국민 여러분의 많은 관심과 응원을 부탁드린다.

—서울신문, 2021.5.25.

일터와 일상의
탄소중립을 위해

 탄소중립은 오늘날 가장 중요한 화두가 됐다. 탄소중립이 단순히 생태적 위기에 머물지 않고 국가 경쟁력과 생존이 걸린 문제가 됐기 때문이다. 세계 주요 국가들은 탄소중립 사회를 실현하기 위해 첨단 기술개발 등 각고의 노력을 펼치고 있다.

 이 같은 노력의 배경에는 지구온도 상승 폭을 1.5℃ 이하로 유지해야 한다는 당위적인 이유도 있지만, 이면에는 남들보다 빠르게 첨단 기술을 확보하고 신재생에너지로 전환해 새로운 시대의 주도권을 석권하고자 하는 의도가 있다.

 말 그대로 세계는 탄소중립을 중심으로 총성 없는 전쟁에 접어들었다.

 주요국들은 신재생에너지와 첨단기술력 개발에 과감한 투자를 하며 '퀀텀점프Quantum jump(대도약)'를 시도하기 위해 공공과 민간의 역량을 모으고 있다.

 이미 기술력이 앞선 미국과 유럽 등은 탄소배출이 많은 수입품에 대한 탄소세를 부과하는 등 새로운 형태의 관세를 예고하고 있다.

 또 세계적인 유수의 금융기관도 탄소산업에 투자하지 않겠다고 선언했다. 화석연료로 만든 상품은 설 자리를 잃어가고 있다. 탄소배출 경제는 그 자체로 큰 비용이 됐다.

이러한 변화는 수출과 제조업 중심의 경제구조를 가진 우리에게 불리하다. 국내 제조업 상당수가 탄소중립의 시대 변화 속도를 따라잡지 못하고 있다. 특히 탄소 감축의 상당 부분이 소비 분야에서 나올 것으로 예상되는 만큼, 일상에서 탄소중립을 실현해야 경제 체질 전반을 바꿀 수 있다.

이에 정부는 올해를 탄소중립의 원년으로 선포하며 발 빠른 대응을 펼치고 있다. 한국수자원공사도 탄소중립 이행 로드맵을 수립하고 수상태양광, 수열 등을 활용한 신재생에너지 인프라를 구축하며 경제와 사회 전반에 걸쳐 질적 변화를 위한 토대를 마련하고 있다.

또 지난달 'P4G 서울 녹색미래 정상회의'에 참여해 탄소중립을 위한 국제적 협력을 도모하는 등 정부의 '2050 탄소중립' 실현을 위한 구체적 행동을 펼치고 있다.

정부와 공공기관의 노력에도 불구하고 탄소중립이 일상화되기에는 한계가 있다. 탄소중립의 내용이 기술적이고 새로운 개념이 많다 보니, 단어 자체가 어렵고 이해하기가 쉽지 않다. 또 탄소중립의 논의가 학회와 세미나 등 전문가의 영역에 머물러 있는 것도 해결할 숙제다.

탄소중립이라는 화두가 일상에도 스며들어야 한다. 최근 한국수자원공사는 둘리를 활용한 탄소중립 캠페인 영상을 제작하고 사진 이벤트를 진행 중이다. 둘리라는 친근한 문화적 자원을 활용해 일상에서 탄소중립에 대한 관심과 친밀감을 높여보자는 취지다.

공사 직원과 가족들도 삼삼오오 함께 사진을 촬영하며 탄소중립의 공감대를 넓혀가고 있다. 또 긴급 구호용 병입 수돗물의 페트병 경량화와 비닐 라벨 제거 등 탈플라스틱 캠페인에 참여하며 탄소중립 일상화를 위해 다양한 활동을 병행하고 있다.

앞서 공공기관 최초로 'RE100' 참여를 선언한 것도 탄소 저감을 위해 사회적 역량을 결집하기 위한 노력의 일환이다.

탄소중립이라는 대장정을 성공적으로 완수하려면 공공과 민간이라는 두 개의 바퀴가 함께 굴러야 한다.

생산과 소비의 영역에서, 일터와 일상에서도 탄소중립의 실천이 요구된다. 사회 전반에 걸쳐 탄소중립의 일상을 체질화하자. 이를 통해 대한민국 탄소중립의 '퀀텀점프'를 실현해 나가길 희망한다.

—세계일보, 2021.6.29.

대전환의 기로,
한국판 뉴딜의 마중물

"과거의 성공을 버려라!", "중간은 없다."

최근 국내 굴지의 기업들이 던지는 메시지가 예사롭지 않다. 일류 기업도 급변하는 시대에 위기감을 느끼며 살아남기 위해 과감한 혁신을 선택하고 있다.

이 위기감의 발원지는 기후변화와 디지털 전환, 팬데믹에 따른 전 지구적 변화에 있다. 한 번도 경험하지 못한 미지의 세계가 열리며 위기를 기회로 만들기 위한 국제사회의 움직임은 분주하다.

탄소중립과 데이터 경제는 미래를 선점하기 위한 전쟁터가 됐다. 탄소중립은 환경적인 의미를 넘어 세계 경제를 재편한다. 세계 금융 기관은 탄소경제에 대한 지원을 철회하고, EU는 탄소국경조정세로 무역 장벽을 높이고 있다.

데이터 경제를 둘러싼 주도권 싸움도 치열하다. 주요 선진국들은 디지털 원천기술을 전략 자원으로 관리하며 글로벌 공급망을 새롭게 짜고 있다.

이러한 변화는 수출 중심 제조국가인 대한민국에게 위기가 아닐 수 없다. 최근 대외경제정책연구원의 연구에 따르면, 탄소국경세 도입 시 한국은 연간 1조 원의 탄소 비용이 발생한다.

이를 극복하기 위해 정부는 지난해 7월 '한국판 뉴딜'을 선포했다.

2025년까지 총사업비 160조 원을 투자해 '디지털 뉴딜'과 '그린뉴딜'을 두 축으로 국가 체질을 데이터와 친환경 경제로 개선하겠다는 게 정부의 목표다.

한국수자원공사는 '한국판 뉴딜' 전략의 선봉에 서 있다. 지난해 '세계 최고의 물종합플랫폼 기업'을 선포하고 물관리 인프라 전 과정의 스마트화 등을 위해 13개 과제를 추진 중이다.

특히 '디지털 뉴딜' 분야에 우리 공사는 새로운 지평을 열고 있다. ICT·AI 기반의 국가 상수도 전 과정 스마트화, 디지털 트윈 체계의 댐 안전관리 플랫폼, 데이터와 물관리 혁신 솔루션이 융합되는 디지털 워터플랫폼 구축 등 물 분야의 데이터 경제 전환을 이끌고 있다. 또 초순수 국산화 등 디지털 생태계 자립을 위한 기술개발도 매진 중이다.

물 분야 에너지 혁신도 주도하고 있다. 2030년까지 광역정수장 탄소중립을 달성하고, 수상태양광, 수열 등의 개발로 신재생에너지를 확대하고 있다. 이를 통해 친환경 신성장 모델과 녹색 일자리 창출 등을 함께 실현하고자 한다.

'한국판 뉴딜'은 미래 100년을 여는 대전환의 시작이자 새로운 번영의 기로이기도 하다. 대한민국 백년대계가 걸려있는 만큼 국가적 역량을 한곳에 모아야 한다.

한국수자원공사 역시 '한국판 뉴딜'의 마중물로 최선을 다할 것이다. 국민 여러분도 힘과 지혜를 함께 모아주시기를 당부드린다.

—중앙일보, 2021.7.22.

다 함께 절박하게
에너지 전환을

  '극한의 여름'. 유엔 산하 세계기상기구(WMO)가 올여름 기상이 변 상황을 총괄한 긴급 보고서의 제목이다. 극한은 한계의 끝을 의미한다. 공식 보고서에 극한이라는 제목을 붙일 만큼 지구 환경은 이제 한계까지 치달았다.

  충격적인 것은 영구 동토층이 있는 시베리아까지 불타고 있다는 사실이다. 동토층의 해빙은 기후위기의 티핑포인트로 불린다. 동토가 녹으면 이산화탄소보다 강력한 온실가스인 메탄이 대거 방출돼 기후변화에 결정타를 주게 된다.

  스위스 대기기후과학연구소는 온실가스를 낮추지 않으면, 향후 51년 이후 최대 21배까지 이상 고온이 증가한다고 경고하고 있다.

  극한의 위기를 돌파하기 위해 전 세계는 에너지 전환에 사활을 걸고 있다. 신재생에너지 전환만이 기후위기를 극복하는 가장 근원적인 대응이기 때문이다. 최근 코트라에 따르면, 미국은 이미 재생에너지의 비중이 국가 총에너지 중 21%에 도달했으며, 독일은 2050년까지 재생에너지 발전 비중을 80%까지 높인다는 계획으로 미래를 대비하고 있다.

  영국도 2030년까지 재생에너지 비중을 30%로 설정하고 국가 역량을 모으고 있다. 우리 정부도 2030년까지 전체 발전량 중 신재생에너지 비중을 20%로 확대하는 정책을 수립하고 에너지 전환을 견인하고 있다.

한국수자원공사는 정부 에너지 전환 정책의 핵심 파트너로서 현재 국가 신재생에너지 총 시설의 7%를 담당하고 있다. 한국수자원공사는 오는 2035년까지 온실가스 771만 톤을 감축 목표로 수상태양광과 수열에너지 등 신재생에너지의 비중을 더욱 넓혀갈 계획이다.

수상태양광사업은 2021년 현재 합천댐 등 5개 다목적댐에서 총 147.4㎿ 규모로 추진하고 있다. 수년간의 모니터링 결과 수상태양광은 공간적 제약과 환경 훼손이 거의 없는 청정에너지임이 입증됐으며, 석탄 발전 대비 90%에 달하는 탄소 절감 효과가 있어 온실가스 해소에 큰 역할을 할 것으로 기대된다.

수열에너지의 실용화도 앞당기고 있다. 수열에너지는 물의 온도차를 활용해 건물에 냉난방을 공급하는 친환경에너지이며, 도시 열섬현상을 완화하는 가장 훌륭한 대안 중 하나다.

한국수자원공사는 현재 추진 중인 강원도 수열에너지 융복합클러스터 조성과 부산EDC 스마트빌리지 주택단지 수열공급사업을 성공적으로 이뤄내 수열에너지 실용화 시대를 열어갈 예정이다.

극한의 기후위기가 눈앞에 실시간으로 펼쳐지는 가운데 맞이하는 올해 에너지의 날은 그 어느 때보다 절실한 의미로 다가온다. 지금 당장 준비하지 않는다면 우리 아이들은 산불을 끄고 가뭄에 물을 구하는 미래를 맞이할 것이다. 에너지 전환만이 미래를 파국에서 구할 수 있다. 절박한 심정으로 다 함께 에너지 전환을 이뤄나가자.

—한국일보, 2021.8.19.

추격서 추월로
K-테스트베드

2차 산업혁명의 심장이었던 자동차 내연기관에 사망 선고가 내려졌다.

최근 열린 세계적인 모터쇼인 'IAA 모빌리티 2021'에서 벤츠는 모든 신차를 전기차로 개발할 것임을 선언했다. 내연차로 2차산업 시대를 개막한 벤츠가 스스로 자신의 시대가 끝났음을 알리는 역사적인 순간이었다.

대전환의 시대에 영원한 1등은 없으며 끊임없는 혁신만이 번영을 약속하는 유일한 방법이 됐음을 명백히 보여준 장면이었다.

기술 혁신은 가장 중요한 화두가 됐다. 친환경과 디지털 전환에 따라 세계 각국은 원천기술을 선점하기 위해 치열한 경쟁을 펼치고 있다.

무엇보다 특별한 변화는 정부와 기업이 한 몸으로 움직인다는 사실이다. 기술은 이미 국가의 번영을 결정짓는 안보의 일부분이 됐기 때문이다.

이러한 변화는 우리에게 새로운 위기로 다가온다. 제조업 중심의 수출구조로는 혁신기술 중심으로 재편되는 글로벌 공급망에서 생존할 수 없다.

추격에서 추월로의 경제를 전환하려면 국가 차원의 기술 혁신 생태계 구축이 절실하다.

이러한 고심 끝에 지난 8월 탄생한 것이 K-테스트베드다. 테스트베드는 새로운 기술과 제품, 서비스 등의 성능과 효과를 시험할 수 있는 환경 또는 시스템을 말한다.

혁신 기술 하나가 탄생하려면 수많은 시행착오를 거쳐야만 한다. 여러 테스트를 거치고 선별하며 개선하는 소위 '스케일업'이라는 과정을 버텨야만 하나의 기술이 상품으로 살아남는다. 문제는 중소·벤처기업에게는 시행착오를 버틸 체력이 부족하다는 점이다.

정부 주도로 추진되는 K-테스트베드는 혁신 아이디어를 가진 기업들이 시행착오를 견딜 수 있는 체력을 제공해 준다. 특히 가장 고무적인 것은 K-테스트베드에 한국수자원공사를 비롯해 국내 44개 공공기관과 한국무역협회가 대거 참여했다는 점이다.

K-테스트베드에 참여한 공공기관은 자신의 모든 자원을 중소·벤처기업의 혁신을 위한 실험실로 개방한다. 상상 단계의 기술이 시장에서 상품이 될 때까지 함께 한다.

신기술·시제품의 실증기반 지원과 공공조달 연계, 해외 판로개척 등 전 과정에서 유기적 협력을 펼친다. 명실상부 국가 차원의 모든 역량을 집결해 대한민국을 하나의 거대한 R&D 공간으로 탈바꿈시키고 기술 강국으로 도약하는 발판이 마련된 것이다.

한국수자원공사는 시범 운영 기관으로 K-테스트베드의 중추에 서 있다. 2017년부터 물산업 혁신성장을 이끌어 온 성공 경험을 국가 차원으로 녹여내야 하는 막중한 책임을 짊어지게 됐다.

그동안 한국수자원공사는 물산업 혁신생태계 조성에 힘써 왔다. 관련 기업의 창업 전 주기를 지원하고, 혁신기술 공동 개발과 펀드 조성, 전국 121개 시설물을 테스트베드로 전면 개방·공유했다.

이러한 노력은 지난해 물산업 분야 611개 사에서 3,000여 억 원의 매출과 2,200여 개의 일자리를 창출하는 결실로 이어졌다.

　『위대한 도약』의 저자 하워드 유 스위스 국제경영개발연구원 교수는 대전환의 시대에서 살아남으려면 잘하는 분야에 안주하지 말고 새로운 분야로 도약해야 한다고 충고한다.

　그러나 도약을 위해서는 발판이 필요하다. 중소·벤처기업이 시행착오를 견디는 체력을 키우고, 대한민국이 추격 경제에서 추월 경제로 도약하는 발판이 되도록 K-테스트베드의 성공을 이끌어 가겠다.

—머니투데이, 2021.9.27.

반도체 최강국 자존심,
'초순수'로 지켜내자

산소와 수소의 화학적 결합물, 물의 사전적 정의다. 그러나 산소와 수소만으로 결합된 순수한 물을 접하기 쉽지 않다. 우리가 매일 마시는 물에는 미네랄 등이 존재할 수밖에 없다. 그렇다면 사전적으로 정의된 가장 원형에 가까운 물은 어디서 만날 수 있을까. 첨단산업 분야에서 만나볼 수 있다.

물은 음용수로도 중요하지만, 모든 산업 분야에 없어서는 안 될 소중한 자원이다. 물의 공급이 없다면 어떠한 산업도 일어날 수 없다. 산업단지 조성에 물 공급을 최우선으로 고려하는 이유다.

첨단산업 분야에서는 조금 더 특별한 물이 필요하다. 바로 초순수 Ultrapure Water이다. 수소와 산소만으로 구성된 초순수는 세상에서 가장 순도 높은 물이다. 세척업과 물티슈 등 생활·건강 분야와 LCD 패널 등 최첨단 정밀산업에서 꼭 필요한 핵심 소재다.

특히 반도체에서 초순수의 중요성은 빼놓을 수 없다. 초순수는 반도체 기판인 웨이퍼 세정에 사용된다. 머리카락보다 수천 배 미세한 나노 단위 회로로 구성된 반도체는 전자의 간섭을 없애야 한다. 때문에 전기 전달물질인 이온이 제거된 초순수로의 세척 과정은 필수다.

문제는 초순수의 높은 대외 의존도. 초순수 기술 특허와 설계는 일본과 해외 기업이 독점하고 있다. 이는 해외에 반도체의 급소가 붙잡혀 있음을 의미한다. 경제의 버팀목이자 총수출의 20%가량을 차지하는 반도체 산업을 지키기 위해서라도 초순수 자립을 서둘러야 한다. 나아가 초순수 산업은 그 자체로도 성장하는 시장이다. 2020년 기준 세계 시장 규모는 20조 원이며, 디지털 전환에 따라 그 가치는 커질 것으로 전망된다. 국가적으로 초순수 산업을 육성해야 하는 이유이다.

이에 정부는 5월 K-반도체 전략을 발표하고 초순수 기술의 자립에 나섰다. 2025년까지 초순수 국산화로 반도체 강국의 자존심을 지키겠다는 게 정부의 목표다.

한국수자원공사는 K-반도체 전략의 핵심 파트너다. 2011년부터 초순수 실증화 기술개발과 지적재산권 확보, 인프라 구축을 착실히 추진하며 초순수 국산화를 준비했다.

올해는 환경부와 한국환경산업기술원과 함께 '고순도 공업용수 생산과정 국산화 기술개발' 사업에 착수했다. 그간 노하우를 바탕으로 2025년까지 하루 2400톤(t)의 초순수를 생산하는 실증 플랜트 설치와 반도체 생산에 쓰이는 초순수 공정의 최대 60%를 국산화할 계획이다. 또한 기업의 기술개발과 시장개척을 지원하는 'K-반도체 초순수 플랫폼센터' 구축으로 반도체 생태계 자립을 앞당기고자 한다.

국내 반도체 대표기업들과의 협력도 긴밀히 이어 가고자 한다. 앞서 필자는 삼성전자와 SK하이닉스 등 반도체 공장을 방문하고 초순수 개발을 위한 논의를 나눈 바 있다.

세계적인 국내 반도체 대표기업이 함께 노력한다면, 초순수 자립의시기를 한 발 더 앞당길 수 있다. 초순수 국산화를 반드시 이뤄내 반도체 강국의 자존심을 지켜가겠다.

—동아일보, 2021.10.28.

합천댐저수지에 핀 수상태양광 꽃

"인류가 망했다."

최근 영국이 실시한 설문 조사에서 청년의 56%가 내보인 반응이다. 특히, 응답자 40%가 기후위기로 출산까지 포기할 수 있다고 말해 충격을 주고 있다. 이상기온으로 불안증이 높아지며 기후우울증은 미래세대의 질병이 됐다는 진단이 나온다. 기후위기는 이미 물리적 영역을 넘어 생명을 낳고 기르는 가장 근원적인 인간의 욕망까지 뒤흔드는 실존의 문제가 됐다.

기후위기를 당장 극복해야 한다는 미래세대의 목소리는 절박하다. 영국 글래스고에서 열린 유엔기후변화협약 당사국총회(COP26)에서도 기후 행동을 실천하라는 청년들의 요구가 빗발쳤다. 그레타 툰베리와 우간다의 바네사 나카테 등 청년 활동가들도 기성세대들이 리더십 보여줘야 한다고 목소리를 높였다.

지구온도가 티핑포인트를 넘기 전에 친환경에너지로 전환해야 한다. 미래세대를 위해 지금 현재를 살아가는 기성세대의 과감한 결단이 요구된다. 우리만이 기후위기를 극복할 수 있는 마지막 세대이기 때문이다. 지금 당장 행동에 나서지 않으면 우리는 "자녀들의 삶을 도둑질한 첫 세대"로 역사에 기록될 것이다.

이와 관련 정부와 한국수자원공사는 속도감 있게 친환경에너지 전환을 추진하고 있다. 정부는 2050년까지 재생에너지 발전량 비중을 최대 70%까지 높여 탄소중립을 실현한다는 계획이다.

수상태양광은 친환경 전환에 있어 가장 중요한 대안이다. 기술 발전에 따라 전력 생산 비용이 가장 저렴해지고, 누구나 쉽게 설치할 수 있다. 또한, 별도의 토목공사와 산림훼손이 없어 환경친화적이며, 수면에 설치해 국토의 효율적 이용이 가능하기 때문이다.

11월 24일 합천댐 수상태양광이 발전 개시했다. 대한민국이 수상태양광의 시대를 활짝 연 뜻깊은 날이다. 합천댐 수상태양광은 국내 최대 규모로 친환경에너지 전환에 기여할 것으로 기대된다. 설비용량은 41MW 규모로 연간 6만 명이 사용하는 전기를 생산한다. 이는 미세먼지 30톤과 온실가스 2만 6천 톤을 감축하는 효과다.

무엇보다 합천댐 수상태양광은 시민이 에너지의 주인이 되는 시대를 열었다는 데 그 의미가 크다. 문재인 대통령도 이날 현장을 찾아 국민이 에너지의 주인으로 참여해야만 친환경 전환을 이룰 수 있다고 강조했다. 합천댐 수상태양광은 주민이 사업에 함께 참여하며 참여한 비율에 따라 이익을 공유한다. 이는 중앙에 의존한 에너지 체계를 지역 중심으로 전환하는 원동력이 될 것이다.

또한 지역을 풍요롭게 만든다. 합천댐 수상태양광은 매화꽃을 모티브로 디자인됐다. 호수의 풍경에 거스르지 않고 합천8경의 일부로 스며들도록 세심하게 만들었다. 매화꽃을 닮은 17개의 태양광은 합천의 새로운 관광자원이 될 것이다.

한국수자원공사는 기후위기를 극복하는 마지막 세대라는 절박한 마음으로 친환경에너지 전환을 주도하겠다. 합천댐 수상태양광이 미래세대에게 희망의 상징이자, 친환경에너지 문명의 발원지로 역사에 기록될 수 있게 최선을 다해 노력하겠다.

—한겨레, 2021.11.30.

낙동강하구 복원,
문명과 생태에 '화합 물줄기'

　1987년 낙동강하굿둑이 완공됐다. 80년대는 대한민국의 고도성장기였다. 바다를 막아 산업화와 경제 성장에 필요한 담수를 확보해 보자는 게 낙동강하굿둑이 건립된 이유였다.

　하굿둑이 없었던 당시 낙동강 일대는 취수원 확보가 쉽지 않았다. 바닷물이 강 상류로 유입되며 염분으로 인한 피해가 빈번하게 발생했기 때문이다. 염해를 없애기 위해 강과 바다의 순환을 막아야 했고, 이런 문제를 해결해 준 것이 바로 낙동강하굿둑이었다.

　부산 사하구와 강서구를 가로지르는 낙동강하굿둑은 총연장 2230m 규모이다. 하굿둑이 들어서며 낙동강 상류까지 들어오던 해수 유입은 차단됐다. 덕분에 낙동강 일대는 연간 7.5억㎥의 생활용수와 농·공업용수를 안정적으로 확보할 수 있었다.

　그러나 하굿둑이 건설된 지 34년이라는 세월이 지나며 시대의 흐름이 바뀌었다. 20세기 개발의 시대는 저물고 21세기 환경의 시대가 새롭게 떠올랐다.

　특히 기후변화와 생태 위기가 심화하며 환경은 가장 중요한 화두가 됐다. 이에 따라 하굿둑의 자연성을 회복해야 한다는 목소리도 힘을 얻게 됐다. 하굿둑을 통해 얻는 효용보다 생태복원으로 얻을 수 있는 가치가 더욱 커졌기 때문이다.

다행히 최근 들어 낙동강하구의 생명력이 급속히 회복되는 놀라운 변화가 일어나고 있다. 사라졌던 연어가 회귀하고 농어와 뱀장어 같은 어종이 증가하며 다시 활기를 띠게 됐다.

이처럼 낙동강이 다시 생명력을 회복하게 된 이유는 뭘까? 답은 간단하다. 다시 막힌 둑을 열고 강과 바다가 순환한 결과다.

강과 바다가 순환하게 된 것은 정부가 지난 2017년 '낙동강하굿둑 시범 수문개방'을 국정과제로 채택하면서부터다.

정부는 시대변화에 따라 환경과 성장 모두를 고려한 새로운 통합 물관리 패러다임을 제시하고, 지난해까지 총 3차례 걸쳐 수문개방 실증 실험을 추진했다.

정부의 실증 실험에 이어 환경부와 K-water는 관계 기관과 하구 통합운영센터를 꾸리고 올해 4차례 하굿둑 개방 시범 운영을 추가 진행했다. 시범 운영 결과 생태복원의 가능성이 확인됐다.

수문 개방 이후 기수생태계는 몰라보게 회복됐다. 상류에는 자취를 감췄던 뱀장어가 나타났고 숭어도 모습을 드러냈다. 학꽁치와 점 농어 등 다양한 어종도 등장했다. 농업에 있어서 염분이 미치는 유의미한 영향도 관찰되지 않았다.

지역사회도 이러한 변화를 반겼다. 어촌사랑협회 회장은 "지난해와 올해 수문 개방으로 큰 변화가 있었다"며 "물도 좋아지고 없던 물고기도 올라오고 있는 게 대번에 표가 난다"고 말했다. "수문 개방이 꼭 돼야 한다"면서 생태복원에 대한 기대감도 나타냈다.

낙동강하구의 자연성이 회복되며 세계의 시선도 쏠리고 있다. 지난 10월 부산서 열린 '2021국제하구심포지엄'은 글로벌 하구복원 모델로 낙동강의 위상을 높이는 의미 있는 자리였다.

해외 석학과 전문가들은 낙동강하구 복원이 문명과 생태가 화해하는 모범 사례가 될 것이라는 기대를 내비쳤다.

　이제 낙동강하구는 인간과 자연의 새로운 균형점을 찾는 세계적인 시험무대가 됐다. 다시 생명이 넘치는 공간으로 회복시킬 수 있다면, 산업화 시대의 한계를 넘어서는 새로운 성장의 길이 열릴 것이다.

　K-water는 낙동강하구 복원이 국민을 행복하게 만들고 세계를 이롭게 하는 역사적 과업이 될 수 있도록 최선을 다하겠다.

—경향신문, 2021.12.27.

통합물관리정책으로
신기후체제 대응을

'잔디에 물 줄 때 보도에 흐르면 벌금 500달러'

올해 미국 캘리포니아가 새롭게 채택한 규정이다. 가뭄 사태 장기화로 물이 고갈되자 강도 높은 규제에 나섰다. 기후변화로 물 낭비가 불법이 된 것은 이제 캘리포니아에서 낯설지 않은 풍경이다.

물은 더욱 희소한 자원이 되고 있다. 기후변화에 따른 가뭄과 사막화로 물은 고갈되는 반면, 인구증가와 경제 발전, 도시구조 변화로 수요는 커지고 있다.

특히 기후위기 시대의 절박한 과제인 탄소중립과 친환경에너지, 환경 도시 전환에는 수자원의 집약적 활용이 요구된다.

이처럼 물의 쓰임이 크고 넓어지자 세계 각국은 넥서스Nexus(연결) 개념의 물관리 패러다임으로 전환하고 있다. 이른바 신기후체제 대응을 위한 물-에너지-식량 넥서스 구현이다.

필수 영역 간 자원 불균형이 일어나지 않도록 물을 아껴 쓰고, 나눠 쓰며, 돌려 쓰는 통합 시스템을 구축하자는 게 넥서스의 요지다.

이를 위해서는 물만 바라보는 단편적인 정책에서 벗어나 에너지와 식량, 환경과 도시 등 각 분야를 하나의 고리로 인식하고 통합적인 물관리 정책을 마련해야 한다.

선도국들은 이미 넥서스 패러다임으로 전환 중이다. 미국은 4대

메가트렌드 중 하나로 물-에너지-식량 넥서스를 제시했고, 중국과 EU는 장기 로드맵에 넥서스 패러다임을 포함한 바 있다.

우리도 서둘러 넥서스 패러다임으로 전환하여 미래 변화를 준비해야 한다. 그래야만 탄소중립은 물론 친환경에너지와 환경 도시 전환, ESG(환경-사회-거버넌스) 실현 등 신기후체제 대응을 위한 수자원 전략을 수립할 수 있다.

이러한 흐름 속에서 K-water는 올해 '물-도시-에너지 그리고 ESG' 넥서스를 실질적으로 구현하는 원년으로 삼고, 4개 분야의 경영 방향을 가다듬었다.

첫 번째는 국민 눈높이를 뛰어넘는 완성형 유역 물관리 체계구축이다. 인간과 환경이 공존하는 유역의 자연성 회복과 물 재해 ZERO 달성을 위한 혁신, 디지털-저탄소 유역 물관리 체계 실현은 반드시 이뤄야 할 과제다.

낙동강하굿둑의 기수생태계 복원과 주요 하천 유역의 디지털 트윈 등으로 자연과 안전, 회복의 가치를 실현하겠다.

두 번째는 국민과 산업계 요구를 해결하는 물 서비스 역량 발휘다. 취약지역과 생활-산업 전 분야별 특성에 맞는 룸서비스 모델 다각화와 국가 상수도 스마트 물관리로 안정적인 용수공급을 실현하겠다.

특히 식품위생 수준의 고품질·저탄소 수돗물 생산으로 환경과 건강 모두를 만족시키는 청정 수돗물 시대를 열겠다. 또한 초순수 등 기술 혁신으로 물의 가치를 지속해서 높여가겠다.

세 번째는 글로벌 탄소중립을 이끄는 넥서스 선도기업 도약이다. 수상태양광, 수열, 그린수소 육성을 통한 친환경에너지 생산과 물특화 기술을 집약한 스마트 시티 조성으로 도시의 미래를 구현하는 것은 우리의 핵심 과제이다.

합천댐 수상태양광과 부산에코델타시티 등의 실질적인 성공 사례를 쌓아 올려 미래를 향한 물길을 열어가고자 한다.

마지막은 ESG경영의 고도화로 환경과 사회적 책임을 다하고자 한다. 국민 눈높이의 청렴과 윤리-안전 경영은 공기업 경쟁력의 핵심이자 물관리 넥서스 구현을 위한 출발점이다.

진정성 있는 ESG경영으로 국민 신뢰를 얻고, 이를 바탕으로 대한민국 '물-도시-에너지 그리고 ESG' 넥서스 시대로 나아가겠다.

—경향신문, 2022.1.24.

낙동강하구, 자연이라는 원금을 되찾다

"자연이라는 원금은 건드리지 말고 이자로만 살아갈 것."

소설가 박경리 선생님이 강조하신 삶의 방식이다. 우리는 미래세대로부터 잠시 환경을 빌려 쓰고 있으며, 우리가 누리는 만큼 그들도 누릴 수 있도록 자연을 보존해야 한다는 의미다.

그동안 인류는 자연이 원금이라는 사실을 애써 외면하고 살았다. 지난 1972년 로마클럽보고서에서 '성장의 한계'를 진즉에 경고했음에도 50년이 넘도록 자연을 소비하는 방식으로 성장해 왔다.

그 결과 지구의 생태계가 수용할 수 있는 용량은 한계에 도달하고 있다.

미세먼지와 이상기후, 팬데믹은 이미 일상이 됐으며, 마스크를 달고 살아야 하는 아이들은 원래 지구가 이런 곳인 줄 알면서 커가고 있다. 가슴 아픈 현실이다.

현재의 위기를 극복하고 지속가능한 내일을 만들기 위해서는, 다시 자연이 주는 이자로 살아가는 방식을 회복해야 한다.

이러한 현실에서 자연의 원금을 되찾는 반가운 변화가 일어났다. 낙동강하구 기수생태계 복원 방안이 최종 의결되며 35년간 막힌 수문이 열리게 됐다. 성장의 한계를 극복할 수 있는 변화의 단초가 마련된 것이다.

낙동강하굿둑은 1987년 안정적 농·공·생활용수를 공급하기 위해 건설됐다. 그러나 강과 바다가 막히며 낙동강 기수는 생명력을 급격히 잃었다.

풍부했던 재첩과 갈대숲은 사라졌고, 어종이 줄어들며 철새도 떠났다. 생태복원은 지역과 시민사회의 가장 중요한 이슈로 떠올랐고, 하굿둑 개방에 대한 요구는 높아져 갔다.

이에 K-water는 정부, 지역주민, 관계 기관 등은 머리를 맞대고 2017년부터 실증 실험과 시범 개방 운영을 추진했다.

수문을 열고 염해 영향과 생태계 변화를 측정했으며, 그 결과 생태복원이 빠르게 이뤄졌고, 염해로 인한 유의미한 영향은 없음을 확인할 수 있었다.

시범 개방은 성공적이었다. 뱀장어와 농어, 숭어와 같은 회귀 물고기가 돌아오며 기수생태계가 다시 생명력을 되찾았다. 지역민들의 노력도 이어졌다.

연어와 재첩을 방류하며 식물 군락지 복원에 나섰고, 조만간 재첩을 잡던 80년대 이전의 모습들도 상당수 회복될 것으로 기대하고 있다.

성장의 한계에 직면한 우리에게 낙동강하굿둑 개방은 새로운 내일로 나가기 위한 절호의 기회다. 이곳에서부터 인간과 자연을 분리하고 강과 바다를 막았던 기존의 성장 구조에 물음을 던지고, 우리 사회가 공존과 상생의 길로 나갈 수 있도록 반환점을 만들어야한다.

낙동강에서의 시작된 새로운 변화는 자연적-기술적 진화를 넘어 경제적-사회적으로도 성장에 대한 인식과 방식을 바꾸는 힘이 될 것이다.

자연성 회복에 기반한 새로운 성장 방식이 우리 사회에 긍정적으로 수용되도록 준비해야 한다. 이를 위해 낙동강 기수생태계 복원을 성공적으로 이뤄내는 일이 무엇보다 중요하다.

　낙동강하구에서 성공 사례를 만들고, 자연성 회복이 모두를 위해 더 나은 길이라는 경험을 국민과 공유한다면, 자연의 이자로 살아가는 시대를 조금 더 빨리 싹 틔울 수 있을 것이다.

　K-water는 낙동강 기수생태계의 성공적인 복원을 위해 개방 운영에 따른 모니터링과 데이터 분석, 기술지원에 이르기까지 면밀한 대응을 펼치고 있다.

　낙동강하구 복원이 자연의 원금을 되찾고, 성장의 한계를 극복하며, 대한민국이 공존과 상생의 길로 전환하는 결정적 계기가 되도록 최선을 다하겠다.

―한겨레, 2022.2.24.

재난예방부터 신산업까지
'하나된 물'이 여는 새로운 미래

평년 대비 14.8%. 최근 3개월 동안 집계된 겨울철 강수 현황이다. 겨울 가뭄이 지속되는 가운데 울진 일대에 산불이 발생했다.

건조한 날씨 탓에 많은 이들의 헌신적인 노력에도 산불은 쉽사리 잡히지 않았고, 단비가 내리며 겨우 진화됐다.

산림청에 따르면 이번 산불은 213시간 43분이나 타올랐고, 서울 면적의 41%를 태웠다.

유례없는 재난이다. 계절 순환이 예전과 전혀 다른 방식으로 진행된다. 산불은 단지 시작일지 모른다. 지금과 같은 상황이 지속되면 완전히 다른 세계가 펼쳐질 것이다. 기후위기는 현실이 됐다.

위기에 대응하고 변화에 적응하려면 우리의 조건들을 점검하고 재정의해야 한다.

특히 기후변화 적응을 위해서는 물에 대한 재정의가 우선돼야 한다. 기후재난은 대부분 물과 밀접히 관련되기 때문이다.

UN은 기후 재해의 90%가 물과 관련해 발생할 것으로 진단했다. 기후재난에 대응하려면 물의 가치에 대한 새로운 인식과 바른 이해가 필요하다.

물은 기후위기를 극복하기 위한 필수재다. 친환경에너지와 탄소중립 실현, 친수 생태, 신산업 육성, 기후·환경 도시에 이르기까지 시대 전환을 위한 핵심 원료다. 이는 신기후체제로 전환하려면 물의 다양한 속성을 이해하고 통합적 관점에서 물의 가치를 높이는 원칙과 방안을 수립해야 함을 의미한다.

이에 정부는 세계 물의 날의 주제로 '하나된 물관리'를 선포했다. 올해가 하천관리 일원화로 통합물관리의 기반이 완성된 만큼, 물의 다원적 기능과 가치를 하나의 관점으로 이해하고 기후위기를 극복하겠다는 의지다.

기후변화 적응을 위해서는 '하나된 물'의 관점에서 물관리 정책을 조망해야 한다. 이를 위해 홍수와 가뭄, 디지털, 물 가치, 제도혁신 등을 아우르는 통합물관리가 필요하다.

우선 국민 안심을 위한 국토 균형적 홍수관리가 요구된다. 다목적 댐 위주의 치수 대책에서 벗어나 친환경 다목적 저류지 설치와 댐 직하류 하천관리 강화 등으로 극한 강우의 불확실성을 대비하고, 댐과 직접 연결된 하천의 취약지구 전수조사 등을 통해 유역 공간의 안전을 지켜야 한다.

가뭄에 대한 사회적 안전망 강화는 필수다. 내륙지역 수원인 댐과 저수지 확보와 더불어 해수담수화 등 대체 수자원 활용과 지역 간 수요 불균형에 대비한 수원 간 연계로 만일의 사태를 대비하자.

아울러 물관리의 첨단 디지털화를 기반으로 최적의 의사결정 시스템을 구축해야 한다. 섬진강 등 주요 강 유역에 디지털 트윈 플랫폼을 조성하고, 스마트 안전관리 확대로 데이터 물관리 시대를 열어야 할 시점이다.

저탄소·친환경을 기반으로 물의 가치를 높이는 것도 시대적 과제다. 탄소중립을 목표로 기존 댐의 효용을 증진하고 에너지 전환을 위한 다목적댐 발전 체계 개선을 서두를 때이다. 이와 함께 물의 사회적 가치를 정립하기 위한 물관리 제도혁신도 뒤따라야 한다.

K-water는 통합물관리 실현으로 '물이 여는 미래'를 만들어 가겠다. 세계 물의 날을 맞아 '하나된 물'의 가치가 우리 사회에 수용될 수 있도록 국민 모두의 많은 관심과 응원이 있기를 기대한다.

—동아일보, 2022.3.23.

지구 살리는 아시아 물 협력,
모두가 이기는 길 가야

"전 세계인이 미국인처럼 살려면 지구가 몇 개가 더 있어야 할까?"

세계생태발자국네트워크Global Footprint Network에 따르면, 적어도 4개의 지구가 필요한 것으로 추정된다.

이는 현재와 같은 성장 방식으로 모든 나라가 선진국과 같은 삶을 누릴 수 없음을 의미한다. 더 이상 발전이 불가한 지구. 발전이 필요한 국가들에게는 절망 같은 소리다.

최근 기후변화에 관한 정부 간 협의체(IPCC)는 6차 보고서 승인을 앞두고 진통을 앓았다. 인도 등의 신흥경제국이 '발전할 권리'를 제기하며 불만을 표출한 탓이다.

지금껏 지구 환경을 파괴한 것은 선진국인데, 왜 모두가 대가를 치러야 하는가에 대한 반론이 만만치 않다.

지구온도를 1.5도 이내로 유지하려면 지금 당장 탄소중립을 위한 전 지구적 동참이 요구된다. 하지만 당위적인 요청만으로는 발전이 필요한 나라들의 참여를 이끌기 어렵다.

모두가 함께 공동으로 더불어 살아가는 길에 대해 고민해야 한다. 기후위기 대응은 모두가 이기거나 모두가 지는 길밖에 없기 때문이다.

기후변화와 물관리에 취약한 아시아 지역에게 '발전할 권리'는 매우 민감한 주제다. 세계 경제의 생산지 역할을 담당하며 온실가스를 배출하는 산업구조로 성장한 탓에 아시아는 글로벌 탄소배출의 주범이 됐다. 그러나 아시아는 기후 대응과 물을 기반한 저탄소 경제로 전환하기에는 기술과 재원이 부족한 현실이다.

아시아 국가들은 이러한 현실을 극복하고 신기후체제로 나가기 위해 국제사회의 협력을 강화하고 있다.

아시아물위원회(AWC)와 아시아국제물주간(AIWW) 협의체 운영, 물 장관급 회의 등은 공동 발전을 위한 대표적인 노력이다.

환경부와 K-water는 이러한 아시아의 물 협력에 든든한 조력자다. K-water는 아시아물위원회(AWC) 의장기관으로서, 지난 3월 인도네시아에서 열린 제2차 AIWW에 참여했다.

스마트 시티와 ODA, 메콩강 유역 수자원 협력에 이르기까지 다양한 의제를 논의하며, 기후위기 대응을 위한 아시아의 연대에 힘을 모았다.

또한 '기후변화 대응' 등을 주제로 K-water가 축적해 온 기술과 경험을 공유하는 기회도 가졌다. K-water의 저탄소 물관리 역량과 신재생에너지 활용, 부산EDC에 적용된 스마트 시티 기술은 향후 아시아 지역의 물 문제를 해소하고 신기후체제 전환을 이끄는 원천이 될 것으로 기대를 모았다.

K-water는 대한민국을 대표하는 책임 있는 물 전문기업으로 아시아의 연대와 협력을 높이기 위해 더욱 노력하고자 한다. 이를 위해 국제환경협력센터를 운영하여 아시아의 물 분야 ODA와 국제 탄소 감축사업을 시행할 예정이다.

또한 말레이시아에 개소한 동남아시아협력본부를 통해 물산업의 혁신을 이끌고 글로벌 물 문제를 해결하는 플랫폼으로 도약할 계획이다.

4월 22일은 지구의 날이다. 매년 반복되는 흔한 기념일 중 하나로 보내기에 그 의미와 절실함의 무게는 전과 다르다.

유일하고 유한한 지구에서 삶을 지켜가려면 모두가 더불어 살아가는 방법밖에 없다. 불평등을 줄이고 다 함께 친환경 시대로 발전하는 것, 그것만이 모두가 이기는 단 하나의 길이다.

—세계일보, 2022.4.22.

안전과 번영의 핵심
'미래형 상수도'

인류의 최고 발명품은 무엇일까?

전기, 자동차, 컴퓨터에 이르기까지 희대의 발명품이 있었으나, 그중 최고는 상하수도로 거론된다. 근대 문명 성립에서 가장 큰 난제인 용수공급과 보건 문제를 해결했기 때문이다.

19세기 가장 큰 고민은 도시화와 인구 밀집에 따른 전염병 문제였다. 당시 유럽은 불결한 환경으로 콜레라 같은 전염병이 창궐했다. 안전한 물 공급과 오물 처리는 시급한 과제였고, 상하수도로 해결할 수 있었다. 이러한 이유로 영국 의료 전문지 브리티시메디컬 등은 상하수도를 인류의 가장 위대한 업적으로 정했다.

오늘날 대한민국의 발전도 상하수도와 깊은 연관이 있다. 특히 불과 60년 전만 해도 상수도 부재로 물을 얻기가 쉽지 않았다. 이러한 상태에서 대규모 산업화와 도시화는 불가능했다. 이에 정부와 한국수자원공사는 수도 인프라 구축에 나섰고, 2020년 기준 99.4% 상수도 보급률을 달성하는 등 성장을 위한 토대를 구축했다.

그러나 기후변화로 차원이 다른 수준의 전염병과 재해가 발생하며 인류는 새로운 위기에 직면하게 됐다. 이에 더해 산업 고도화와 친환경 전환으로 안전한 물 공급에 대한 수요는 증폭되고 있다.

시대 변화에 대응해 상수도의 미래형 체제 전환이 요구된다. 이에 한국수자원공사는 친환경-디지털 전환을 핵심축으로 상수도 분야의 미래 전환을 꾀하고 있다.

미래형 상수도 전환의 주요 방향은 디지털 융합에 의한 안전한 물 공급과 탄소중립 수돗물 전환, 차별 없는 물 복지 실현에 있다.

디지털 융합은 정수장과 취수원, 수도꼭지에 이르기까지 전 과정에서 진행된다. 앞으로의 위기는 예측하기 어려운 수준으로 펼쳐진다. 경험을 넘어 데이터 기반 물관리를 실현하는 것이 불확실성에 대응하는 최선의 방법이다.

이와 관련 한국수자원공사는 AI-디지털 트윈에 기반한 스마트 정수장을 구축하고 취수원 수질감시체계를 완료하는 등 데이터 물관리 능력을 고도화하고 있다. 또한 수도 관망에 ICT를 적용해 실시간 사고감지 체계로 전환하고 있다.

저탄소 용수공급 체계도 구축 중이다. 태양광 등 재생에너지 확대와 고효율 설비 도입 등으로 2030년까지 전체 광역정수장의 탄소중립을 달성할 계획이다.

차별 없는 물 복지도 강화하고 있다. 기후위기의 피해는 취약계층에 더 가혹하다. 지역 간 물 나눔과 분산형 용수공급, 해수담수화 같은 대체 수자원 확보 등으로 보편적 물 복지 체계를 완성하겠다.

예나 지금이나 문명의 운명은 안전한 용수공급에 달렸다. 기후위기 시대에는 대한민국이 가장 안전하고 번영하는 나라가 될 수 있도록 미래형 상수도 전환에 박차를 가하겠다.

—한국일보, 2022.5.26.

기후위기의 해법
'기후환경 탄력도시'

　도시는 인간의 가장 위대한 발명품이다. 최초의 도시 우루크를 시작으로 로마, 런던, 뉴욕에 이르기까지 인류는 도시를 통해 재난에 맞서고 성장했다. 18세기에는 화석연료에 기반한 새로운 유형의 도시가 출현했다. 에너지 혁명으로 도시 규모와 인구는 폭증했고 유례없는 수준의 생산과 소비가 일었다.

　그러나 산업화 후 막대한 양의 탄소배출로 도시는 기후위기의 가해자가 됐다. 유엔에 따르면, 도시는 전 세계 면적의 2%지만 에너지의 66%를 소비하고 전체 탄소배출량의 75%를 내뿜는다. 그 결과 도시는 기후변화의 피해자가 됐다. 온난화로 상승한 해수면이 도시를 위협하고, 폭염 등 재해의 강도는 심해지고 있다.

　우리나라도 예외가 아니다. 국민 90% 이상이 도시에 살고, 압축 성장으로 탄소배출은 급증했다. 도시화로 인한 불투수면적도 늘었다. 이는 열섬현상과 물 재해의 원인이 된다. 패러다임 전환 없이 도시는 지속할 수 없다. 기후·환경 변화에 강한 도시로 전환해야 한다.

　이에 K-water는 정부 정책에 따라 물-에너지-도시 기술이 접목된 '기후환경 탄력도시'를 특화하고 있다. 디지털과 물특화 기술을 융합한 스마트그린도시와 탄소중립그린도시, 스마트 시티 조성으로 도시의 녹색 전환 해법을 모색 중이다.

그린도시는 도시 회복력을 위한 출발점이다. 온실가스 배출 분석과 도심 정화 및 녹지화, 생태복원에 이르기까지 스마트 기술을 적용해 기존 도시를 그린 인프라로 전환하고 있다. 특히 홍수와 빗물 관리 등에는 스마트 물관리가 활용된다. 향후 그린도시에 적용된 다양한 스마트 기술들은 현재의 도심을 물과 자원이 순환하는 녹색 공간으로 변화시키는 마중물이 될 것이다.

물순환을 중심에 둔 도시 전환은 중요하다. 도시는 불투수면적 증가와 열섬효과로 주변보다 기온이 높고, 수분 증발과 사막화 등 각종 환경 리스크에 취약하다. 물순환을 중심으로 현재 도시를 점검하고 재배치해야 쾌적한 삶을 지킬 수 있다.

부산에코델타시티 내에 조성 중인 스마트 시티는 물순환 도시의 해답이다. 강우-하천-정수 과정에 K-water 고유의 스마트 물관리 기술이 적용되며, 강우레이더를 활용한 홍수 예측과 도시 물재해관리시스템, 저영향개발 등 물특화 기술이 총망라된다. 또한 수열 등을 활용해 100% 에너지 자립을 이루는 새로운 유형의 도시로 탄생하게 된다.

물과 자원이 순환할 때 도시는 기후위기 가해자라는 오명에서 벗어날 수 있다. '기후환경 탄력도시'의 성공적 조성으로 새로운 미래를 열어가겠다.

—중앙일보, 2022.6.16.

행복을 높이는
저마다의 물길

　최근 시골로 여행을 떠나는 '촌캉스(村+바캉스)'가 뜨고 있다. 비싼 해외 대신 국내를 찾는 사람들이 많아졌기 때문이다. 실제 여행업계에 따르면 지난 6월 상반기 국내 숙소 예약이 전년보다 241% 늘었고, 충청지역 등 시·군 단위 방문객은 무려 408%나 급증했다.

　'촌캉스'의 요체는 고급 호텔이나 유명 관광지가 아닌 감춰진 시골 여행 명소를 찾는 데 있다. 큰 비용 부담하지 않으면서도 자신만의 경험을 만들고 싶은 마음이 국내 여행지의 재발견으로 이어지고 있다.

　'촌캉스'와 같은 현상을 보면 시나브로 공간과 경험을 소비하는 시대가 왔음을 느끼게 된다. 팬데믹과 기후변화, 성장의 한계 등 일련의 사건을 거치며 소유와 행복의 상관관계가 약해졌다. 이제는 먼 미래의 성공이 아닌, 특별한 공간에서의 경험을 통해 자신을 표현하고 행복을 확인하는 방향으로 라이프스타일이 변하고 있다.

　이러한 변화는 물길에 잠재된 공간적 가치를 다시금 주목하게 만든다. 곳곳에서 만날 수 있는 물길을 모든 시민이 누릴 수 있는 즐거운 공간으로 활용한다면, 공간소비에 대한 사회적 갈증을 상당 부분 해소할 수 있기 때문이다.

　더 나아가 물길의 공간적 가치를 높이는 것은 단절됐던 자연과 인간의 친화성을 회복하는 데 있어도 의미가 크다. 물길은 다양한 환경과 생태를 경험할 수 있는 장점이 있다. 물길을 즐기는 것 자체로 물을 아끼는 마음을 높일 수 있고, 큰 비용 없이 자연을 추구하고 싶은 본능적 욕구를 만족시킬 수 있다. 물길이라는 생태의 보고 속에서 체험한 즐거운 경험들은, 다시 깨끗한 물환경과 자연성 회복을 요구하는 선순환 구조로 연결될 수 있다. 자연과 행복이 연동되는 선순환 구조가 정착되면 친환경 전환을 위한 사회적 동력은 더욱 커질 수 있을 것이다.

또한 지역의 소득증대와 경쟁력을 높이는 기회도 창출할 수 있다. 환경은 21세기 핵심 자원이다. 자연과 문화 그리고 즐김이 있는 물길은 많은 사람을 부르고, 자연스럽게 경제 효과로 이어진다. 이는 지역 간 불균형을 해소하는 단초가 된다.

이러한 기회를 살리려면 물길을 중심으로 문화관광 생태계를 구축할 필요가 있다. 그 일환으로 댐과 하천 주위의 유휴부지와 주변 공간을 개선하고 생태공원을 활성화하며, 환경가치를 살리는 데 사회적 역량을 모아야 한다. 이와 함께 공간을 새롭게 디자인하고 자체 프로그램을 개발하여 문화관광을 활성화한다면, 지속가능한 공동체로 나갈 수 있을 것이다.

K-water는 지난해 대한민국을 대표하는 18개의 물길의 안내서인 '여행이 흐른다'를 발간했다. 물길이 주는 가치와 가능성을 재발견하고, 여가 공간을 찾는 국민에게 도움을 주기 위해서다.

본격적인 휴가철이다. 나만의 감춰진 물길을 찾아 여행을 떠나는 것은 어떨까. 저마다 경험을 충족하고 심미적 만족감을 주는 물길이 하나쯤은 있기를 희망한다.

—국민일보, 2022.7.21.

자연이 선물한
'물 에너지'

"샤워는 5분 내로, 냉난방 온도는 제한…" 최근 유럽 에너지 상황에 대한 언론 보도다. 우크라이나 전쟁으로 러시아의 에너지 무기화가 현실이 되자 유럽은 에너지 절약까지 강요해야 하는 처지가 됐다.

우크라이나 사태 이후 에너지 안보가 글로벌 핵심 이슈로 떠올랐다. 세계 각국은 에너지 의존성을 줄이기 위해 친환경 전환의 속도를 높이고 있다. 동시에 친환경 시대의 주도권을 잡기 위한 경쟁도 치열하다. 유럽은 자국 산업의 보호를 위해 탄소국경세를 도입하고, 미국에서는 '인플레 감축법'이 통과되며 친환경에너지와 수소 경제를 선점하기 위한 대대적인 투자에 나서고 있다.

이 같은 변화는 우리에게 큰 위기이자 도전이다. 높은 에너지 의존도와 제조업 중심의 수출 산업구조는 친환경 전환에 불리한 조건이다. 적기에 대응해 친환경에너지 공급원을 다원화하고 재생에너지의 경제성을 높여 현재의 위기를 기회로 만들어야 한다.

여기서 우리는 물이 가진 무한한 잠재력을 주목해야 한다. 물은 자연이 선물한 최고의 청정에너지이다. 천연자원이 빈약한 우리에게 친환경 전환을 위한 열쇠이기도 하다. 물은 그동안 다양한 방식으로 청정에너지를 선물했다. 수력은 물론 수상태양광과 수열에너지의 원천으로 활용되고 있으며, 더 나아가 그린수소를 완성하기 위한 핵심 자원으로 그 가치가 높아지고 있다.

이에 K-water는 국내 재생에너지 1위 기업으로 국내 최초 '물 분야 2050 탄소중립 로드맵'을 수립하고, 물이 주는 친환경에너지 확산에 박차를 가하고 있다. 현재 수력과 태양광 등 청정 물 에너지를 활용해 '21년 기준 2,244GWh의 전력을 생산하는 등 에너지 기업으로 역할을 넓히고 있다.

특히 지난해 발전 개시한 합천댐 수상태양광은 댐 수면 활용과 주민 참여라는 새로운 관점을 제시해 재생에너지의 환경성과 수용성을 높인 대표적 모델로 주목받는다. 수상태양광은 주민이 에너지의 주인이 되는 경험을 제공했다. 이는 향후 재생에너지 확산에 있어 지역의 수용성을 높이는 주요한 지침이 될 것이다.

수열에너지로 도시의 탄소배출 문제도 풀고 있다. 건물의 냉난방에 수열을 활용하면 화석연료 대비 약 38%의 온실가스를 감축할 수 있다. 수열을 신산업으로 이어 가는 노력도 병행 중이다. 소양강댐 심층수를 활용한 강원도 수열에너지 융복합클러스터 사업은 친환경에너지 전환을 넘어 미래 먹거리로 성장할 것이다.

풍부한 물의 에너지를 활용하는 그린수소 사업도 첫걸음을 내디뎠다. 그린수소는 생산과정에 탄소배출이 없는 청정에너지이며, 저장과 운반이 용이해 미래 에너지로 각광받고 있다. K-water는 세계적 수준의 물 인프라 기술과 국내 1위 재생에너지를 융합하여 수소경제 활성화를 주도해 가겠다.

오늘은 에너지의 날이다. 올해는 그 의미가 더욱 특별하다. 탄소중립과 에너지 자립이라는 두 마리 토끼를 잡아야 한다. 정부와 국민 모두 힘을 모은다면 에너지 의존국에서 생산국으로 도약하는 새로운 시대를 열어갈 수 있다. —머니투데이, 2022.8.22.

도시의 수해방지 역량 키워
기후재난 대비를

　최근 발생한 홍수는 도시가 기후재난에 얼마나 취약한지를 드러 냈다. 115년 만의 폭우는 서울을 침식했고, 태풍 힌남노는 포스코의 용광로마저 식게 했다. 기후위기 앞에서는 세계 어느 도시도 안전지 대가 될 수 없고 기존 산업경제도 작동하기 어렵다.

　우려스러운 것은 올해 같은 재난이 이례적 현상이 아니라는 점이 다. 전문가들은 이번 재난이 기후위기 시대에 펼쳐질 위기들의 예고 편이라 경고한다. 해가 갈수록 예측할 수 없는 강력한 홍수와 태풍 이 더 많이 찾아온다는 의미다. 그렇다면 도시는 안전한 삶의 터가 되어줄 수 있을까. 장담하기 힘들다.

　오늘날 도시는 기후위기 이전을 기준으로 설계됐기에, 변화의 충 격을 소화하기 어렵다. 기후위기로 달라진 기준점에 맞춰 물 안전 도시로 체질을 변화시키고 재난에 대비해야 한다.

　이를 위해 도시와 하천을 유기적으로 연계한 통합관리로 치수 능 력을 극대화해야 한다. 태풍 힌남노는 도시홍수 대응에서 하천과 연 계한 치수 대책이 얼마나 중요한지 보여줬다. 집중호우 시 하천 범 람을 억제하는 일은 중요하다. 상류 지역에 중소 규모의 다목적 저 류지 건설로 신규 물그릇을 넓히고, 기존 댐의 퇴적토 준설 등 홍수 조절 용량을 추가로 확보해 도시 하천의 부담을 덜어야 한다.

IoT 기술을 접목한 스마트 제방 도입도 중요하다. 집중호우 시 실시간으로 도시와 하천의 상황을 감시하고 데이터에 기반한 의사결정을 내린다면 냉천 범람과 같은 비극을 예방할 수 있다.

방재 시설의 설계 기준도 탄력적으로 적용해야 한다. 방재 시설의 기준은 과거 관측된 강우량의 빈도에 따라 정해진다. 그러나 장래 홍수의 규모는 예상을 뛰어넘는다. 이를 고려해 하천제방 등의 설계 기준을 상향하고, 대심도 터널 같은 구조적 대책으로 용량이 부족한 배수시설을 보완할 필요가 있다.

도시 물순환 체계 개선도 요구된다. 도시는 특성상 물이 스며들지 않는 불투수면적이 크다. 이는 빗물이 땅속으로 스미는 대신 한꺼번에 유출되어 도시를 홍수에 취약하게 만든다. 빗물 저류시설 설치와 공원 등 녹지축을 연계한 그린 인프라 확대로 자연이 가진 수량 조절 기능을 되살려야 한다.

이번 힌남노 사태에서 창원시 마산이 주목받고 있다. 2003년 태풍 매미로 18명이 사망하고 1만여 명의 이재민이 발생했지만, 올해 태풍에는 큰 피해가 없었기 때문이다. 같은 재난에 다른 결과를 보인 이유는 뭘까. 해일 피해 방지시설 등 도시 침수를 막기 위해 방재 역량을 꾸준히 높여와서이다. 마산의 경험은 우리 사회가 기후재난을 어떻게 대해야 할 것인지를 보여준다.

기후위기에 안전한 도시를 만드는 것은 쉽지 않은 과제다. 우리 사회가 가진 모든 자질과 역량을 동원해 이 과제를 풀어야 한다. 기후재난의 시대에도 도시의 안전을 지켜갈 수 있도록 국민 모두 힘을 모아 주시기를 당부드린다.

—동아일보, 2022.9.29.

물산업을
제2의 반도체로 키우자

　기후변화로 물은 가장 문제적 분야가 됐다. 최근 몇 년 사이 지구한 편은 물이 말랐고, 다른 쪽은 물에 잠겼다. 강우 패턴의 교란이 심화하며 안정적으로 물을 확보하는 일은 점차 어려워지고 있다.

　지금의 위기가 물 기근으로 확대될 수 있다는 우려가 제기되며 '물은 자연이 주는 선물이자 공공재'라는 인식도 흔들리고 있다.

　물은 이미 경제재로 다뤄지고 있다. 석유와 반도체처럼 생존과 번영을 위해 반드시 확보해야 할 핵심 자원으로 가치가 높아지고 있기 때문이다. 이 같은 변화는 시장에서부터 나타난다.

　모건스탠리 등 투자은행(IB)은 물을 금융상품으로 내놓았고, 국내서도 최초로 물 관련 상장지수펀드(ETF, Exchange Traded Fund) 상품을 출시했다. 일각에는 물을 반도체보다 중요한 산업으로 해석한다. 글로벌워터인텔리전스(GWI, Global Water Intelligence)에 따르면, 2020년 기준 세계 물시장 규모는 8034억 달러에 이른다. 이는 같은 기간 반도체 매출액인 4390억 달러의 두 배에 달한다.

　반도체에 이어 물은 국가 경쟁력을 가늠하는 핵심 자원이 되고 있다. 이에 글로벌 물 경쟁도 가열 중이다. 세계 각국은 물 부족을 기회로 삼기 위해 물산업 생태계를 강화하고 있다. 민간과 시장의 힘을 모두 모아 수자원 이용의 혁신적 도약을 이루고, 물 위기를 해결할 수 있는 새로운 모델을 발굴하겠다는 목표다.

우리도 물의 가치 변화를 인식하고 기업과 시장의 효율을 높이는 방향으로 물산업 혁신생태계를 조성해야 한다. 이를 통해 기후위기에 대응하고 새로운 성장동력을 확보해야 한다.

이에 K-water는 정부와 함께 민간 주도의 혁신생태계 조성에 박차를 가하고 있다. 27여 개의 제도로 창업부터 기술개발과 실증, 해외 판로 개척에 이르기까지 민간의 성장 사다리를 지원하고 있다.

물산업 유니콘 기업 탄생을 위해 2025년까지 4300억 원 규모의 물산업 펀드도 조성 중이다. 또한 K-테스트베드 운영기관으로 인프라를 개방하여 오픈이노베이션을 위한 플랫폼이 되고 있다.

더 나아가 기술 변화 등 시대 흐름에 부응하여 현재의 물산업 개념을 재정립하는 중이다. 디지털 전환과 탄소중립 등을 고려해 13개 사업으로 국한된 물산업의 정의와 범위를 확장하고, 시대 변화를 반영할 수 있도록 지원제도를 재설계하여 물산업의 혁신 속도를 높일 계획이다.

혁신의 힘을 높이면 물산업을 제2의 반도체로 키울 수 있다. 이는 기후변화에도 모든 국민이 맑은 물을 안정적으로 이용할 수 있는 물 관리 역량으로 이어진다.

K-water는 국민이 키운 대한민국 대표 물 전문기업이다. 출범 이후 55년간 쌓아 올린 경험과 기술을 공유하여 우리 기업이 세계 물산업을 주도하는 시대를 여는 것은 당연한 의무다. 물산업 혁신생태계 조성을 위한 마중물로 역할을 다하겠다.

—한국일보, 2022.10.26.

물특화 ESG경영,
세계 표준 향한 노력

"자본주의는 지속할 수 있는가?" 오늘날 우리에게 주어진 가장 큰 질문이다. 산업혁명 이후 오랫동안 누적됐던 문제들이 감당하기 힘든 비용으로 돌아왔다. 기후변화와 불평등, 사회 갈등 심화로 현재 시스템은 흔들리고 있다.

전과 같은 방식으로 성장할 수 없다는 위기감이 증폭되며 지속가능한 성장이 기업과 자본의 핵심 이슈로 떠올랐다. ESG는 바로 이러한 고민을 풀기 위해 등장한 해법이다. 비재무적 요소였던 환경 Environment과 사회Social, 지배구조Governance를 재무적 요소로 포함하는 경영의 변화를 뜻한다.

ESG는 모든 기업의 가장 뜨거운 경영 화두다. 세계 모든 분야가 ESG를 중심으로 재편되며 엄청난 시장이 형성되고 있기 때문이다. 특히 탄소중립의 과정에서 천문학적 규모의 비즈니스가 창출되는 환경 분야는 더욱 주목된다. 매킨지에 따르면, 2050년 탄소중립 전환에 275조 달러가 소모된다. 재생에너지와 설비 투자, 기술혁신 등 현재 시스템을 친환경으로 변화시키는 비용이다.

전기차가 내연차를 대체하는 추세이다. 이는 친환경 전환을 위한 대안을 가진 기업이 향후 탄소중립 시장을 선점하게 됨을 의미한다. 재해에 안전한 도시 시스템을 구축하거나 획기적인 탄소저감 기술을 개발한다면, 그 기업을 중심으로 모든 산업이 전환하게 된다. 이러한 전환은 환경뿐만 아니라 사회 전 분야서 일어난다. 미래 비즈니스의 주도권은 자본으로 발생한 리스크를 줄이고 시대의 난제를 푸는 기업과 국가가 차지할 것이다.

이러한 이유로 미국과 EU 등은 오래전부터 ESG를 준비하며 시장 선점의 기회를 엿보고 있다. 반면, 우리는 ESG로 펼쳐질 새로운 시대에서 후발국 위치에 있다. 속도를 높여 달라진 시대의 흐름을 쫓아야만 세계적인 대전환으로 발생하는 위기를 기회로 만들 수 있다.

이에 K-water는 2021년 '물특화 ESG경영'을 선포하고 제도적 토대를 마련하는 등 새로운 길을 모색하고 있다. 특히 올해는 '물-에너지-도시 그리고 ESG'로 경영 전략을 구체화하고 본격적인 ESG 투자와 비즈니스 전환을 이루고 있다.

이러한 전략에 기반하여 K-water는 세계 최초로 구현한 댐 유역 디지털 트윈 기술과 AI 정수장 등을 통해 탄소중립과 물 안전 분야의 새로운 해법을 도출하고 있다. 또한 수상태양광 등 신재생에너지 확대, 수열을 활용한 건물 에너지 자립, 친환경 기술을 접목한 스마트 도시 건설 등 ESG 시대의 물산업을 주도하기 위한 역량도 높이고 있다.

'물특화 ESG경영'은 대한민국이 물 분야에서 세계의 표준을 선점하기 위한 노력과 맞닿아 있다. 우리가 만든 AI 정수장이, 스마트 도시가, 댐 유역 디지털 트윈이 세계의 표준이 되는 날을 상상할 때가 있다. 그럴 때마다 가슴이 설렌다. 이러한 날이 반드시 도래할 수 있도록 남보다 한 발 빠르게 변화의 흐름에 앞서가겠다.

—동아일보, 2022.11.25.

물을 사랑하는 37년 지기, 박재현

강부식_단국대학교 토목공학과 교수

　대학을 입학한 1986년, 그 무렵은 군사정권에 저항하는 시위로 전국이 몸살을 앓던 혼란의 시기였다. 캠퍼스는 최루가스로 자욱했고, 수업에 들어갔던 날보다 수업 거부로 강의실이 텅 빈 날이 더 많았다.

　밤낮으로 정권 타도를 외치며 학생운동에 전념인 학생도 있었지만, 많은 평범한 학생들은 짧은 대학 생활을 시위만 할 수 없어 눈치를 보며 공부했던 때이다.

　박재현 교수 역시 군사정권과 불평등 문제에 대한 고민이 많았으나, 동시에 토목공학 전공 분야도 무척 진지했던 것으로 기억한다.

　박 교수는 1966년 경남 통영에서 태어나 그곳에서 고등학교를 마치고 서울대에 입학한 바닷가 통영 토박이다. 서울서 태어나고 자란 서울 토박이 나와는 대화가 잘 통해 학부 때부터 잘 어울렸다.

　후학을 양성하던 아버지와 자상한 어머니의 성품을 이어받아 타인을 배려할 줄 아는 그와 쉽게 마음이 통했다. 독실한 크리스천이기도 한 그는 친화력이 좋아 주변의 많은 사람과 폭넓게 교류하는 것을 즐겼다.

대학 졸업 후, 수공학 전공으로 대학원에서 좀 더 가깝게 지내게 되었다. 친한 선배의 권유로 수공학 전공을 선택한 나와는 달리 박 교수는 '생명의 근원이며 세상을 맑게 만들어 주는 물에 매료되어 수자원을 전공하게 되었다'는 말을 종종 했다. 나 역시 수공학 전공에 비교적 만족했지만, 박 교수는 그 당시부터 전공의 비전에 대한 남다른 확신이 있었던 거 같았다.

박 교수가 속한 연구실은 당시 실험 과제가 많았다. 그는 대학원 생활 중 보령화력발전소 냉각수로, 밀양댐·남강댐 제수문, 산청양수발전소, 네팔 모디콜라강발전소 등 여러 수리모형 실험 과제에 참여하였다.

남다른 손재주를 가지고 있어 꼼꼼한 모형제작이 특히나 본인 적성에 맞는 거 같았다. 단지 전공 서적을 통해 수문학 이론을 이해하는 데 그치지 않고, 실험을 통한 실증과 실무 설계를 통해 수공학 지식을 적용하는데 특별한 보람을 느꼈던 것으로 기억한다.

우리는 대학원 석과과정 졸업과 동시 병역에 관한 각자 다른 선택을 할 수밖에 없었다. 사병 입대를 선택한 나와는 달리 박 교수는 대학원 박사과정에서 5년을 근무하는 것으로 병역을 해결했다.

나는 제대 후 K-water 공채 19기로 입사하여 근무 중 미국 콜로라도 주립대에서 박사학위를 취득하고, 이후 2005년 단국대학교로 부임하게 되었다.

박 교수는 병역특례로 모교 연구실에서 박사학위 취득 후, 미국 MIT에서 박사후연구원으로 근무했다. 그리고 2000년 경남 김해시의 인제대학교 교수로 부임했다.

수공학을 연구하는 학자로서 바라본 박 교수는, 문헌을 통한 이론 습득에서 벗어나 서낙동강 수질개선, 낙동강하구 녹조, 창원 강변여과시설 타당성 검토 등 이론을 현장에 적용하고 검증하는 좋은 연구를 많이 수행했다.

현장 중심의 문제해결에 대한 적극적인 참여가 시민사회단체 활동으로 이어지고, 이때 습득한 아이디어를 토대로 현실적인 정책 제언을 도출할 수 있었던 것 같다.

박 교수는 YMCA, 경실련, 환경단체 등 시민사회 단체들과 다양한 사회활동을 했다. 전통적인 전문학자의 영역을 벗어난 것으로 비치기도 하지만, 낙동강하굿둑 개방, 부산하천살리기 등 본인 소신인 친환경 물 정책을 실현하는 데 일조한 점에 대해서는 후회 없을 것이다.

또한 지자체, 광역단체, 국가 등 다양한 위원회 위원으로 참여하면서 정책이 수공학적 이론과 부합하고 좀 더 발전적인 정책 실행이 되도록 노력하였다.

물 분야에서 쌓아온 풍부한 지식과 역량을 국가정책으로 구현하고자 제19대 문재인 대통령 후보의 싱크탱크에 참여해 물관리일원화와 우리 강 생태 자연성 회복에 일조하였다.

그리고 2020년 3월 국내 최고 물 전문기관인 한국수자원공사 K-water 제15대 사장으로 취임하면서 국내의 물관리를 책임지는 무거운 직책을 수행하게 된다.

박 사장은 최고의 물 전문기관 K-water에 새롭게 부여된 역할과 본인의 책임을 다하기 위해 3년간 밤낮없이 노력했다. 2020년 8월 전국적으로 많은 수재해 발생 시, 수자원공사에 댐 방류의 책임을 묻는 여론의 목소리가 높았었다.

이때 박 사장은 피해 현장에 달려가 주민들과 아픔을 함께 나눴으며, 동시에 우리나라 물관리 시스템이 기후변화 대응에 대처하지 못했다고 이해를 구했으며, 향후 기후변화 대책을 마련하여 정부에 제시하였다.

또한 통합물관리 정착과 친환경 물관리 정착, 미래 물 기술 확보와 탄소중립, 스마트 물-에너지-도시 넥서스를 구현하기 위해 노력한 결과 많은 성과를 거뒀다. 이러한 노력을 통해 수자원공사가 한 단계 도약하는 기반을 쌓았다.

옆에서 바라본 박재현 교수는 물을 친구로 생각하고 물과 사귀어 온 것 같다. 다시 말해 물을 자원의 대상으로 뿐만이 아니라 함께 하는 소중한 친구로 생각하고 접근하고 있다. 그래서 친환경 물관리, 자연생태계 회복을 주요 화두로 삼고 있다.

물을 이용하여 세상을 행복하게 한다는 철학을 몸소 실행하는 실천가이다. 초순수 사업을 시작하고, 디지털 트윈을 이용하는 스마트 도시를 구현하려는 선구자이기도 하다.

끝으로 박 교수가 그동안 쌓은 경험과 전문 지식이 물로써 세상을 행복하게 하는 일을 지치지 않고 꾸준히 추진하였으면 하는 바람이다.

2023년 12월